跑步教我的王者風範

關家良一
熱血自傳

關家良一｜著　　葉東哲、鄭舜瓏｜譯

跑步教我的王者風範：關家良一熱血自傳

作者　關家良一
譯者　葉東哲、鄭舜瓏
總編輯　汪若蘭
執行編輯　陳希林、徐立妍、李佳霖
版型構成　張凱揚
封面設計　李東記

發行人　王榮文
出版發行　遠流出版事業股份有限公司
地址　臺北市南昌路 2 段 81 號 6 樓
客服電話　02-2392-6899
傳真　02-2392-6658
郵撥　0189456-1
著作權顧問　蕭雄淋律師
法律顧問　董安丹律師

2012 年 12 月 1 日　初版一刷
2015 年 3 月 18 日 初版五刷
行政院新聞局局版台業字號第 1295 號
定價　新台幣 320 元（如有缺頁或破損，請寄回更換）

ISBN 978-957-32-7085-0

遠流博識網 http://www.ylib.com E-mail: ylib@ylib.com

國家圖書館出版品預行編目 (CIP) 資料

跑步教我的王者風範 : 關家良一熱血自傳 /
關家良一著 ;
葉東哲 , 鄭舜瓏譯 . -
- 初版 . -- 臺北市 : 遠流 , 2012.12
面 ; 公分
ISBN 978-957-32-7085-0(平裝)

1. 關家良一 2. 傳記 3. 馬拉松賽跑

783.18　　101020477

前言　鳴槍起跑！

二〇一一年十二月十日，台北，氣溫攝氏十度，陰雨不斷，又冷又濕。我正在第十一屆東吳國際超級馬拉松賽的賽道上，全力追逐一個目標。

自從二〇〇一年首度參加東吳國際超馬以來，這剛好是我第十次參加這項比賽。在這個比賽裡，我曾跑出個人廿四小時賽的最佳成績，也創下過亞洲記錄，迄今更連續六度獲得冠軍（包含二〇一一年）。這一年的大會上我自然也被媒體列為最有希望奪冠的候選人之一，賽前「六連霸在望」等傳聞不絕於耳。

東吳超馬每年邀請在國際超級馬拉松界赫赫有名的選手前來台灣參賽，主要的賽事由卅到四十位獲邀選手組成。在這一年，東吳超馬的目標是希望選手中有五人能達到國際超級馬拉松協會規定的標準（男性為二四〇公里，女性二二〇公里）。只要達到這個標準，東吳超馬就可以晉升全球第一個國際超馬協會認證的「廿四小時金牌賽事」。

為了獲得此項認證，這一年最受矚目的選手是來自美國的史考特・裘瑞克（Scott Jurek），整個大會也因為他的參賽，氣氛更顯得熱絡。史考特這位美國名將，曾經三度奪下希臘斯巴達松超馬賽的冠軍，兩度在可怕的美國惡水超馬賽封王，更曾七次蟬聯超級艱難的美國「西部百英里賽」冠軍！

我和史考特上次見面，已經是二〇〇六年的往事了。那年九月底，我和他一起參加在希臘雅典舉辦的斯巴達松超馬賽，選手必須模仿紀元前四九〇年馬拉松之戰的傳令兵斐迪匹德斯，在卅六個小時內從雅典跑到斯巴達，全程約二百四十六公里。

我和史考特在比賽中途展開激烈的拉鋸戰。九月廿九日深夜，趁著和煦溫暖的微風，我是第一個抵達一五九公里帕森尼奧山腳檢查點的選手。我才剛踏進檢查點沒多久，史考特就從漆黑的夜色中突然竄出。

他在這個檢查點登錄之後立即出發，並沒有停留休息，我毫無選擇，只能緊追在後。接下來是綿延廿多公里的上坡山路，沿途全無亮光。等我們繞到山對面的那一側，抵達小村落山格斯的檢查點時，他已經領先我十分鐘的路程了。他就這樣一路往前飛奔，最後在次日破曉之前，以廿二小時五十二分鐘十一秒的成績奪冠。我雖是第二名，但被他整整領先一個小時又廿分鐘，嚐到了大敗的滋味。

回到二〇一一年的東吳超馬，我和他再度碰頭較勁，我體內的戰鬥意志也格外強烈。

而這次除了史考特之外，還有巴西的努內斯（Valmir Nunes）獲邀參賽，他也是實力派的選手，以前和我交手多次。二〇〇一年在斯巴達松超馬賽我和他首度碰面，途中我一度追到和他距離只剩廿分鐘，但最後我還是筋疲力盡，落得第三名，他則抱走冠軍。次年，斯巴達松超馬賽我奪下第一名，他則是棄賽，我倆的對戰成績是一比一。

後來我和他又在二〇〇三的東吳超馬上相遇。我記得那次距離開賽還有五分鐘，所有選手聚集在起跑點上，這時他湊到我身邊，指著自己的左臂問我：「我這次要用這樣的速度來跑，你覺得怎樣？」我仔細一看，才發現他手臂上寫滿了每個小時設定的速度，總共加起來是兩百七十五公里。我微笑向他說：「是你的話，沒問題啦！」然後彼此握手，互相打氣。

努內斯這人是個勁敵，屬於速度型的跑者，會在比賽前半段就展開高速衝刺，大幅拉開領先距離；相較之下我是配速型的，常常在比賽中間到後半才開始追上領先的選手。所以二〇一一年的東吳超馬賽我也有設想，在哪裡追到努內斯，才是決定勝負的關鍵。

當媒體注意誰會奪冠的時候，其實我自己本身還滿冷靜的，並沒有抱太大奪冠慾望。原因除了我已在東吳五連霸，還在廿四小時世界錦標賽裡也奪冠四次，而且在被稱作世界頂峰的斯巴達松超馬賽我也奪冠兩次，在各地的超馬賽裡獲得的冠軍頭銜更是不計其數。

雖然我相當自豪於這些戰績，不過我從沒有抱著任何敵意和私慾，想要死守過去的光芒。我放輕鬆，不管心裡想什麼，只要以平常心或是享受的心情去跑步，好成績自然會產生！

結果，我最後以二六一點二五七公里的成績奪下二〇一一東吳超馬賽冠軍，達成了六連霸！

萬眾矚目的史考特在比賽前半就步伐沉重，一直沒辦法拉開距離，到了中間開始用走的，直到第十七個小時跑了一七〇點四公里就宣告棄賽，跑回他的帳篷裡。一般推測他棄賽的原因是他屬於越野型的超馬選手，習慣在家鄉明尼蘇達州青翠的草原或森林裡奔跑，這次碰到台北的連日陰雨和午夜的超低溫度，加上跑道相當濕滑，才無法完賽。

努內斯則從前半段就展開一公里四分鐘的高速配速，我和他之間最遠的距離竟然達到八公里之遙。但過了第十個小時他的腳步突然停止，結果在一三二點八公里宣告中途棄賽。澳洲神人跑者馬丁・富萊爾（Martin Fryer）也被醫生宣告停賽。

就這樣，受到大眾矚目的三位選手相繼出局，觀眾必定覺得比賽變得不夠精采吧。但在我心裡，除了奪冠這個目標之外，還有件事我堅持一定要去達成，那就是「在廿四小時內一定要超過二六〇公里」。

我到目前為止的最佳個人記錄是二七四點八八四公里，是於第七屆東吳國際馬拉松賽時創下。和這個最佳個人記錄相比，我想達成「廿四小時超過二六〇公里」這個目標，或許各位讀者會想說：「怎麼這麼消極的目標啊！」

其實我剛才提到，在東吳超馬中，從二〇〇二年起到二〇一〇年，連續九年我的成績都超過二六〇公里，所以心裡才想著一定要達成連續十年破二六〇公里的記錄。當然，達到這目標之後有剩時間的話，我會繼續往前跑，累積更多距離。我一心只想達成這個從來沒有人達成的記錄，至於奪冠與否倒是其次。

在此，我列出近十年來我參加的廿四小時賽的最佳記錄：

表一：關家良一近十年間24小時賽事最佳記錄

年度	成績（公里）	賽事	月份	地點
二〇〇二	二六六點二七五	東吳國際超級馬拉松	3	台灣台北
二〇〇三	二六七點二二三	世界錦標賽	10	荷蘭於登
二〇〇四	二六九點〇八五	世界錦標賽	10	捷克布魯諾
二〇〇五	二六四點四一〇	東吳國際超級馬拉松	3	台灣台北
二〇〇六	二七二點九三六	世界錦標賽	2	台灣台北
二〇〇七	二七四點八八四	東吳國際超級馬拉松	11	台灣台北
二〇〇八	二七三點三六六	世界錦標賽	10	韓國首爾
二〇〇九	二六三點四〇八	東吳國際超級馬拉松	12	台灣台北
二〇一〇	二六八點一二六	東吳國際超級馬拉松	12	台灣台北
二〇一一	二六一點二五七	東吳國際超級馬拉松	12	台灣台北

不瞭解廿四小時賽的讀者，也許不是很理解「超過二六〇公里」這個目標的價值所在。所以我順便也列出最近十年來，全球廿四小時賽中跑出超過二六〇公里成績的人數。

表二：全球24小時賽程成績能突破二六〇公里之人數統計表

年度	人數
二〇〇二	5
二〇〇三	8
二〇〇四	3
二〇〇五	3
二〇〇六	2
二〇〇七	1
二〇〇八	4
二〇〇九	1
二〇一〇	5
二〇一一	1

各位知道了吧？廿四小時賽中能超過二六〇公里的選手，每年也才幾位而已。對跑超馬的選手而言，這無疑是大家都想達成的目標。而二〇〇七、二〇〇九、二〇一一年這三個年度裡能在廿四小時中跑超過二六〇公里的，全球只有我一個人。從這一點來看，各位讀者是不是

稍微能瞭解這記錄有多難達成？

再介紹另外一個數字給各位：在日本國內曾跑出超過二六〇公里的跑者，包含我共五位。擁有兩次以上的記錄只有我，而我自己迄今就總共達成了十二次。

所以我堅持要連續十年在東吳超馬維持住二六〇公里這記錄。如果大家可以從中感受到我這麼做的意義，那我也會深感榮幸的。

⁂

話題回到第十一屆東吳國際馬拉松賽。

之前提過，我在這屆的東吳超馬賽立下志願要超過二六〇公里，奪冠是其次，但我在比賽前就想過，如果我能達到連續十年二六〇公里的記錄的話，應該也是勝券在握吧。我自己在賽前有充分的練跑和調整，所以對跑出二六〇公里沒有任何不安，反而有一種「就照平常那樣跑，一定可以達成目標」的豁達感覺。

比賽前一天在報到和開幕式時見到其他參賽者，沒有任何人展現出充滿自信的模樣，所以憑感覺我也覺得似乎自己可以獲勝。

我這樣想並不是逞強，也不是一種鼓舞自己的技巧，這只是我客觀感覺到的事情。

比賽前一天晚上，我和同一個房間的日本隊教練井上明宏聊天時，我就預感自己會獲勝。

「井上，我明天可能會奪冠喔。」

井上教練似乎有點驚訝。他和我相識已經十二年了。

「關家呀，我覺得你這人的厲害之處，就是可以這麼相信自己！」

「沒錯，我現在有一股自信的氣。」

他聽我這麼說，也點點頭回答：「關家，看來你有做好腦裡的想像演練（image training）呢。」

當然，如果我沒有任何經驗或是成績的話，嘴裡說出這種大話一定是沒人會理睬的。不過，因為我已經歷過無數戰場，講出這樣的話，井上教練必定能感覺到我這番話的分量。

這裡講到的經驗和成績，不見得是只有關於跑步。

我常說：「超級馬拉松就像人生。」人生裡體驗到的人事物，對我的跑步有很大的影響。人生就像超馬賽，在長時間的比賽裡，很自然會有狀況佳的時候和不佳的時候。

狀況不好的時候，格外能顯示那個人的人生觀。人在遇到困境是堅忍地咬緊牙根，還是在絕望裡翻不了身那就直接放棄？還是選擇苦中作樂、勇敢面對？

我這人有個不好的習慣，那就是常輕忽了大事，就算是那種所謂天將降大任於斯人也的重要大事，也都不當一回事，常用一種隨便它的態度面對，自然神經就變得很粗，不夠細心。

以前有人告訴我說：「年輕時的經驗很寶貴，就算要用買的，也值得買起來。」真正體驗過人生各種場面的人，似乎會變得很堅強。可是我身邊跑超馬的朋友，很多都是有一種「隨便它」的樂觀個性。我想，「隨便」就等於「剛好的火候」（日文的「隨便」和「剛好的火候」的發音一樣），應該就是這個道理吧。

我從小就很內向，一直給父母添很多麻煩。父親在他四十五歲那年過世，等我自己也活到這個年齡的時候，我回顧以前的人生，似乎可以看見「我為什麼是現在的我」的一些理由。

1。初心

1 別人對你的評價，半年就會變

我的人生應該算是從高中畢業才開始。第一份工作是去零件工廠當機械工人，結果只做了一年就不幹了，原因是和社長吵架，一怒之下離去。

辭職之後，展開了三年所謂「尋找自我」的生涯，騎著野狼機車浪跡北海道各地，工作一個接一個換，上班的原則是「想上班的時候就找想做的事，自己想做多少就做多少」。雖然心裡還算覺得充實，但始終抱著「這世界也不過如此」的想法，冷眼看待人世間的事物。我心裡開始意識到，或許自己只想當個「普通人」吧。

剛好在這時候，偶然有機會遇到三年前我辭職的那家公司的社長。我們很久沒見面了，彼此也已經沒了心裡的疙瘩，於是在很和諧的氣氛下互相聊起近況。我一直忘我地分享在這三年中經驗到的事，社長一面聽我說一面也好像很有同感，然後到一個段落之後他突然說：「要不要再回來和我一起工作？」

我在高中時期就認識這位社長，聽他說過很多他的人生體悟，那些話也影響了我，使得我後來可以那麼自由自在、毫無拘束地和他分享我的人生體會。聽到他問我要不要再回去上班，我的答案當然是肯定的！當時泡沫經濟的威脅隱然成形，又聽到公司現在很忙、很需要人手幫忙，無論是誰，都會說「ＹＥＳ！」吧！

「ＹＥＳ！」我告訴社長。我們兩人緊緊握手，說好隔天開始我就以機械工人的身分回到相隔三年的公司。

零件工廠除了和總公司之間保有緊密的上下垂直關係，和其他合作廠商之間也有密切的橫向聯繫，因此我回到公司的消息很快就傳到其他廠商耳中。

有天某家合作廠商的社長來拜訪我們公司，看見我再度出現在公司裡，他就嘲笑說：「喔！原來是玩耍達人，歸家啊。」

「哼！你是嫉妒我可以出去玩吧！」我心裡想。

但我已被貼上「三年沒工作只在外面玩耍」的標籤，心裡感覺真不是滋味。其實我是個認真起來會不顧一切、犧牲奉獻的人，回到這份工作後我也自動變身為工作狂，每天默默從早上八點做到晚上十點、十一點，完全是出於自願。若是別人強逼我做事，哪怕是只叫我做半小時我也會覺得痛苦，但這次是我自己願意去努力，所以忙到到廢寢忘食也在所不惜。

有天星期六，社長對我說：「今天準時下班吧。」我半開玩笑回答：「那就到晚上八點。」後來那天我實際上工作到晚上九點。我每個月拿固定的薪水，也沒有什麼準時下班或是加班的概念，回到這間公司之後每個月的工作時間沒有低於三百小時的。

過了半年後，某一天又遇到先前諷刺我是「玩耍達人」的那位社長。他看著我，嘆了口氣說：「你真的是工作狂啊！」

才僅僅半年，他給了我完全相反的評價。從這件事情上我學到了一個重要經驗：「別人對你的評價，可以在半年內靠你自己的行為舉止而改變。」

反過來說，我們也不用期待別人對你的評價如何。只要自己有改變，別人對你的評價自然會變。如果自己不改變，只會抱怨別人對你的評價的話，那麼這個人永遠都不會長進。

2 我要改變！我要改變！

一九九〇年我廿三歲，這一整年我除了工作什麼都沒有，這樣說一點也不誇張。可能是物極必反，先前流浪太久了，現在變成真正的工作狂，一認真起來就往前猛衝。而公司的接單也越來越多，有時公司突然接到新的案子，也要由我負責處理，除了被派到相關企業去學習新東西以外，手上的事也不能中斷，忙到一天廿四小時都覺得不夠。

我家到公司開車只要廿分鐘，但我連這時間都覺得很浪費，於是開始住在公司裡，每個月只回家一次，每次回家也只是打開窗戶透透氣而已。唯一的樂趣就是每個月會和表哥一起去打棒球一兩次，其他運動完全沒有，也沒有旅行，只有一次出遠門到富士山腳下掃父親的墓，來回兩百公里。當然也存了很多錢，卻沒地方花，每個月的薪水就直接存進帳戶裡。

在這段這麼忙的時期裡，世界的潮流正往另一個方向前進：經濟泡沫化。一九八九年十二月，日經平均股價達到了最高點，次年初股市逐漸減速，景氣開始惡化。到了一九九一年後，工作量驟降，總公司突然很不合理的要求我們減低生產成本，公司的經營已見危機，原本計畫的幾個案子都被迫放棄，公司陷入借錢的苦境裡。

廿世紀初期的大詩人石川啄木寫過：「工作啊工作，再怎麼工作，我的生活也沒有變比較好過。我凝視著我的雙手。」這番話我很能感同身受，努力工作未必會有回報，但時間對每個人都很公平，看你怎麼使用而已。回想一九八九年後半到一九九一年，我這麼努力工作，是不是在逃避問題呢？因為我真的不知道自己未來到底想做什麼。

一九九二年，廿五歲生日那天，我強烈意識到「這樣下去不行！要改變才行。不，是『必須』改變才行……」首先，我決定要好好使用時間，先減少無謂的加班。雖然公司接單的量銳減，我在公司還是一樣理所當然似的加班到晚上八、九點，但這樣只不過是把加班「慣例化」罷了。我發現，如果想要準時在下午五點下班，工作自然會變得很有效率。當自己的工作做完，卻發現別人還在加班的時候，很容易陷入「陪伴加班」的陷阱。但我已經想開了，就算社長或是同事加班到很晚我也不管，我要自己一個人先回家。

這樣一來我的時間也就多出來了，我決定用這些時間來看書。我很慶幸自己有很多思考人生的機會，從此我再也不曾像之前「每個月只休一天」，至少每個星期天都會休息了。雖然很難一次連續請一個星期以上的假，但我會請四、五天假去享受久違的旅行，跟團去了韓國、新加坡、香港等。

我親身體會到這些國家和陷入泡沫經濟的日本不同。他們的經濟不斷成長，氣勢非凡。這時候公司剛好雇了一位斯里蘭卡人當工讀生，我和他成了好朋友，連帶英文會話也流利了。當然他會說日語，但我故意用英文跟他對談，他也很高興和我講英文。

這時的我不一樣了，一面工作一面善用時間接受各種挑戰，我漸漸喜歡上每天都在變化的自己。

很多人都說有很多想做的事，但忙到沒時間做。我的經驗是：「時間不是人家給你的，是你自己要去爭取的。」

3 跑步減肥竟如此簡單

我天生身材比較瘦，高中畢業時身高一八二公分，體重六十五公斤，卻在廿五歲那年發現肚子周圍突然肥了一圈，體重暴增到七十六公斤。前面提到，我一個月就只打一次到兩次棒球，三餐都外食，晚上一定會喝兩到三瓶啤酒，這麼不良的生活習慣，身材不走樣才奇怪，算是我自食惡果。雖說我沒什麼大病，可是自己也感覺到必須改掉這麼不健康的生活習慣才行。

一九九二年六月的某一天，我突然閃過一個念頭：「今天開始跑步吧！」

其實這樣的念頭不是第一次，但試了幾次都失敗。每次我都先把毛巾掛在脖子上，拿出煞有介事的姿態，心想說「先跑一公里就好」，然後衝出家門。但五分鐘後就停止了，結果最後還是回家一邊喝啤酒一邊苦笑。

我因為身材走樣產生危機感，想要好好跑步，可是要持之以恆的話，不能只靠「健康」或「減肥」這麼抽象的目標，而是需要為跑步本身設定具體目標，然後朝目標勇於去挑戰。於是我為自己定了「今年內要跑完一個全馬」的目標開始努力練習。有了目標，哪天你有什麼事三天不能練習時，到了第四天你還是有動力穿上慢跑鞋到外面練跑。

從小學到高中，我常在校內舉辦的馬拉松賽名列前茅，所以對馬拉松本身沒有不好的印象，現在開始恢復跑步，很快就上手了。跑了一個星期後，我只要花三小時就可以跑廿五公里左右。其實不要計較時間多久，單純地邊呼吸新鮮空氣邊跑步，就是何等快樂的事。跑著跑著，我產生了一個錯覺：「其實跑全馬一點都不難嘛。」

當時的我知識不足，以為世界上只有夏威夷檀香山舉辦的「夏威夷馬拉松」可以讓一般人報名參賽，因此也很自然想要去試試這個市民馬拉松盛會。但「要怎麼報名」、「有沒有參加資格」、「有沒有旅行團可以參加」等還是弄不太清楚，我還跑到書店翻書找答案（當時網路還沒普及，我也沒電腦）。沒想到在運動雜誌區找到一本名叫《Runners》的雜誌，裡面有各種馬拉松大賽的資訊，我才第一次知道原來除了夏威夷馬拉松之外，全球很多地方都有馬拉松賽事。我也才第一次知道，除了全程馬拉松（全馬）之外，也有半程馬拉松（半馬，廿一點零九七五公里）或十公里等各種不同距離的比賽。我興奮地翻著雜誌邊想：「跑馬拉松的同時還可以順便去旅行啊！」

我很天真地開始計畫。既然這是我第一次挑戰全馬，搞不好也會是最後一次，所以就先不要跑超熱門的夏威夷馬拉松，找個日本人不太參加的比賽做紀念也不錯。於是報了當年十一月在泰國首都曼谷舉辦的「第七屆曼谷國際馬拉松」。為了練習，順便報了八月在北海道根室市舉辦的「第十一屆北方領土納沙布岬馬拉松」，全程廿四公里。

選擇根室市當作我的業餘馬拉松第一戰，是因為三年前我騎著機車浪跡天涯的時候，曾在那裡的一間民宿打過工，很受到民宿老闆的照顧，所以想說可以順便去找他。

這種想法，使得跑步變得越來越有意思，當然我不再是三分鐘熱度的心態，反而每天想著我的馬拉松初體驗，還規定自己每天下班後要跑十公里。

對了，我的體重呢？跑了兩個月就降到七十公斤以下，設定的減肥目標一下就達成。到現在體重一直維持在七十公斤左右。

4 跑步就是充滿趣味的旅行

「第十一屆北方領土納沙布岬馬拉松」在八月廿三日於日本最東邊（不算離島的話）的納沙布岬開跑，一路沿著海岸前進，在北海道卅五號道往西，最後以根室市政府為終點，全程共廿四公里。途中沒有高低起伏，參賽者不到兩百人，對馬拉松的菜鳥而言是個很適合的比賽。

當時的日本全國馬拉松女性記錄（二小時廿六分廿六秒）保持人山本佳子是大會的邀請選手，大會還有抽獎，中獎的人可以到夏威夷參加馬拉松比賽。根室市的經濟情況很蕭條，這個比賽也是市政府全力營運的活動，所以沿途有很多人為我們加油。我沉浸在這樣的優越感裡，一度有錯覺以為自己真的當上奧林匹克選手了。此時恰好碰到一九九二年巴塞隆納奧運剛結束，日本選手森下廣一和有森裕子分別得到馬拉松男、女組的銀牌，全日本舉國驚喜。我也把自己想像成奧運選手，跑起來真是爽極了。

順道一提，我的運動員偶像是谷口浩美，他在巴塞隆納奧運馬拉松賽中一度跌倒，最後得到第八名。在這次比賽中我也一直模仿他把脖子往旁邊歪、小步小步往前跑的模樣，最後以一小時卅九分零秒跑完，在一百八十八位參賽者中名列第十一。真沒想到，第一次參賽就可以有這樣的好成績！

在根室市的那晚，我就住在三年前曾經收留我打工的民宿，比賽後老闆還帶我去附近的河裡抓鰻魚，讓我享受北海道的旅行風光。

以前我內心一直覺得「馬拉松等於痛苦」，好像是要犧牲很多才能去挑戰的事情。但如果把馬拉松當成旅行的一部分，旅行本身也會變得很有樂趣。這次的體驗，讓我完全顛覆對馬拉松的悲苦印象。

5 全程馬拉松初體驗

但到曼谷挑戰全程馬拉松的第一步還沒踏出去，就狀況百出。比賽預定在十一月廿二日舉行，到了十一月初旅行社才突然聯絡我說延後到十一月廿九日開跑。號稱「國際馬拉松」的一個大會竟會發生這樣不可思議的事！還好我是在零件公司上班，臨時變更請假日期還沒問題，但是在一般企業工作的上班族不可能這麼臨時變更日期，導致很多人取消行程，最後從日本出團的人只有四位（全馬、半馬各兩位），未達旅行團的最低人數門檻，我們只好在沒有導遊的情況下出發。

十一月廿七日我們搭乘上午十點半從成田機場飛往曼谷的泰航班機，約定在機場的集合時間是八點半。凌晨四點我從神奈川縣相模原市的家出發，搭ＪＲ京濱線的第一班車，打算提早抵達機場，不料在東京地下鐵換車時出了點問題，一番折騰抵達機場已經是十點半，飛機剛好起飛。

我竟然犯了這樣大的錯誤！

本來我的個性就不夠細心，但此刻真的連我自己都受不了這種隨便的個性。

我心中吶喊著：「啊啊啊……我的曼谷旅行，還有第一次挑戰全馬的夢，都結束了啊……」正想放棄時，我抱著最後一絲希望打電話給旅行社，幸好適逢旅遊淡季，隔天同班飛機還有空位，而且不用追加錢。我終於領悟到什麼叫做「絕地重生」了。

當晚就在成田市內的三溫暖過了一夜，次日見到其他參賽者已經是傍晚了。和我同一個房間的是參加半程馬拉松的中島，他已幫我辦完報到手續，所以他直接拿了號碼牌和Ｔ恤給我。這次除了四位選手，還有兩位擔任啦啦隊一起出團，大家很快就打成一片。當晚我們六個人決定一起去曼谷市內湄南河岸的海鮮餐廳吃飯，大家自我介紹，享受了愉快的比賽前夜。

另一位跑友篠原已經高齡五十，和我一樣從神奈川縣來的，有十年跑步經驗，是一隻老鳥，算是很有實力，這次的比賽他以破三小時為目標。他教我跑完全馬的秘訣：「前半段要慢慢跑。」考慮到我欠缺經驗，也不知配速，那就先把目標訂在三小時卅八分鐘四十八秒吧（這是日本歌手鄉廣美在夏威夷馬拉松的記錄）。

次日凌晨二時就被晨喚叫起，距離從日本出發才十一個小時，長途跋涉來到曼谷，身體狀況還沒調整好，萬一沒能完賽的話，也算是有個藉口，想到就輕鬆起來。賽事在上午四點卅分起跑（這樣才能避開曼谷出名的塞車和炎熱），三點就要從飯店搭車前往會場。我和篠原一起熱身，他一直建議我要怎麼配速、水分要怎麼補充等。

早上四點半，天空一片漆黑，開跑了。篠原拍了我的肩膀後很快離我而去，我先以一公里五分鐘的速度前進，通過五公里的時候約用了廿二分鐘，這時候我突然失去了理智：「管他的，一直衝到跑不動再說！」於是拔腿飛奔，以大約四十五分鐘時間通過十公里，通過中間點是一小時廿八分。

「這樣下去搞不好可以破三小時也不一定喔……」我很得意的想著。但不久之後，因為我的超速，加上太陽出來以後的炎熱，體力無情的耗損下去，過了廿五公里後我速度驟降，卅公里之後幾乎變成慢跑了。可是我心裡一直想說：「不管如何，我一定要贏過那個唱歌的鄉廣美。」一用了很大的意志力撐住，最後到卅八公里處雙腳真的沒辦法再動了，只好在艷陽的照射下慢慢徒步前進。手錶也甭看了，想說可以跑完就好。最後到終點的成績是三小時卅九分零秒，竟然只輸給鄉廣美十二秒而已！

我雖然達成完賽，但卻是一個充滿痛苦回憶的首戰。完賽的汗水還沒流乾，中島就湊到我身邊了。

「下次要參加哪個比賽？」他問。
「我不想再跑步了啦！」我回答。
「哈哈哈哈！」在一旁的篠原聽見了，立刻給我這樣的回應：「你嘛幫幫忙！才一次全馬而已，沒什麼啦。這世上還有跑一百公里的馬拉松呢！」
什麼？還有人跑一百公里。對我來說，全馬的四十二點一九五公里已經是比月球還遙遠的距離了，聽到一百公里根本完全無法領悟。但很妙的是，篠原的這句話一直留在我的腦海裡沒有消失。

6 力抗絕境

第一次跑完全程馬拉松之後，我對跑步的熱情並沒有退燒。為了維持練跑的動力，我在很短的期間內接連報名好幾個比較短的比賽。首戰是一九九三年一月一日的「第十七屆大和市元旦馬拉松」，地點就在我家鄉神奈川縣大和市。接下來的半年內總共參加八個比賽，地點都是選在可以從我家一天來回的地點。
此時的我，光是參加比賽就覺得很新鮮，很像在旅行，不過公司的狀況一直在走下坡，工作量變得更少，光靠母公司的訂單已經快要無法養活這家公司了。我也在想，不能只做本行的機械加工，這樣下去會很難生存。連我們的社長也有了危機意識，自己下海到處跑業務，他的態度是「總之什麼工作都好，請給我工作吧」。

剛好有家配管業者來跟我們說：「我們很忙，需要人手，誰來都可以，反正來支援我們吧。」於是我和另一位年輕的社員被派去支援。新工作主要是建築工地的配管工程，也有很多像挖洞、填洞穴等的土木工程，我們終於理解對方說的「誰來都可以」的意思了。

我們是跟著建築工地走的，工地在哪裡就在哪裡工作，大部分以千葉縣為主，早上六點就要出門，單趟距離至少六十公里，回家都晚上九、十點了。陌生的工作環境讓我每天都很累，這樣的情況下我也沒什麼明確的跑步目標，當然也失去了對跑步的慾望。

隔年，我被派遣做清潔工的工作，工作內容主要是在一幢具休閒娛樂的三層建築物內，從早上八點到半夜一點做全館的清掃和保全維護。除了開店前、關店後的清掃以外，營業時間也要從一樓的小鋼珠區繞到二樓的保齡球場及三樓的卡拉ＯＫ包廂、停車場或廁所、樓梯等地方，執行館內的保全業務。這裡距離原本的機械加工公司開車只要十分鐘，所以白天我常常把清掃的工作交給年輕人，自己則回到公司繼續做加工的工作。更慘的是，社長的身體搞壞了，被迫住院一段期間，本行的機械加工這邊我也開始承擔不少責任。在社長住院的三個月，無論是星期天還是假日我都沒有休息過，只是拼命幹活工作。我的人生裡，沒有比此刻更深切體會到什麼是「被逼到絕境」了。

在這樣的絕境中，我不知道哪根神經秀斗了，突然想要挑戰在北海道佐呂間湖舉辦的「佐呂間湖百公里超馬賽」。當然，下定這決心背後有幾個理由，首先是清掃工的派遣業務即將告一個段落，社長也快出院了，拼死拼活努力工作了這一段時間之後，想說去做一些自己想做的事，算是給自己的獎賞。我還想來一趟自我挑戰的旅行，但既然已經跑過全馬，那就來挑戰比全馬距離更遠的超級馬拉松看看。

於是，我選擇了北海道做為我個人超馬的首戰舞台。北海道一直和我有深厚的淵源，在各方面曾帶給我成長。連我自己都驚訝於我的改變，可以變得這麼努力。果然，人要為自己設定比較高的目標，這樣就會朝著目標積極挑戰很多事。

7 一次重要的跑步課

清潔工的工作在一九九四年的四月結束，社長出院回到工作崗位，我的生活再度大幅轉變，空餘時間多了，我也開始為兩個半月後的佐呂間湖百公里馬拉松做準備。當時我周遭沒什麼人在跑步，我也沒加入慢跑俱樂部，朋友中也沒人體驗過超馬，所以我完全沒概念到底要怎麼練習才好，每次都是一個人孤軍苦練。

九個月沒跑了，第一步是要把感覺抓回來，先從短距離開始，慢慢把距離拉長來鍛鍊肌肉。下班回家後先從我家開始跑五公里的練習路線，之後再於先前練習全馬時跑的十公里跑道練習，週末時間許可的話就跑個廿五到卅公里。雖然跑得累，可是跑步的那種爽快感真的勝過一切，讓我擺脫工作的辛苦，所以我練得還滿舒服的，一個月後總算抓回一點節奏和肌肉感。

五月第一個假日，我計畫先體驗一下比賽一半的距離，想從位在相模原市的我家跑到箱根湯本，距離約五十五公里。箱根湯本是有名的溫泉地，我想要跑完之後很舒服的泡一下溫泉，再喝著啤酒搭電車回家。當天上午七點，在背包裡塞了要換洗的衣服後我就出發了。

那天如夏天般炎熱，跑抵本厚木身體已經很疲勞了。在販賣機買了運動飲料，邊休息一面沿著國道一二九號線往前推進。此時適逢黃金週連假，國道上車流量好大，車子排出的廢氣薰得我好難過。在平塚和國道一號線的交會點往右轉，沿著大磯、二宮、國府津海邊的道路跑，可是只有一小段能看到海。過了二宮附近，已經跑了差不多是全馬的距離，大概花了四小時半，從此處開始的任一點都算是我個人的最長距離記錄。

無奈此刻我的腳已經像鐵柱一樣僵硬，無法正常跑步，設定的一公里六分鐘配速也達不到。本來預定中午就可以抵達箱根湯本吃午餐，因此這一路上也沒計畫要進食或是補給什麼，只有在販賣機買飲料而已。過了國府津之後幾乎都用走的，意識也變模糊了。

關家祕技

【你平常的飲食習慣為何？跑步前在飲食上需要特別注意什麼嗎？】

我平常不挑食，什麼都吃，但會注意多攝取青菜。主菜的話，我每天替換魚肉或各種肉類，注意飲食的均衡。

常言道醫食同源，就算疲勞沒胃口，我也會勉強自己吃些東西。平常我每天晚上都會喝啤酒，但比賽前一個月禁酒。我這麼做是為了讓內臟保持良好機能，並非精神上的理由。

在跑步的時候，我會在「感到肚子餓」之前，吃點香蕉或飯糰。常有人說自己「跑步的時候太過疲倦，很難吞得下食物」。假使我們從開跑初期就少量補充飲食，應該可以避免這個情況。人長時間不吃東西的話胃會收縮，所以才吃不下東西。

但要注意不可吃過量。有時吃太多會噁心想吐，這樣一來食物更難下嚥了。

我決定放棄跑到箱根湯本的計畫，改以小田原（離我家差不多五十公里）當今天的終點。後來又想說都跑到這兒了，那就從小田原搭車到箱根湯本，至少泡個湯再回家吧。於是跳上因為連假人潮而十分擁擠的小田急線。在電車裡抓著扶手，抬頭仰望車廂天花板時，眼前突然一片空白……

等我感覺到周遭有點吵雜聲、恢復了意識時，才發現自己倒在地板上，周圍的旅客問我：「還好嗎？」眾人忙著把我扶起來，空出一個位子讓我坐。

我應該是因貧血才倒下去，而貧血的原因則是跑步時的補給做得不好，引發脫水。從此我再也不會忘記，跑步時要好好吃東西、喝水。這也是我人生中因貧血而昏倒的初體驗。超馬這件事，狠狠給了我一個洗禮。

同時，我的心裡漸漸浮起一股不安：「我有沒有辦法跑完？」腦中閃過預感，這次百公里超馬與其說是「旅行」，說不定是一場「冒險」。

8 我也想學你這樣的人生！

佐呂間湖百公里超馬賽是日本國內最北的超馬賽，大會有安排幾個旅行團，但比一般的旅行團收費似乎是貴了一點。我還沒有什麼跑步的朋友，如果自己一個人去北海道，就算住在露天野外也沒問題。所以訂了機票、預約了租車之後就算準備完成。還真的像是在冒險呀。

比賽前兩天，先搭機到北海道的旭川機場，這裡並不是距離佐呂間湖最近的機場，而是因為我想重新走一遍年少輕狂時的路線。從機場租了車，立刻前往大雪山連峰的旭岳。旭岳的海拔標高兩千兩百九十一公尺，是北海道最高峰，五年前我騎著野狼機車「尋找自我」的流浪旅程中，漏掉了這裡，這次要彌補回來。

北海道以溫泉著稱，五年前的機車之旅，幾乎天天都在泡溫泉，那時我就覺得位於十勝岳半山腰的十勝岳溫泉相當舒服，一直很想找機會重遊。既然這次比賽前還有點時間，所以又從旭岳繞到十勝岳溫泉，泡得好舒服、好輕鬆啊，幾乎差點忘了比賽的事。

沿著國道卅九號一路朝東走，到達佐呂間湖已經是傍晚了。我前往事先查好的露營場，搭起圓形的帳篷準備過夜。這麼大的露營場，只有我孤單一頂帳篷。這帳篷和睡袋也是特別買的，終於派上用場，睡在裡面即使只穿著一條內褲都不會覺得冷。

開賽前一天我還在玩，一大早又朝東前往一百公里以外知床半島的羅臼，這裡也是五年前來旅行時漏掉的地方。從羅臼市區沿著海岸線往北半小時之後，北海道八十七號線就到了盡頭。路的盡頭處有一間叫「熊之穴」的民宿餐廳，最有名的招牌菜就是熊肉拉麵，我早就想來吃吃看。說真的，拉麵裡面放熊肉，味道稱不上好吃，只能說是個可以向人炫耀的話題罷了。

回程順便去了海岸線上的一個祕湯，名叫相泊溫泉。這個溫泉很特別，冬天時因為海浪太高，溫泉會被淹沒，所以只有夏天開放。在這裡泡湯可以一人獨覽寬廣的根室海峽，舒服極了。

要回到佐呂間的途中想說還有一點時間，於是前往一個名叫羅臼湖的祕湖，就位在橫貫知床半島的公路旁邊。登山口很難找，而且從登山口開始還要徒步四十分鐘。徒步的山路因為積雪融化而變得異常泥濘，鞋子都是泥巴。這雙鞋本來是想在比賽時穿的，當時的我也從沒想過要把比賽用的鞋子和平常的鞋子分開。

玩了一大圈，終於朝向佐呂間百公里超馬的起跑點前進。起跑點位在湧別町，報到處則在湧別町綜合體育場，體育場中庭廣場正在舉辦歡迎趴踢，很多參賽者和工作人員在那裡吃東西聊天。這次比賽剛好也是百公里超馬的世界錦標賽，有很多外國選手參加，會場充滿了國際味。看到這場景，一種緊張感突然湧現，我的自信心也消退了。

我把車開到比賽終點，停進停車場，今晚就睡車上吧。可能是太興奮，加上睡姿不好，開賽日的凌晨兩點就醒來了。接駁車三點整出發，帶我們到起跑點，中間這一個小時我反而睡得最熟。四點到達會場，兩千位選手擠成一團，我也沒有時間慢慢摸了，把要寄放的行李遞出去（賽道五十五公里處可以領取自己寄放的行李），就到起跑線上待命。

天氣預報陰天，下午有雨，我穿著T恤和短褲有點冷。清晨五點準時鳴槍起跑，起跑點的道路不寬，擠滿了選手，從鳴槍到實際跑到起跑線大概花了一分鐘。我這次的目標是「不可以用走的」，當然可以停靠補給站休息。我想說只要慢慢跑的話，一定可以在大會規定的十三小時內抵達終點。

一開始很順利的以一公里六分鐘的速度前進，跑完全馬的距離花了四小時十分鐘，到這裡的速度都維持穩定。到了五十五公里的休息站我換了帽子和衣服、鞋子，把心情重新整理好，再度出發。

前半段穿的鞋子是新鞋，跑起來不太習慣，後半段才換上昨天沾滿泥巴的舊鞋，想說穿舊鞋比較可以減少壓力吧。聽說佐呂間湖的道路很少有上下坡，沒想到從這裡開始的上坡好長，對疲憊的雙腳來說有點吃力。我守住了「不可以用走的」的原則，一口氣跑上坡，之後突然覺得一陣疲憊感，速度驟降，在下坡時不斷被後面的人超越。七十四公里處的休息站提供當地名產紅豆湯，我坐在路邊品嘗。這次食物、水等的補給很順利，胃部沒有不舒服，但雙腳加上腰、手腕、肩膀還有全身每一塊肌肉都在痛，一面跑還得一面忍耐這些痛苦，真是要命，結果速度越來越慢，最後變成慢慢跑。慶幸的是，全程都沒有用走的，順利抵達終點，達成目標。成績是十一小時八分四十六秒。

有人在終點線上替我掛上完賽的紀念獎牌，我則搖搖晃晃倒在草坪上。不知是誰遞了兩個裝著冰塊的塑膠袋給我，讓我冰敷膝蓋和大腿。不知不覺中淚水已經爬滿了我的臉頰，這是我從來沒體驗過的感動淚水。我先前一直擔心到底可不可以跑完，現在跑完了，也沒有用走的，我怎麼能不被自己感動呢？第一次挑戰百公里馬拉松的旅程，就這樣以滿意的成績結束。

跑完百公里超馬賽要付出的代價，比我想像中的還痛苦。比賽後連續一個星期，上下樓梯都得抓著扶手才行，稍微笑一下腹肌就痛到無與倫比。

賽後第一天上班，我跛著腳在工廠裡走路，不准別人跟我開玩笑，轉個身也會咿咿啊啊喊痛。社長看到我的樣子，不禁流露出羨慕的眼神。

「人生可以再選擇一次的話，我想學你這樣的人生！」他告訴我。

我想，這不只是針對我跑完百公里超馬而誇我，更是對我勇於挑戰各種事情的態度而給我的評價吧。我除了感到高興，也期許自己以後都要保持這種精神。

9 路越來越寬廣

對一般業餘選手而言，馬拉松破三小時就算可以獲得勳章一枚了，因為要在三小時內跑完四十二點一九五公里，真的需要實力，是每位業餘選手渴求的目標。

佐呂間百公里超馬賽結束後我志得意滿，把「破三小時」當成下一個目標。別忘了，到目前為止我只有一次全馬的經驗（在曼谷那次），當時的成績是三小時卅九分，距離三小時這個關卡還差一大截。但我跑完了百公里超馬，急著繼續探索自己的可能性，又想繼續挑戰百公里以上的賽事。對馬拉松的夢想，似乎無邊際的擴展開來了。

我那時一個月的練習量差不多在兩百公里左右，主要的練習重點是速度，也有認真做暖身和冷卻，更開始嚴肅看待每次的測速成績。

我的第二個全馬，是一九九四年十一月廿七日在山梨縣河口湖舉行的「第十九屆河口湖日刊體育報馬拉松」，我以三小時十四分鐘五十七秒完賽，比賽後半速度雖掉下來，幸好我撐住了，最後還用衝刺迎向終點線，感覺上似乎還留有餘力。

到了一九九五年，新年新希望，我積極挑戰全馬三小時的目標。一月十六日我參加了在茨城縣土浦市舉辦的「第五屆紀念大會霞浦馬拉松」，我只想超過自己上次的全馬成績就好。這次比賽雖然有達成刷新成績的目標，但進步實在有限，成績是三小時十一分鐘廿一秒。我最不甘心的是，到卅公里處為止都保持可以在三小時內跑完的速度，之後卻宣告失速，距終點五公里處右大腿的後面竟然給我抽筋，我邊走邊哭地完賽，留下遺憾的記憶。

總之，全馬要破三小時的目標，先保留到下一季吧。我先把焦點轉移到一九九五年五月的「富士五湖一百一十七公里超級馬拉松挑戰賽」，暫時不去想追求速度的事。選擇富士五湖賽的原因是，既然要挑戰一百公里以上的賽事，先以一百一十七這個對我來說不會太難的距離為開頭也不錯。

為了練習，我先在富士五湖賽之前兩個月到千葉縣參加「佐倉朝日健康全程馬拉松」。起跑後採用一分鐘五公里的配速，目標是三小時半跑完。怎知我的腳卻出現意外的變化，跑到卅公里時右膝蓋外側突然痛了起來，而且越跑越痛，啊啊啊怎麼這麼痛啊！痛到無法專心跑步。我在補給站用冷水澆膝蓋，要不然就是停下來按著疼痛的部位，可惱的是那裡卻越來越痛。最後以三小時四十一分跑完。

比賽結束後還是痛得不得了，從會場回家的三小時路程真的好漫長，沿路上還要換電車、轉巴士，不管哪種交通工具都擠滿了人。我抓著扶手，強忍著痛苦，心裡一直想著，拜託有沒有人可以讓位給我啊？

隔天早上痛苦略退，下班後照常出去跑步，剛開跑一公里又開始狂痛，我馬上停止練習。我知道我的身體發生了不太尋常的事，於是去醫院求診。

「怎麼啦？」醫生問。

「這裡，還有這裡，跑完步之後很痛。喔……喔……不要按，越按越痛。」

醫生按壓的力道稍微輕了一點。

「痛幾天了？每天跑多遠？」醫生一連串拋出好幾個問題，加上一點診察。每次他碰到我的痛處，我就在一旁喔啊嗚的慘叫。

「這是腸脛韌帶發炎，暫時要停止練習喔。」醫生很嚴肅的說。

「什麼？」

「所謂腸脛韌帶發炎，是指膝蓋外側的腸脛韌帶因為過度運動而引起發炎，是長跑選手常見的運動傷害，所以也稱Runner's Knee。特別是O型腿的人或是沒有做充分的暖身就跑步的人，比較容易得到這種傷害。我看你的O型腿很明顯嘛。上場前有沒有暖身啊？沒有的話，你就算是完全符合條件了。」

於是O型腿關家良一先生乖乖遵照醫囑，完全休息三個星期，定期去醫院電療，不過還是稍微跑一下膝蓋就照樣痛得一塌糊塗，任何毅力、熱情都抵擋不住這種劇痛。可是想到我報名費都交了，捨不得不去富士五湖跑一下，到最後是在幾乎沒什麼練習的狀況下，參加了富士五湖一百一十七公里超馬賽。都付錢了，就先站到起跑線再說吧。

這個比賽從富士山的富士北麓公園田徑場為起點，經過山中湖、河口湖、西湖、精進湖、本栖湖等五個湖再回到田徑場。賽程充滿了魅力，舉辦時間正好是春意盎然的五月，沿路風景真是迷人。

我以一公里七分鐘的超慢速度起跑。從山中湖要往河口湖的途中，差不多在卅五公里附近，膝蓋果然又痛了起來。「天哪，果然還是不行啊。」我開始用走的，腦海裡一直在盤算何時棄賽比較好。賽事進行到五十公里處，後面追上來一個人，我們兩人聊了起來，原來他也想要棄賽，於是我們倆就邊走邊互相安慰。過了西湖附近就是六十公里處的補給站，我們把號碼牌摘下來，向工作人員表示要棄賽。

各位跑者們請注意，現在回想起來，我勉強跑了六十公里的代價太大了：傷勢後來拖了很久，有時以為復原了，又會突如其來痛起來。後來花了一年以上的時間，才完全根治。

這也是我人生中第一次棄賽。我不但給大會工作人員添麻煩，自己也傷勢加重，感覺不太好。這種情況下還是要抱著「不參加的勇氣」來面對才是。這次棄賽，讓我察覺到了自己的弱點。

10 邊跑邊玩：馬拉松要這樣跑才對

工作上的情況和跑步很像。我專心於某樣事情時就會一頭栽進去，沒辦法冷靜看待自己的情況，往往要到事後才曉得自己已經犯下了意想不到的錯誤而導致失敗。這次的膝傷也是，起因是我太熱衷跑步，我想這是上帝叫我要好好冷靜，所以給我的一個警告。

我不會放棄跑步，只是暫時先不管打破三小時或是超過百公里的比賽目標，先退一步，找個辦法和馬拉松好好相處。我現在就是單純喜歡跑步，也希望以後可以繼續很開心跑下去。

受傷之後我不太練跑，跑步的心態也變了。我不再做些逼迫自己的練習，也不再設定「今天要跑N公里」這種目標，反而改成「今天天氣很好，所以出去跑步」，或者「昨天喝酒喝太多，所以去流汗一下」，配合自己的感覺和時間來跑步，有時覺得累了就不練習了。

我當然還有其他興趣。那陣子我迷上潛水，參加了好幾個以潛水為主要活動的旅行團，一九九五年間分別去過塞班島、菲律賓的宿霧、印尼的峇里島等。

在峇里島的最後一天，我參加了「HITTO峇里馬拉松」半馬賽，早上六點廿分從市區內的購物中心出發，奔馳在快速道路上，於機場附近的紅綠燈折返。當地人的加油聲浪非常熱情，我背著行李，邊跑邊看風景，享受這半程的馬拉松。雖然沒什麼練習，但也只花了一小時五十四分就跑完了，膝蓋完全沒有痛，平安而歸。

參賽者約一半是當地人，另一半是日本人，另外也有來自紐西蘭、荷蘭、韓國、美國的參賽者。跑者家屬或同伴可以參加比賽前的趴踢或賽後的活動，節目非常豐富。我一直想，以後有家庭的話也想帶他們來這裡。

把馬拉松當成戶外活動的一部分，抱持著玩耍的心情參加，那是多麼快樂的一件事啊！

11 萬里長城萬里長……

時序進入一九九六年，在我滿卅歲之前，我還想做一件事，那就是要再度跑完百公里超級馬拉松賽。

自從去年三月間因為腸脛韌帶發炎，害得我右膝受傷之後，我反反覆覆的邊休息邊跑步。對我來說馬拉松就像是我廿多歲的短暫回憶，就這樣被遺忘在記憶的角落，慢慢變成非常遙遠的存在。

五月的某一天，我正在翻閱《Runners》雜誌時，被裡面一則廣告吸引住了。那是即將在中國萬里長城舉辦的一百公里超級馬拉松的廣告。

我早就想去歷史悠久的中國一趟，這場賽事又是以富有歷史象徵意義的萬里長城為舞台，在那裡跑完一百公里的超級馬拉松，會是何等的羅曼蒂克啊！想著想著，兩年前第一次在佐呂間湖百公里超級馬拉松完賽時的感動，再度浮現在我的記憶裡，我心裡更湧上一股激動，握緊了拳頭想道：「在我人生廿幾歲的最後一年，我想再次嚐嚐那種感動……」

一九九六年十一月三日清晨，中國歷史博物館前方，面對天安門廣場，聚集了約廿名日本選手及四十名中國選手。天還沒亮，四周依舊漆黑，廣場上往來的人很少，吐氣的時候還會有白色霧氣出現，實在是冷到了一個極點。

清晨五點，萬里長城百公里超級馬拉松主辦人海寶道義宣告比賽正式開始。幾位中國選手突然往前衝刺，幾位實力較強的日本選手也跟在後面。我只聽見日本跑者加藤三雄在那兒苦笑喊著：「喂喂！大家都跑太快了啦！」另一位參賽者齊藤安廣是慢跑俱樂部「巨人軍團」的會長，他的招牌標誌是在頭上戴著一頂附有小陽傘的帽子，他在前一天的交流會上還說：「大家和我一起慢慢跑吧。」沒想到起跑後才兩公里左右他就快跑消失在我的視線裡了。

我一開始的規劃是在前面五十公里用一公里七分鐘的配速前進，後半段則是一公里八分鐘的配速。開跑後五公里，看見建國門外的大樓顯示時間是早上五點卅五分，不知不覺我後面已經沒有人了，身旁則是三位四十多歲的中國跑者，他們都是第一次挑戰一百公里，還不會配速，應該是想說隨便跟在一個日本人後面就可以。其中一位好像一直在嘟囔著「這種速度會來不及跑完啦，再跑快一點吧」之類的話，似乎是在鼓吹其他人的樣子。我則出乎自己意料之外的很鎮定，不被周遭的任何事影響，專注在我自己的跑步上。

過了十一公里左右看到第一個補給站，進去之後發現母親在裡面等（我替她報名旅行團一起來），我通過的時間是一小時十四分鐘。我娘看到我的龜速有點緊張，一直問著：「這麼慢沒關係嗎？」主辦人海寶道義在旁邊鼓勵我說：「不要緊不要緊，現在就是最好的速度啦！」我也不太管通過時間，只對自己滿意的表現感到開心。

跑到十五公里左右追上後藤景子和黑澤佳文兩位跑者。後藤景子是第一次挑戰一百公里，經驗豐富的黑澤則是陪跑。我暫時跟在她們後面。這條筆直的路兩邊都是銀杏樹，漫長地往前延伸，沒什麼變化，顯得有點單調，如果是一個人跑的話，應該會有點寂寞吧。我和她們邊聊天邊跑，藉此來分散注意力。

卅五公里附近後藤說她要上廁所休息，於是我就一個人往前，在四十公里處追上了前田靜一。這時有些中國選手陸續棄賽，棄賽的人都搭上大會安排的接駁巴士。沒想到有些棄賽的中國選手後來竟然又出現，還跑在我前面！啊諾……怎麼會這樣啊？你們……

通過五十公里處的時間剛好是六個小時，很好，我有照預定的速度在跑。第六十公里處之前，陸續追上其他幾位日本跑者，心裡好開心啊，因為前一次跑這麼遠的距離，就是一年半以前在富士五湖的賽事，而且那次跑到六十公里就因為膝傷而棄賽。這一次我的膝蓋完全沒出狀況，不必很痛苦地前進。

六十公里處有個補給站，我娘已經先搭車抵達這邊當起義工來了，真是一位熱心的大嬸。母親說，齊藤安廣和阪本真理子兩人有點擔心我，所以在這個補給站等了大約卅分鐘，後來因為天氣太冷，再休息下去的話身體也會冷掉，於是他們兩人留了一句話給我母親，叫我「快點追上我們喔」，就先跑走了。我想，只要跟在他們後面的話應該就沒問題，稍事休息了一下就立刻出發，才跑了大約兩公里就追上他們。

其實我和這兩人並不是很熟，所以邊跑邊和他們聊天，才知道原來齊藤安廣在今年就已經跑了十二場超級馬拉松，而且前一個星期才剛跑完另一場一百公里的賽事；至於阪本也是以幾乎一個星期的間隔在參加全程馬拉松。

「我跟錯人了吧……」這是我心裡唯一的想法。

賽事進行到七十二公里的補給站時，我的專注力無法撐下去了，腳步也開始落後這兩人，只好對他們說：「我有點痛苦，你們先跑吧。」可惡的是，這兩人疑似假裝沒聽到，害得我有點不好意思，也只能繼續跟著他們跑。

比賽的終點站是慕田峪長城，從這裡到終點之前，賽道暫時離開了大馬路，改成往返六公里的鄉間小道，折返點則是一間廟。到了折返點的廟，我還停下來照了紀念照。我本來有點擔心，如果再不加快速度的話，會不會來不及。但看見齊藤安廣和阪本真理子也在那忙著互相拍照，他們除了參加比賽以外，似乎完全享受在跑步的樂趣中。

從這裡到慕田峪長城的入口處是一段長長的爬坡，阪本真理子嫌我們速度太慢，她說速度太慢的話她的腳會冷掉，所以就丟下我們兩個男人先往前跑了。我和齊藤在這段上坡當中又走又跑，痛苦得不得了。

好不容易賽事剩下最後三點五公里，慕田峪長城的路標出現了。我的手錶已在途中壞掉不動。天色漸暗，寒風刺骨，在賽道上巡迴的補給員津川芳把車停在我們旁邊，各倒了一杯熱茶給我們。比賽結束前約五十分鐘，我們跑抵慕田峪長城的停車場，阪本真理子已在那裡等我們。這裡是九十八公里處，只剩兩公里就是終點，如果是普通平路的話，要在剩下的五十分鐘內跑完，那是太足夠了。問題是，這最後兩公里卻是上上下下、通往長城的一千兩百個階梯。齊藤似乎有點著急催我：「快走吧。」而我心裡則不斷想著，我應該可以跑完吧，連帶心思也跟著躍動起來，開始朝著上行的樓梯奔去。

爬了廿五分鐘的樓梯就到長城，我們三人在那裡當然要擺幾個到此一遊的姿勢照相，這是一定要的啊。這時太陽剛下山，宇宙大地彷彿在一瞬間全部變得昏暗了，眼前只剩往下的樓梯。怎知才正要開始下樓梯，站在那兒的守衛卻指著我們的來時路說：「從這裡下去很危險，不可以進去。」他為我們指出另一道朝下的階梯，問題是那並不是大會預定的賽道，我們也擔心聽他的指示到底能不能順利回到下面，或是半路會不會遇到岔路什麼的。

我們也沒有時間猶豫，邊跑邊討論著：「是不是這邊呢？」「不對，是這邊。」反正就憑著跑者直覺挑選眼前的道路。「不快一點會來不及喔！」齊藤和阪本加快速度飛奔，我努力想跟上他們，可恨的是在這關鍵時刻我竟然力氣盡失，連站都快要站不住了，可能又是貧血。我眼前一片模糊，彷彿就要這樣睡著似的感覺，只好靠在齊藤的肩膀上，一步一步慢慢往前走。

這時，已經完賽的選手下島伸介從終點處跑下來察看我們的狀況。於是我左邊靠著齊藤，右邊靠著下島的肩膀，假如有不明就裡的外人看見，一定以為我是夢遊病患吧。而我也真像是在夢遊似的，右方隱約傳來下島伸介的怒吼聲：「至少要保持意識清楚啊！」

接近終點附近，我略微感覺自己的血氣似乎有點恢復。很長很長的下坡階梯到了盡頭，幾公尺前方就是這次比賽的終點，我擠出最後的力量靠自己站起來，邁步往前進。齊藤、阪本和我三人牽起手，一起高舉雙手，到達終點的瞬間我的眼淚迸了出來，擋都擋不住。真的是幸福的瞬間哪！

跨過終點的那一刻，距離大會規定的比賽結束時間只差五分鐘，我當場蹲下來啜泣了起來，口裡不斷喃喃說著「謝謝！謝謝！」又和齊藤、阪本一直握手。主辦人海寶道義也過來拍拍我的肩膀告訴我：「辛苦了，謝謝你讓我看到這麼精彩的表現。」接著我娘也現身了，她也在哭，邊哭邊對我說：「阿良啊，你真棒，真的是太棒啦！」我只能抖著嘴唇一直說：「謝謝！謝謝！」

12 找到了未來的方向

跑完萬里長城百公里超馬賽，我被齊藤說服加入他的慢跑俱樂部「巨人軍團」，他並邀我前往河口湖畔的飯店「水明莊」住一晚。隔天就是「河口湖日刊體育報馬拉松」賽事，巨人軍團的成員們也都在此齊聚一堂，會長想要藉這機會把我介紹給大家。

這是個很特別的慢跑俱樂部，成員都很有個性，或說很隨性（我指的是正面的意思），其中十幾位年紀比我大，但大家都很喜歡跑步和喝酒，倒是沒人特別在意馬拉松的時間記錄。我也很快的和大家打成一片。

會長齊藤安廣頭上永遠戴著上頭附著洋傘的帽子，一整個逗趣的造型；他不但會自我調侃，更帶給周遭的人很多樂趣。他在過去的一年內就跑完了十二個超馬賽，實力非常堅強。當時的我連一百公里的超馬都很勉強才能跑完，他在我眼裡當然是個強者，也是我理想的學習目標。

與這個慢跑俱樂部相處，我似乎慢慢看見了未來的路。我膝蓋的傷雖說不痛了，但如果像以前一樣勉強著要在三小時內跑完全程馬拉松的話，膝傷想必會復發吧。所以我想，以後的跑步方向，應該是學齊藤一樣慢慢的享受超馬，這可能比較適合我。

一九九七年一月一日，我前往神奈川縣參加「第一屆江之島元旦全程馬拉松」，賽道就是湘南海岸的腳踏車道。俗話說「一年之計在於元旦」，在這新的一年開始之際，我希望接下來的一整年都平安，不要受傷，可以好好享受馬拉松賽事。於是懷抱著這樣的願望，我在湘南海岸的腳踏車道上輕鬆奔跑，旁邊是湘南海岸無與倫比的海景，正前方就是壯麗的富士山，花了三小時四十二分鐘慢慢跑完全程。

我這年卅歲，開始跑馬拉松剛好第五年，真是個展開新年度的好方法！

13 難忘的痛罵

三月初，在沖繩縣的宮古島上舉辦了日本最南端的超馬賽「宮古島一百公里試跑賽」。這不算是正式的比賽，而是為了規劃以後的賽事，先請全國各地超馬選手來試跑。比賽時間限制和一般的超馬賽一樣，必須在十三小時內跑完。主辦人就是海寶道義，他曾在一九九四、九五連續兩年跑完橫貫美國的比賽，並且是日本超馬界的開山始祖。

賽事起點位在宮古島的「微風港灣」度假村。天還沒破曉，百餘名選手在度假村裡的博愛紀念館前方歡呼著出發了。我的配速定在一公里七分鐘，這樣應可在規定的十三小時內跑完。

雖說一開始就預想到天氣會很熱，但這時的氣溫已經超過想像，天亮後最高溫達到攝氏廿五度，路上完全沒有遮蔭，強烈的陽光照射在柏油路上，路面的溫度可能有卅度吧。

我本來以為宮古島沒有山，是個平坦的小島，沒想到這裡到處是山路，跑起來很吃力。我以一公里七分的速度跑到五十五公里處的池間島，從那裡之後的五公里距離卻花了我四十分鐘。過了折返點，在池間大橋附近也是跑得很苦，甚至一度萌生乾脆跳海算了的想法！只想縱身投奔進入那蔚藍的海水裡……

六十五公里處我開始用走的，胃部不舒服到了極點，在補給站幾乎吃不下任何固體食物，只能一直喝冷水補充水分。就這樣走了十公里吧，我已經是百分之九十九放棄了要在時限內跑完的意念了。

就在八十公里的補給站內，我看到齊藤安廣和三位女性參賽者一起窩著。距離比賽結束時間只剩二小時，每個人臉上都是一副失落的表情。

「可能來不及了吧。」我聽見有個聲音這樣說。

正當此時，一直在賽道上開車巡視的主辦人海寶道義抵達了，他滿臉燦爛笑容，探頭進來問道：「大家狀況還好嗎？」

「太熱了，我肚子也不舒服，真困擾呢。」齊藤安廣勉強擠出一絲笑容，有點怯生生的回答。

「可能來不及了。」剛才那個聲音又說了一次。

我也插話說：「喔，胃不舒服到了極點哪。」

海寶道義想說服我們：「還有兩小時呀，盡情努力，享受到最後一刻吧。」這時另一位女性插嘴：「可是海寶，剩下廿公里，要在兩小時內跑完，有點勉強吧！」

我心裡真誠的相信，這句話代表了在場五位跑者的心聲。

怎知此刻海寶竟然臉色大變，連聲音都拉高了。

「你們可能會想用哪裡痛哪裡癢當藉口放棄比賽，但你也沒試試看，怎麼知道跑不完？還剩下兩小時，就算邊跑邊走的，說不定還有可能啊！」

他越罵越氣，最後撂下一句狠話：「總之我們不可能為了你們一直在終點等待，就算抄捷徑也請你們在十三個小時內跑到終點！」然後上車離我們而去。

我一聽，也突然一股怒氣發作，但不是對海寶道義生氣，而是對自己生氣。我一直在抱怨「跑不動，跑不動」，自己卻沒有行動。我氣死了，關家良一，你怎麼可以這樣！

齊藤安廣也是滿臉通紅站在一旁，一句話也說不出來。

我告訴齊藤：「我們試試，跑到哪算到哪。」我們立刻出發，速度拉得很快，很難相信先前我們已經因為疲倦而走了十公里。

「可惡，不管如何，我一定要跑到終點。」我把怒氣化為力量，腦裡飛快羅列出一大堆「我跑得動」的理由，包含「過了下午四點天氣涼快多了」、「之前省力十公里以上，一定還剩很多體力」、「以我廿公里距離的最佳成績一小時廿分鐘來看，還容易得很呢」、「在八十公里的補給站裡我吃了三條香蕉，身體應該復活了吧」、「高中時也在夏天打過棒球啊，比起來這裡的溫度不算什麼啦」等等。

這就是所謂的正面思考。

才跑到八十三公里，齊藤速度變慢了，但我毫不回頭繼續往前跑。一開始的五公里共花了廿五分鐘，氣喘如牛，到了八十六公里附近看見一位名叫加藤三雄的跑友在走路，我和他打招呼並喊了聲「哈囉」之後超越他。他在我背後喊著：「喂，你怎麼啦？」我揮揮手回他說：「最後衝刺。」

跑進下一個補給站，我就像跑全馬一樣，拿了杯子就走，義工們都發出「喔喔」的驚嘆聲。我興奮的說：「我要衝了！」我想那時的我一定散發出沒人敢靠近的氣勢吧。接下來的五公里其實跑得不快，花了四十分鐘，抵達九十點五公里的補給站時，距離賽事結束時間只剩下五十三分鐘。「有點困難了，但不到最後絕不放棄！」結果令我不敢相信的是，從這裡開始的五公里，我竟然只花了廿分鐘就跑完，我還以為這一定是距離標錯了吧，當時還想，怎麼可能啊，反正這種小規模的比賽常會有距離標錯的烏龍事。

剩下最後五公里，必須在卅五分鐘內跑完，感覺上我看到一線希望了。剩下四公里時，剛剛用走的加藤三雄也追上來了，一面跑一面對我說：「我還不能輸你這位老兄啊！」之後換他超越我而去。我也開心起來了。眼前看到標示牌寫著「離上野德國文化村剩二點二公里」，而離比賽結束還有廿三分鐘，我一整個人瘋狂起來，開始大叫「來得及！」跑上緩坡之後，博愛紀念館已經在望，雖說剩下的路程就算用走的也來得及，但我要用跑的跑完。進入「上野德國文化村」入口右轉，距離終點兩百公尺，意外看到加藤三雄在那裡等我。「我可以跑完，也是托你的福，最後我們一起跑吧！」

在終點線上，海寶已經揮著手在大叫：「喂！喂！」於是我和加藤兩人牽著手，完全不放慢速度，全力衝刺最後的一百公尺到終點，我整個人直接飛撲到海寶的懷裡。我的成績是十二小時四十八分四十三秒，離比賽結束還有十分鐘以上。「我贏了！我贏了！」

我心底的感覺是，我克服了自己的弱點。如果在八十公里處沒有被海寶痛罵一頓，如果那時他說了些溫柔體貼的話給我們聽，那我想我是沒辦法跑完全程的。

聽說在超馬賽裡面，選手確實有可能「中途復活」，可是如果意志力已經放棄了的話，那大概復活無望吧。這時唯一的方法也許就是，「找出所有可以跑完全程的理由，支持自己繼續往前跑」。或許，所謂的超級馬拉松比賽，應該就是這麼一回事吧。

那場比賽的結果是，終點一直敞開等到最後一位選手跑完，那時已經是晚上九點，比賽開始後十六個小時的事了。

14 觀光慢跑

因為前一年膝蓋受傷沒有好好跑步，所以一九九七年的我就像瘋子似的，到處參加比賽，而且每場比賽都是輕鬆的慢慢跑，享受我的慢跑生活。

宮古島百公里試跑賽一個月後，三月卅日我參加了由青梅若草路跑協會舉辦的「青梅若草百公里挑戰之路」比賽。這個路跑協會的活動據點在東京，所以他們選擇了多摩川河堤的腳踏車道作為賽道，每圈距離是五公里，總共要跑廿圈。跑道本身看起來有點單調。

開賽當天很熱，雖說才三月，但據說已經是破記錄的炎熱。跑道旁的櫻花樹本來只有略微開花，不過到了中午就完全開滿了賞心悅目的櫻花。我就這樣一邊欣賞大自然的動人景色，一邊和義工及參賽選手交流。大會規定要在十二個半小時之內跑完一百公里，我用了十一小時四十二分鐘就完賽。

四個星期之後，我在四月底再度挑戰「富士五湖超極馬拉松挑戰賽」。兩年前我參加這項比賽時，因為膝蓋受傷而被迫棄賽。這次我要回來征服這一百一十七公里的路程，以跑完全程為目標。

從一開始我就保持一公里七分鐘的速度前進。這天的天氣好極了，一整天都陽光普照，晴空無雲，整場賽事進行中美麗的富士山都沒有被雲遮住，我可以盡情從五個不同的湖畔遠望富士山完美的輪廓，更充分享受到春天新綠的自然景色。這也是我第一次把跑步的距離拉到超過一百公里，而且膝蓋竟然不痛，我也因為膝蓋不痛這件事而感動到差點邊跑邊哭。

膝蓋不痛的感動，加上大自然美麗景致帶來的喜悅，使我體內充滿了驚人的能量。後來回頭檢視一下大會每隔十公里做的計圈記錄，發現我最快的速度出現在第一百到第一百一十公里之間，等於是比賽到了尾聲的時候，我竟然開始一直狂奔，不斷超越我前面的選手。最後，我以十三小時四十四分鐘抵達終點，距離大會規定的十四小時半，還剩下接近一個小時。更厲害的是，我覺得身體似乎還有餘力，所以也許我發揮潛力的話，其實是可以跑更快的。兩年前棄賽的陰霾到此終於一掃而空！

六月我出國觀光，順便參加了「第一屆斐濟國際馬拉松賽」，而且我還在比賽之前、之後都安排潛水活動，幾乎完全把馬拉松的成績放一邊，反而決心要以「放輕鬆、慢慢跑」為原則。加上我剛好在同個旅行團遇到一位第一次挑戰全馬的女性，所以我決定跟她一起跑，最後用了四小時四十七分幫助她跑完全程。

這場比賽的參賽者不多，全馬加上半馬的選手總共約兩百五十人，其中我們日本人就佔了八成。比賽的規模很小，而且又是首度舉辦，大會的運作有許多需要改進的地方：比賽前一天才突然公布要改路線、卅公里之後完全沒有距離標識、交通管制做得不徹底……

但這個賽事卻有更多令人開心的事：一路上加油的人潮遠遠超出預期，有天生開朗的斐

關家祕技

【我沒有跑步的經驗，一開始該怎麼做才好？】

一開始不要太認真，把它當作「去家裡附近散步」的感覺。不要勉強自己一定要從頭跑到尾，可以適當加入步行和休息，享受呼吸新鮮空氣和流汗後的舒暢感。我覺得用這種方式來接觸跑步是最好的方法。

你也可以邀朋友一起邊跑邊聊天，或戴上頭戴式耳機邊聽音樂邊跑，也可以拿著數位相機邊跑邊拍。像這樣，跑步時加入幾個跑步以外的目的，會讓你更想親近跑步。

剛開始接觸跑步，最好不要計算距離，只計算時間就好。以跑卅分鐘為例，一般一趟跑下來，狀況好的話大概有五公里，狀況不好也能有四公里或三公里，這都無所謂。最要緊的是持之以恆。

跑馬拉松的肌肉不是努力一天後就長得出來。任何人都必須經過長年累月的累積，才能訓練出適合跑步的肌力和體型。因此，練習者要有持之以恆的覺悟。

總之，先穿上鞋子，衝到外面去吧！

濟人為我們加油，實在是心情一整個大好。賽道的上坡下坡不斷交錯，左邊、右邊不斷出現蔚藍的海景和青鬱的山景供人飽覽，一點都不會厭倦。更好的是，開跑時間很早，比賽在中午前就結束了，讓我下午可以跑去挑戰南太平洋地區頗受歡迎的運動噴射快艇。我有自信，如果是以這種「輕鬆的慢慢跑」的心情來跑的話，那麼應該什麼樣的比賽我都可以跑完，而且一面跑一面還有心情客觀分析周遭的事物，並透過馬拉松和旅行增廣見聞，增加人生資歷。

回想以前的跑步，我都是一味追求記錄，結果經歷了痛苦的受傷經驗。但從此刻開始，我不把跑步當作「目標」，而是當作享受美好人生的「手段」，我要以輕鬆的態度來跑步。其實剛開始跑的時候，我本來就是以這種輕鬆的態度在跑，所以我希望接下來也不忘初衷，繼續跑下去。

15 只要慢慢跑就可以變快

一九九七年我真的氣勢如虹。先在野邊山百公里超馬賽刷新了自己的最佳成績，次月參加「三浦湘南百公里超馬賽」又大破記錄，以九小時四十分鐘卅二秒抵達終點。這也是我個人首度百公里破十小時。

十一月間跑到紐西蘭南島的基督城，在以瓦塔基河中游為舞台的「THAT DAM RUN 百公里超級馬拉松」，一面觀光一面再度刷新個人記錄，以九小時零六分五十二秒跑完，一口氣把記錄拉近到可以破九小時了。這一年的超級馬拉松賽，就以這個比賽告一個段落。

在全馬方面，同月底參加了「第廿二屆河口湖日刊運動馬拉松」的全馬，相隔三年以三小時零七分十秒的記錄刷新個人最佳成績。兩個星期後參加了「第九屆袋井 Crown Melon 馬拉松」，跑出兩小時五十六分零八秒的成績，終於破了三小時。啊，破三小時這個成績，是我夢想已久，且一度曾經放棄過的呀！

勢如破竹的我，連自己都覺得「我到底怎麼了？我可以跑到哪個程度啊？」而且在破三小時的準備過程裡，我完全沒有做間歇跑（Interval training）等練習，所以為何能夠讓馬拉松記錄破三小時，連我自己都覺得很不可思議。

其實，有句簡單的魔法咒語可以解釋我的疑問：

只要慢慢跑就可以變快。

這句話是著名的跑步教練佐佐木功生前說過最膾炙人口的話之一。佐佐木功在一九八〇年代後期到九〇年代初期訓練出風靡日本女子馬拉松界的選手淺井惠理子，造就她在亞洲盃奪冠，又代表日本參加一九八八年的漢城奧運。此外，佐佐木功還曾經擔任日本電器家電田徑隊的教練。

簡單來說，佐佐木功的意思是，透過「慢慢跑遠」可以把血液輸送到分散在人體各處的末梢毛細血管，這可以刺激不太發達的末梢血管，讓你的身體機能成長。

回想起來，一九九七年前半我不知不覺中開始力行「慢慢跑遠」的策略，就如同車子一樣，排氣量變大，所以可以很輕鬆的增加速度。先前的我就像排氣量很小的輕型車，上了高速公路要很吃力才能飆到每小時兩百公里的時速，結果導致引擎著火。但後來的我就有如排氣量三千西西的高級車，不要說每小時兩百，甚至飆到三百公里的時速都不會出事，可以很安穩的行駛。

還有，我在超馬賽事中認識的幾個人也改變了我的觀念，這也是讓我有好成績的一個原因。在這一年間我密集參加比賽，比賽和比賽之間的間隔不長，所以前一個比賽裡學到的東西或該反省的事情，都可以馬上運用在下一個比賽裡。這也是幫助我更新記錄的一大原因。

很多人問我，每個月都跑超馬賽，難道不會累嗎？其實一旦記錄不斷更新，表現不斷進步，此時跑再多也不會感覺疲勞。更何況我保持「慢慢跑遠」的原則，所以我想對身體的負荷應該是不會太大，反而促使我佳績連連。我真的覺得馬拉松是個學問很深的運動。

就這樣，一九九七年的氣勢一直持續到隔年，在意外的地方達到了最高峰。

16 第一次奪冠！

一九九八年一月十七日，這天是「第一屆宮古島百公里超馬賽」正式舉行的大日子。回想去年的三月，在同個地點舉辦試跑賽的時候，我還因為表現出沒什麼鬥志的喪家犬態度，慘遭大會主委海寶道義痛電了一頓。轉眼之間一年已經過去了。

清晨五點，天還沒亮，兩百六十二位選手在海寶道義的號聲下出發。我以一公里五分鐘的高速起跑，目標是要在九小時內跑完百公里，而且盡量不要被周遭因素影響，保持定速前進。

去年的試跑會上，第一名的選手成績是九小時零七分整，所以我很天真的想說，也許我有機會破九小時。比賽一開始，領先的選手們就立刻拉大了超前距離，到了廿二公里處我還排名第十，已經落後第一名的跑者一公里以上了。反正我本來就不在乎排名，所以我也不管，默默保持我的速度。賽道於此處右轉，朝著池間島的方向跑，太陽也出來了，氣溫開始溫暖起來。

從這裡，才要正式開始一場超級有趣的超級馬拉松耐久賽。

今天是陰天，氣溫約廿度，頗適合跑步。我這人出身神奈川，此時在家鄉的最高溫有時還不到攝氏十度，現在來到廿度的「炎熱」環境裡，我的身體到底撐得住嗎？不過，回想起去年此地的試跑賽溫度，這個溫度還算是很適合的吧。

要往池間島的八十三號縣道長度約廿五公里，道路兩邊是一望無際的甘蔗田，沒有任何醒目的東西。坡度變化不大，所以我的速度保持得很穩定。一開賽衝很快的選手們一個一個被我追過，我完全不感到費力，速度也完全沒變，跑得很舒服很愉快。沿路上彷彿還留有我上次痛苦跑完的回憶，所以我有種錯覺，覺得這次所有的條件都對我這邊有利。

賽道離開了環島的八十三號縣道，右轉進入二三〇號縣道後馬上就是第五十公里補給站，義工告訴我，現在我排第五名。接著通過池間大橋來到池間島，這條二三〇縣道兩邊也是被甘蔗田包圍，是一條長度十公里的鄉村小道，和八十三號縣道一樣，只有忙著採收的當地人，沒有甚麼其他人。

五十五公里處的補給站位在一個購物中心裡面，我在這裡追上了排名第四的選手，主辦人海寶道義也剛好在補給站裡，他警告我說：「不可以跑這麼快喔。」不知道他是在開玩笑還是認真的。

這也難怪，在去年的試跑賽裡，我是趕在比賽截止時間內，好不容易才跑完的後段班選手，沒想到才隔了十個月，現在竟然在和領先跑者群爭取前面的排名。不過對我來說，我早就預想到會出現這樣的情況，所以我當然也不驚訝了。

我跑上全長一千四百廿五公尺的池間大橋，準備進入池間島。這時跑第一的選手迎面跑過來，和我擦肩而過。他的表情看起來並不痛苦，還是保持他一貫的、很酷的表情在跑。跑完池間島內的賽道，來到六十一公里處的補給站時，我追上了第三名的選手。我娘此時正在這個補給站裡等待，她很興奮地對我叫著：「厲害啊！厲害！」不斷為我加油。

順便說一下，從去年的試跑賽，到公元兩千年的第三屆比賽，我母親都跟著旅行團來到宮古島替我加油，儼然已經成為專業的啦啦隊員了。我父親走得早，她就我這麼一個兒子，喜歡跟我到處跑也是必然的。

我往前眺望，不料就在前方一百公尺處，赫然出現第二名的選手，而且他還一副跑得很無力的樣子。

「好！我要追上他！」我心裡的堅定信念，已經清楚浮現了。我加速之前，先檢查一下全身：意志力，破表！火箭燃料，滿！肌肉，充分配合！

接著開始催油門了，速度越來越快，眼前無形的速度指針超過了一馬赫，進入一點五、一點六馬赫……視線變得模糊了，全身因為奔跑而震動著。在折返第六十五公里的補給站時，我追上了他，徹底擊潰了他的求勝意志和信念。其實，早在第五十公里處的補給站開始，我就一個一個追過前面的選手。對我來說，這時的操作模式是「抵達補給站之前，追過前面的選手，進入補給站之後再鎖定下一個選手」，實在沒有比這更痛快的比賽內容了！（不過，這樣說還是有點不好意思啊，請大家見諒。）

此時此刻，我全神貫注在眼下的這一瞬間，我不管終點，我不管時間，我眼前只剩下一個選手。我心裡想，以現在的狀況也許可以追上喔。

我也開始意識到，冠軍頭銜可能是我的。

我隨口問了一下六十五公里補給站的人：「第一名差不多是在多久前跑走的？」

「已經好一陣子囉。」

我保持鎮定，不要著急，我體內的火箭燃料還很充分，狀況很好，在這麼戲劇化的關鍵時刻我依然像個太空人一樣冷靜，心裡也做了預備：「還是照我原來的速度前進吧。」

沿路有幾位正朝著池間島前進的選手，迎面和我擦身而過，我們互相打氣，這樣也讓我變得更有精神，心思暫時從賽事上解脫。許多跑者我都不認識，但因為和他們一起分享喜悅和痛苦，建立起了默契，彼此之間的隔閡和陌生也很不可思議地自然消失了。有些選手會提供「你和第一名只差XX公尺喔」之類的訊息，因此我知道自己和前面選手的差距正在拉近。

在七十公里處，我終於趕上正在補給站休息的第一名選手。他看見我衝進來，用很無力的眼神白了我一眼說：「剩下的距離我要慢慢跑了。」我在那裡充分休息後，又被一股看不見的力量推著，飛也似的離開了補給站。

我眼前第一次出現了一個景象：大會在最前端開道引導的廂型車。「這是真的假的？怎麼辦哪……」我的心情高昂，無法克制，哈哈，呵呵，哇哈哈，一陣狂喜，又一陣狂喜。去年在這裡差點放棄，還被主委痛罵沒出息，今年竟然是意氣風發地跑在最前面。我終於失去我的冷靜了，思緒狂飛亂飆，完全沒辦法整理。這時賽道進入宮古島上人口最稠密、建築物最多的平良市內，通過第七十五公里處的時候，引導車裡的大會事務局長津川芳跑下車，開玩笑的對我說：「關家啊，你這樣跑完的話，會上明天的新聞唷。」此刻我心裡只有一個想法，那就是我要跑第一，我要跑第一，我要跑第一……

通過平良港，到了第八十公里處，去年就是在這裡慘遭海寶道義的狂電。往事歷歷在目，想起那時被電後我一肚子火大，乾脆拔腿猛衝最後廿公里的事，實在感慨萬分。好，我決定再度加快速度。

賽道又來到四周是甘蔗田的鄉間小道。引導車一直在播音，宣傳正在舉行的百公里馬拉松，然後又不斷播出背景音樂的《勝利之歌》，沖繩縣出身的搖滾樂團 Diamantes 的曲子，樂聲響徹雲霄。到了第八十九公里處的補給站，大會事務局長津川芳親自幫我倒了一杯水之後說：「關家呀，剩下的路程你就直接跑到最後吧，不要再停留了！」自從我在七十公里處躍居領先地位之後，我頭也不回往前跑，但此刻我的腳終於感覺到疲勞，速度也慢了下來。不知道什麼時候會被後面的選手追上……

不管！我咬緊牙根，繼續和看不見的敵人努力搏鬥著。我現在只有一個對手，就是我自己。

我進入全長一千六百九十公尺的來間大橋，通過折返點再回頭朝著來間大橋跑。跑完這段折返區間時，才看到排名第二的選手正要開始跑進來間大橋。我眼前的賽程只剩下七公里，而此刻我確認領先第二名選手三公里。整場比賽到現在，我現在是首度確信，我贏了。

在前面引導的車，現在換成海寶道義搭乘的普通轎車，他把車開在我前方，有時會停下來用白色的粉筆和紅色的帶子幫我做道路的記號。這人還是用一樣酷酷的腔調對我開玩笑說：

「不可以跑這麼快啦！」

只要有人幫我加油，我都很高興。

眼前出現了一塊看板，上面寫著「距離博愛紀念館二點四公里」。我看了一下手錶，要破九小時根本是綽綽有餘。回想從去年的試跑賽到現在的這段歷程，我不禁熱淚盈眶了！

從博愛紀念館的入口右轉進去，兩百公尺外就是終點，黃色的帶子已經拉出來了，這是我最後的衝刺！我在腦裡不斷反覆想：到底要擺出哪種勝利的姿勢呢？最後還是雙手舉高，比出勝利手勢衝破帶子，飛撲到站在後面的海寶懷裡。

海寶輕輕拍了我的肩膀，祝賀我說：「你奪冠我很高興，謝謝你帶給我們這麼好的表現。」我則是高興到失去了理智，對於現在的狀況，完全沒有心思去想。但我的確是做到了，全身上下每個細胞都充滿了一種「達成目標」的滿足感。

我的成績是八小時卅七分四十六秒。和其他百公里超級馬拉松冠軍跑者的成績相比，這個成績看起來雖說有點平凡，但我這次在兩百六十二位跑者當中排第一名，在所有人的最前面，這一點是確定的！

然後，我最驕傲的是：這場賽事從頭到尾，我都沒有向自己低頭。

電視媒體採訪完，平面媒體也聊過了，我整個人癱在地上休息。這時我娘才搭著加油團的巴士抵達終點，她看見我躺在那兒，馬上就小跑步急速迫近，然後用一種像去警察局領自家小孩的口氣對我吼著：「你！你到底做了什麼？」

我不好意思的地她說：「我奪冠了啦！」她一聽，立刻把因為高興過頭而累倒在地上的我拉起來，拉到終點附近一直幫我拍照。

我真的很開心，因為能藉此讓媽媽開心，盡一點孝道。還有，可能在這世界上很少有人像我一樣，同時體驗過百公里超馬賽的最後一名和第一名吧。不過我相信，超馬賽這旅程會繼續帶給我充滿刺激和戲劇性的夢想！

17 忙，盲，茫

當你的個人最佳成績不斷進步，或者一直能拿出好表現的時候，此時不管再怎麼跑，身體的表面好像都看不到任何的疲勞。

但是身為跑者，自己必須覺悟到：此刻身體內其實是一直在累積疲勞，當疲勞累積到一定程度之後，就會開始浮現。這時，就可能會引發很大的傷害。可是在疲勞還沒浮現的時候，我們會逞強，結果在好成績的背後，其實已經潛藏了不可收拾的嚴重問題。

一九九八年間的我，就是這種情形。

*

我在一九九八年的第一場比賽「宮古島一百公里超馬賽」順利奪冠之後，接著我就頻繁參加了各種比賽。賽程之密集，很像前一年的情況，甚至還更頻繁呢。

宮古島一百公里超馬賽隔週，我參加了在千葉縣房總半島舉行的「第十八屆館山若潮全程馬拉松」，以三小時廿六分鐘的成績，慢慢跑完了這場比賽。兩個星期前在宮古島一百公里超馬賽裡，我通過四十二公里處的成績也是三小時廿六分鐘。

第十八屆館山若潮全馬賽之後的一個星期，我又參加了在埼玉縣舉辦的「一九九八彩之國埼玉全程馬拉松」。在這場比賽裡，我非常努力的跑，最後刷新了個人記錄達十五秒鐘，以二小時五十五分鐘五十三秒跑完。但這場比賽剛開跑，我就感到雙腳好疲勞，所以跑完後並沒有因為記錄更新感到高興，反而開始反省：「如果休息充分才參賽，應該可以再跑出更好的成績吧？以這麼短的間隔參加比賽，繼續下去的話我會受傷吧？」心裡充滿了不安的情緒。

但這一年的行程已經排到六月了，特別是四月底舉辦的「櫻花道二七〇公里超馬賽」，對我來說是很重要的目標，要參加距離這麼遠的比賽，這還是第一次呢，我必須加強練習才行，但是我完全不知道要練習多少分量才夠。老實說，心裡因此有點著急。

「櫻花道二七〇公里超馬賽」舉行前六週，我前往東京學藝大學參加在校園裡舉辦的「廿四小時實驗賽」。所謂的實驗賽，正如其名，是以「連續跑廿四小時後人會變怎麼樣？」的點子開始的一種人體實驗。賽程中由大學生當義工幫忙打理一切，選手可以說是白老鼠，這廿四小時內凡是攝取的食物、休息的時間、上廁所的時間等，都會被逐一記錄下來。

比賽的規則和一般的廿四小時賽沒什麼不一樣，所以參賽者中也有人來玩真的，是為更新自己的記錄而跑。六十多名參賽者當中，大半都是為了預備後面的賽事（例如櫻花道超馬賽等）而參加，其中還有日本超馬界的開山始祖沖山健司，以及極具實力的國手櫻井。雖說是實驗性質的比賽，但參賽者的來頭都還不小。

下午三點，比賽在小雨中開跑。賽道一圈剛好一公里多，我以六分鐘的配速推進。沖山以五分到五分半的速度前進，超過我好幾次。在這麼近的距離觀看沖山跑步，意外的發現其實他看起來好像沒有速度感，感覺他是很輕鬆地在跑。這種繞圈比賽的好處就在於可以不斷近看一流選手的步態。

我通過第一百公里時，剛好過了十個小時。腳雖說沒那麼累，但時間也半夜一點鐘了，感覺很想睡覺。在這之後我就邊恍神邊無力地跑，跑到一百一十公里，這短短的十公里竟然花了我一個半小時。我終於忍不住了，跑到休息室去睡覺。漆黑的休息室內早已擠滿，不是棄賽的選手就是跑到一半來補眠的人，我好不容易找到可以休息的空位，趕緊鑽進自己準備的睡袋裡。

剛才在賽道上一直很想睡覺，但在這裡一旦閉上眼睛，不知道是不是因為太興奮了，反而睡不太著，我閉著眼睛想著：「可惡！我到底在幹嘛啊？我是為什麼來這裡？我還是不適合參加超過兩百公里的比賽嗎？」

就這樣，被自己的羞恥感和無力感責備，在睡不著的情況下經過了一小時後，稍微穩定住情緒，然後回到了跑道。

「我先把目標訂在自己的最遠記錄，也就是一百一十七公里好了！」這個數字是前一年我在富士五湖挑戰賽事上創下的成績。邊這樣想著邊跑了二到三圈，突然不想睡覺了，步調也回到剛開始跑時的速度。這就是所謂的「復活」吧。這時才剛過凌晨三點，眼前一片漆黑，靠著校園內亮起的路燈微光，我繼續前進。

我一面跑一面想：「我是宮古島的冠軍，怎麼能敗在這裡呢？」心裡浮現的尊嚴化為我往前的原動力。到了早上，很多休息夠的選手紛紛回到跑道，又變得很熱鬧。這時我以一圈五分到五分半鐘的速度前進，彷彿被什麼附身一樣，從我的跑步姿態就可以感覺到氣魄。當我要追過沖山時還會跟他說「不錯嘛！」不認識的人也鼓掌為我加油。這下心情便愉快多了。

沖山一開始就把這場比賽定位在「調整身體的狀況」，所以開賽後第十九小時，他跑到兩百公里後就棄賽了。櫻井也是過了第廿小時多一點，跑了兩百公里後停下腳步。

這場比賽也算是我為了櫻花道兩百七十公里超馬賽的練習。不過我不知道到底要練到多少才夠，所以我也學前輩們以兩百公里做為這次的目標。結果總共花了廿一小時四十八分鐘達到兩百公里後，宣告棄賽。

在廿四小時內跑到兩百公里的距離，如果用一場全馬來比喻的話，就等於能在三小時內跑完一場馬拉松，算是個不錯的成績。但我原本也沒把這當作目標，所以對這意外的成績感到滿意。

這次奪冠的田中克祐成績為兩百零二公里，之後是沖山健司、櫻井和我，我們這四人的成績都超過兩百公里。當時在國內選手裡，廿四小時內能跑超過兩百公里的選手不是很多，就算把在學藝大學實驗賽裡超過此標準的我們這四人算進去，說不定連十位也沒有。

當時持有日本記錄的是有田清義的二六二點二三八公里（一九九四年，法國），他算是特別傑出。接下來的排名順序是沖山健司的二三四公里（一九九五年，東京）、森川清一的二三三點三六一公里（一九九四年，東京）、丹代政俊的二二五公里（一九九二年，東京）等。

其他真的沒什麼人。

這場實驗賽之後，很多前輩們都誇獎我在宮古島奪冠後又創了佳績。這個結果，讓我高興得沖昏了頭。我心想，櫻花道二七〇公里超馬賽的時間限制是四十八小時，但我在學藝大學才花不到廿二小時就跑完兩百公里了，所以後面就算用走的，也一定也可以跑完吧。

好，那我就在櫻花道賽事上也破個記錄好了……

18 棄賽者的淚水

櫻花道二七〇公里超馬賽的地點，是位於愛知縣名古屋市這個大城市。起跑點是日本國鐵東海巴士名古屋營業所，一路經過岐阜，然後是美濃、白鳥、莊川、白川鄉、五箇山、福光、金澤市等地點。這條路，曾經是日本國內距離最長的巴士路線。而櫻花道超馬賽就是沿著這條舊日的巴士路線進行，也使得這場比賽成為日本距離最長的超級馬拉松。

它的名稱來源，是為了紀念一位舊國鐵的巴士司機佐藤良二先生。當年岐阜縣莊川村（現在的高山市）正要興建御母衣水庫，許多櫻花（莊川櫻）恰好位在水庫的興建範圍內，即將被水淹沒。因此他開始移植這些櫻花，從一九六七年開始在他行駛的巴士路線沿途栽種，前後共種了大約兩千棵。後來佐藤良二不幸在一九七七年，以四十七歲的年紀英年早逝，大家為了悼念他才舉辦這項比賽。

一九九八年四月卅日早上七點，在大會主委海寶道義的號聲之下，一百六十名參賽選手從起跑點出發。這天天氣晴朗，白天氣溫上升到攝氏廿六度，以名古屋當地來看算是很熱了。我以一公里五分半左右的速度前進，開賽後就跑在前方的領先群裡。

過了九十公里之後，變成我單獨領先的局面。嗯，我心裡想，那就來看看可不可以這樣繼續保持一路領先吧。

但畢竟超馬還是沒那麼容易。進入第一百廿公里，我的坐骨附近突然出現一陣疼痛，痛得我只能邊跑邊走，慢慢的前進。好不容易到達一百五十五公里的莊川櫻補給站，在此處休息了卅多分鐘，結果被第二名的選手追上。休息了之後，還是沒辦法用跑的，我一面慢慢徒步前進，一面也只能望著後面追上來的選手一個一個超過我，一個一個離我而去。

而且我每抵達一個補給站，都必須橫躺在墊子上，請工作人員幫我按摩。唉，真的是替別人添了很多麻煩。

為什麼我在練習中從來沒有感覺過的疼痛，竟會發生在比賽裡呢？我的腦裡一片混亂，完全搞不清楚我的身體發生了什麼事。事後回想，可能是我在櫻花道超馬賽之前那段時間裡，以相當短的時間一直刷新自己的記錄；在同時，身體裡其實是不斷累積疲勞，我的身體其實是在哀嚎，可是我卻不知道。到最後，這些疲勞全部在這次的比賽裡一口氣爆發。是的，說不定就是這樣。

比賽開始後的第廿五小時，我來到一百八十公里處白川鄉的分歧點時，恰好遇到了大會主委海寶道義，他當時坐在車上巡視賽道，於是我向他表示要棄賽的意思。

也許有人會說，我還剩下廿三個小時可以用，要在這廿三個小時跑九十公里，肯定沒問題。問題是，那時的我一個小時走三公里已經是極限了。再這樣下去，感覺會替很多人增添更多的麻煩。所以我判斷不如棄賽比較好。

我搭上海寶道義的車子，前往九十公里之外的終點。在路上，我只記得自己一直在哭，與其說是不甘心，不如說是覺得自己太沒用了。

車開到了終點金澤健康中心，那裡設有三溫暖和按摩浴。這個終點站是許多跑友帶著笑容擁抱的終點，也是許多人帶著淚水抵達的終點。跑完的每個人，心中都各自以自己的感想來迎接、享受這完賽的最後瞬間。

但是，這些都對我來說都太難承受了。我看著這番景象，再次為自己的脆弱感到悔恨。時間終於超過了大會規定的四十八小時完賽時間，比賽結束了。我前往三溫暖室，碰到一位面容嚴肅、泡完三溫暖、正在擦身體的選手。我用綿羊般的畏懼姿態，向他打了個招呼。

他板起臉孔，一出口就對我痛罵：「你一定沒有練習吧!?」

開玩笑！我心裡想，你懂什麼啊？我從開始跑馬拉松之後，從來沒有這麼專心練習過！

但我只能默默低著頭。

比賽結束後四小時，在金澤健康中心廣場舉行了跑友間的交流會。到底要不要參加？很多棄賽的人都沒去參加。

其實此刻我的心裡只有一個想法：去他的我要閃人了。

只不過旁邊好多選手都苦勸我還是去露臉一下。唉，好吧，我是日本人，團體的話不能不聽，只好無奈的前往了。

這次由丹代政俊奪冠，他今年已經是四連霸。他發表感言時，突然感性起來，用低沉迷人的音調說：「這次雖說我是第一名，但超馬的世界裡應該已經到了世代交替的時候了。我相信，明年年輕人會表現得很好。我說的沒錯吧，關家？」

他邊說邊看著我，並給我一個微笑。

在這個瞬間，會場裡有人大叫：「對啊！關家加油！」然後熱烈的掌聲環繞了全場。坐在我隔壁是跟我同一個慢跑俱樂部的前輩島崎節子，她也對我叨唸說：「看到沒？那才叫做王者的風範！」

我只能低著頭。在這場交流會裡，不知道有多少人鼓勵我；在這裡，勝負沒有什麼意義，大家都是朝同一個方向前進的夥伴。

如果沒有國鐵巴士司機佐藤良二，這個世界就沒有這條櫻花道。他曾說過，他想「把地球打造成一個美麗如花、像銀河一樣那麼美麗的星球，把大家賞花的心串在一起，讓大家和平共處於這世界」。這番話，當然也在我心裡留下波動。

19 前進斯巴達松超馬！

櫻花道超馬結束回到家之後，我的身體充滿一股空虛感，暫時沒有想要跑步的慾望。所幸右邊坐骨的傷並沒有再復發，所以只要想跑還是隨時可以跑，但要重新出發則需要一點時間。

趁著這個休息的機會，我好好整理了櫻花道超馬賽失敗的原因，結論還是我太過密集參賽，身體累積太多疲勞，問題終於在櫻花道超馬賽當中浮現。假如我像一九九七年一樣「慢慢長跑」的話，也許就不會有問題了。太過在意排名和記錄，沒有採取適當的間隔參加比賽，這樣不把身體搞壞掉才奇怪。

我就這樣很悶的過日子。

有一天，從沖山健司那傳來一則簡訊：「如果你ＯＫ的話，要不要一起跑今年的斯巴達松超馬賽？」

沖山是去年斯巴達松超馬賽的銀牌得主，也是大家公認的日本第一個超馬開山始祖。被這樣的人邀請參賽，是很榮幸的事。此外，我也期待和他同行，從他身上學到很多東西。所以想了一下之後決定參加。

斯巴達超馬賽源於歷史學家希羅多德的記載，紀元前四九〇年波斯和希臘在馬拉松平原展開了血戰，雅典的將軍為了向斯巴達求援，派遣傳令兵斐迪匹德斯前往傳訊。他從雅典出發的隔天，就跑到斯巴達。

這場比賽是從雅典跑到斯巴達，其間除了海拔高度變化很大，氣溫也差很多，可以說是世界上最嚴酷的超級馬拉松賽；而且又是有歷史意義的路徑，只要是超馬賽的選手，任誰都會嚮往這個比賽。

⁂

比賽當天早上四點，我在選手村的寢室被吵醒。原來是室友田中克祐和西村吉男正在準備早餐。這兩位都還是廿多歲的跑者，不過在去年的比賽裡已經有完賽的經驗了。他們準備了簡易的白飯、茶泡飯、味噌汁、酸梅等東西。

我本來沒準備早餐，想說去吃飯店的自助早餐吧，但田中把白飯分給我，所以就配著味噌湯吃掉了。

比賽前還是吃一些平常吃的東西比較好吧。

下樓到飯店大廳時看到沖山健司和沖山裕子兩夫婦已經在那裡等了，還有學藝大學的渡邊雅之老師（他擔任沖山健司的補給員），他和我們從日本出發後就一起行動，而且大家從去年起變得很熟，每個人都很好，所以我也放輕鬆迎接比賽的到來。

換上T恤和跑步褲之後，搭上前往起跑點的巴士。沒什麼人說話，大家的表情都有點僵硬，早上六點廿分抵達了起跑點，雅典衛城之丘。

經過了賽前合照、互相打氣等程序，比賽前十分鐘天空開始放亮。早上七點整起跑的號聲響起，選手一起從衛城之丘往下跑。為期兩天的漫長賽事，正式開始了。

我以廿三分六秒的時間來到五點六公里外的第一個補給站，比我實際的規劃還早，可能是下坡路的關係。我決定再放慢速度。第二個補給站在十點八公里外，我抵達的時間是五十四分廿九秒。之後每隔大約二到五公里就會有補給站，一路到終點共有七十五個補給站，而選手個人的補給品可以放在任一個補給站裡。

二小時四十四分，我通過卅點五公里的標示，左邊迎接蔚藍的愛琴海，耀眼的日照越來越強，映射在平靜無波的碧綠色海面，反射出來的亮光更加刺眼。

我戴上太陽眼鏡，進入四十公里處的補給站，竟然發現裡面備有小小的飯糰，心裡一喜，主辦單位太貼心了，往嘴裡塞了兩個，真好吃。

第七個小時又十三分鐘，天氣越來越熱，隨著氣溫的上升，也要加強攝取水分。我經過七十五公里的標示，看見日本同胞佐川務坐在路邊，他的腳似乎抽筋了。不遠處就是柯林斯運河的渡口，這裡觀光客很多，我邊跑要邊用英文喊「抱歉！」不斷閃開人群。跑步路徑到了這裡，也就和愛琴海正式分開，接下來要朝著伯羅奔尼撒半島的內陸前進。

大會在第八十一公里處設有第一個閘門，參賽的選手可以在這裡接受自己專屬補給員的幫忙。而選手若沒有在九個半小時內抵達這個閘門，就會被取消資格。我抵達的時間是七小時四十九分鐘，此時渡邊老師還有他的希臘朋友們都已經準備好迎接我（我沒有專屬補給員，所以請渡邊老師幫忙）。斯巴達松超馬賽協會日本支部的坂本雄次先生還幫我按摩腳，讓我本來僵硬的小腿和大腿，總算比較鬆弛一點。我在這裡吃了有點乾的義大利麵。

我才坐了五分鐘，滿臉笑容的女選手船田喜美枝也到了。「妳狀況不錯嘛！」我對她說。她什麼都沒說，只以笑臉回應我。船田先前已在當年的宮古島一百公里超馬賽奪冠，而且在其他比賽裡也常常得獎，是個很有實力的選手。

在這個閘門休息了差不多八分鐘，我繼續出發前進。才剛起步沒過多久，就被去年的女子組冠軍、德國的貝克浩絲（Helga Backhaus）追上。她的步伐接近快走，非常穩定，旁邊還有一位女性選手跟著她。她們邊跑邊聊天似乎很開心，我也暫時跟在她們的後面。

在第一百公里的地方我估計了一下，到目前為止我的速度約等於六分鐘跑一公里。這時已經是傍晚了，前面就是第卅個補給站，先前我在這裡預先存放了手電筒，可是希臘的傍晚五點四十分天空依舊明亮如正午，要我拿著手電筒又覺得很麻煩，所以我乾脆就放著沒帶它跑。但過了一公里後，又覺得該帶它跑才對，不過又不想掉頭回去拿。算了。

就這樣一路向前跑，傍晚的天色開始漸暗，我和貝克浩絲及她旁邊的女生一起在開賽後第十二小時五十三分來到一二四公里的閘門。這個閘門關閉的時間是第十六小時。此時我們已經跑了整體距離的一半，算算還有三個小時的多餘時間。貝克浩絲她們沒休息，直接繼續往前跑去，我在這裡休息了七分鐘左右，吃了點粥，外面套了一件長袖衣服。算我運氣好，在這個閘門剛好可以借手電筒，於是我也借了一個。

從這裡開始就是很漫長的上坡。每次比賽，只要過了晚上八點我就很想睡覺，現在也是這樣，真糟糕。我邊揉眼睛邊開始用走的，兩公里後腳下的路徑變成山道，地上有很多碎石頭，路況不良，當然在這裡是不會有任何光線的，我一面前進一面看著手電筒光線在地面上晃動，這種景象太有催眠效果了，更加令我想睡覺，於是整個人橫躺在路邊睡了一下。

才剛躺下沒多久，就感覺到一陣風吹過，睜眼一看原來是一位選手飛速奔過。誰這麼厲害啊？起身跟在他後面好了。跑了一陣子才發現，原來他就是先前在中途抽筋的佐川務。我們兩個日本人邊跑邊聊天，聊著聊著我的體力又恢復了，於是我超過他跑在前面，完成大約四公里左右的下山路段，順利抵達一四〇點二公里的補給站。在這裡也可以借手電筒，為了預防萬一我換了一個。從這開始，跑道的鋪面又變成柏油路和山道小徑交替的狀況。我單獨一個人跑著，睡意又來了，時間已經是晚上十一點，佐川務再度從後面追過我。天啊，這人真是有耐力，真是個厲害的跑者。

深夜十一時許，接近一四四公里附近，路邊突然衝出一位當地的青年，用英語問我：Where are you from？（你哪裡來的）我仔細一看，發現他的眼神有點恐怖，所以我只簡單回了他一句 Hello 就逃離了。賽後才聽其他選手說，在同一個地點他們被那位青年丟石頭。真是令人難過的事情。

經歷這個小插曲，我那強烈的睡意依然沒有減退的意思，還在一四七公里的路段跌了一大跤，磨破膝蓋的皮。到了開賽後第十六小時五十八分鐘，好不容易抵達一四八公里處的閘門，此處閘門的關閉時間是廿小時，看來我還有充分的時間可用。在這裡我發現佐川務竟然睡在枕頭上，還蓋著毛毯，我也毫不猶豫地決定睡一下。

整個人舒服地躺平，才過了五分鐘左右，田中克祐和另一位希臘選手一起來到這個閘門的補給站。田中看到我，露出笑容說：「終於追上你了。」我也很高興可以再和他一起跑步。

時間超過了晚上十二點，日期也變成九月廿六日。凌晨十二點十分左右，我和田中還有那位希臘選手一同出發。有這兩位跑伴在身旁陪著，真是讓我安心。從這個閘門開始，還要跑十三公里的上坡，才能達到山格斯山脈的登山口。田中建議說：「我們邊跑邊聊天吧。」好像托了他的福，我完全清醒了，不會想睡覺了。

我們三人同行，一同往山上爬，到山頂的一路上路邊都有螢光燈閃爍著，但路上到處散佈著直徑廿公分左右的石頭，一不小心滑倒的話，還會被荊棘一類的草刺傷你早已經疲憊的雙腳，有些地方更需要用手攀爬才行。距離標高一千兩百公尺的山頂只有短短的兩公里多，我們卻花了卅九分鐘。山頂風大，沒有想像中的冷。

下山的路況好多了，不過依舊陡峭險滑，急轉彎也很多，要慢慢彎著腰往下爬才行。下坡的二點七公里也花了半個多小時，再度來到平坦有鋪面的跑道。這時已近凌晨四點，位置是在一六八公里處，在四周漆黑的環境下我舉頭一看，竟然發現頭頂上是整片繁星，我心裡瞬間完全忘掉了痛苦，只能驚嘆著：「哇！我真高興有來參加這場比賽。」

在過去的廿多公里路程裡，我、田中克祐和那位希臘選手三人都是一起行動。這時我們脫掉長袖和運動外套，身上的裝扮回復到起跑時的樣子。沒想到希臘選手的膝蓋在這裡出了問題，強烈的疼痛迫使他暫停腳步，必須去補給站接受按摩，我和田中克祐兩個人只好繼續前進。

一七六公里，白晝將近，不過整個天色還是漆黑一片；路面非常好，周遭一片寧靜。這時我身旁的田中出狀況了，他開始出現恍神的徵兆。我猜，此刻應該是他感到最痛苦的時間帶吧。

「可以借我一下嗎？」田中抓著我的T恤說。

老實說我不知道他在問什麼，但我還是回答他：「好啊！」我們難兄難弟一對寶，有一搭沒一搭的繼續往前跑。

慢慢地，天空由漆黑轉為濃濃的灰，再由灰轉成淺淺的白色。在一八三點四公里的補給站，來自保加利亞的選手拿下了號碼布牌正在摺它，看來是棄賽了。

早上七點整，天色完全變亮，今天是個陰沉的天氣，很適合跑步。我們以廿五小時廿五分的時間通過一九五公里的閘門（此閘門封閉時間為廿八小時）。這時終於感覺到可以跑完全程了。前方五十公尺處出現一個人影，是去年第四名的選手依姆瑞（Illes Imre），來自前南斯拉夫。他正在用走的，我們也安步當車跟在他後面走，一路往前走了十五公里，和他之間的距離幾乎沒變，還是間隔五十公尺。

直到抵達二一五公里的補給站，我們才聽說沖山裕子就跑在我們前面，而且我們和她之間的差距正在縮短。我們決定先追上她再說，於是加快速度先超過依姆瑞，在五千公尺外追上沖山裕子，我們三個人都是這次一同從日本出發的旅行夥伴，這下也彼此說好：就維持這個樣子，三個人一起跑到終點吧。

最後一個補給站位在二四三點五公里處。從這裡開始，大會安排了穿著運動服的少年少女，陪著選手跑完最後一段路程。田中開始興奮起來，裕子的視線則一直往前看，嘴裡喃喃自語。我也想說些什麼話，可是心裡實在太激動了，完全說不出話來，只能發出「嗯、嗯」的聲音，一面猛點頭。我這種樣子引起身旁少年高度的好奇，他一直轉頭偷窺我的表情。

終於，最後的轉彎處出現了。往右轉之後就剩下大約四百公尺，我們請裕子跑在中間，三個人牽起手開始往前小跑。距離終點三百公尺時，在路旁咖啡店休息的人全部都站起來為我們鼓掌，群眾一直叫著「Bravo! Bravo!」我舉起右手回應他們。

剩下兩百公尺時，田中大喊：「看到利奧尼達司像了！」利奧尼達司（Leonidas）是斯巴達的英勇國王，紀元前四百八十年率領三百斯巴達精兵死守駐地，力戰波斯大軍之後全數戰死。這時候我的眼眶滿是淚水，模糊的視線中連利奧尼達司像都看不太清楚。

最後一百公尺！路旁不斷傳出歡呼聲：「你們表現得真棒！」、「Bravo!」、「Good Job!」剩下五十公尺時，利奧尼達司國王像就聳立在我們前面，英武挺立，比想像中巨大很多。在他的像前面有三個階梯，我在這裡不小心踩空摔了一跤，牽著裕子的手差點放掉，實在有點糗。

在我爬起來的瞬間，同時往前飛撲，抓住利奧尼達司國王像的左腳。「我們終於到了！」從比賽開始，經過卅三小時四十八分鐘，我們終於跑完二四六公里的漫長路程。我激動到只能把臉頰貼在利奧尼達司國王像的腳邊，我只想維持這個姿勢，一直到我的眼淚流乾為止。不知道誰拍了我的肩膀，我轉頭看才發現裕子也在哭。有人要我們站起來合照，三個人勾肩搭背一起接受合影，這張照片裡面拍到的是我們的哭臉，還真是有點不好意思呢。

幾位穿著潔白袍子的少女為我們戴上橄欖葉編織成的桂冠，我們還喝了一口聖水，然後從斯巴達市長的手中，接過來很有份量的紀念獎牌。沖山健司帶著燦爛的笑容跑來迎接我們，他今年又拿了銀牌，和去年一樣。

我想起自從櫻花道超馬賽棄賽以來，先前累積出來的自信和尊嚴本來已經蕩然無存，幸好有這麼多朋友不斷鼓勵我，終於讓我撐過來了。我好高興，心裡的感激之意真的溢於言表，眼淚一直流一直流，就是停不下來。

一九九八年這麼多場的超馬賽裡學到的東西，讓我在這一年內，眼睛從來沒有乾過。

20 殘障奧運選拔會

感人的事情一件接著一件發生。從斯巴達松超馬賽回來之後，年底我首度擔任視障選手的陪跑員，大大開啟了我的眼界。

關家祕技

【你平常如何鍛鍊肌肉？】

我最近除了跑步，並沒有特別做其他訓練。

平常我會跑五公里的路去上班。下班後繞遠路，跑十到廿公里之後再回家。這是我每天的固定功課。

週末時我通常會跑廿到卅公里，多的時候會跑到七十五公里。其他時候我會根據比賽前的密集訓練時期或調整時期，改變跑步的距離和速度。

我通常在比賽前三個月正式展開訓練。前兩個月我會著重在加長距離，但速度放慢。比賽前一個月，我會慢慢減少距離，增加速度。最後兩個星期加入短距離衝刺的練習，調整身體狀態，以備接受挑戰。

比賽後的休養也很重要。比賽完一個月內我會盡量避免盡全力跑步，專心消除身體的疲勞。依照這個循環，我一年最多參加三場比賽。不過我以前曾經有一段時期以參加多場比賽的方式來代替練習。假使你剛開始跑步的前幾年，覺得自己的速度增長很快，可以參考這個方法，藉由多跑的方式來訓練腳力。

我陪跑的對象是來自長野縣的視障選手保科清，我和他是在野邊山高原百公里超馬賽認識的，一開始我甚至看不出來他有視力障礙呢！在一九九八年時，保科清的全程馬拉松記錄是二小時五十二分卅六秒，具有很強的實力，他的目標是兩年後的公元兩千年雪梨殘障奧運，想要通過日本代表選手的選拔會。

我在當年十一月廿三日的「第八回福知山馬拉松（京都府）」賽事中，第一次擔任了保科清的陪跑員。其實是我和沖山健司兩人一同擔任保科清的陪跑員，因為我們兩人都認識保科清。考慮到實力還有經驗，沖山健司負責從起跑點開始的前卅公里，剩下的十二公里則換我。

到那之前我都不知道，其實陪跑員是可以在比賽中途更換的。

早上十點半，八千多位選手從三段池公園出發。歡送他們出發的四十五分鐘之後，我抄捷徑跑了大約十二公里來當作暖身。比賽進入第一小時五十五分鐘，我抵達卅公里處的補給站，準備接班，同時邊蹬腳等待他們的來臨。

過了三分鐘我先看到保科清的身影，但陪跑員竟然不是沖山，而是大阪人山本貫太郎，兩人用剛剛好一樣的速度在奔跑。

我還沒搞清楚狀況，就從貫太郎那接過陪跑用的繩子。我和貫太郎在之前的比賽裡已彼此認識，他似乎早已經知道我要接棒繼續擔任陪跑。

「沖山人呢？」我一面邁開腳步前進，一面問貫太郎。

「廿五公里附近他跑去上廁所，就把剩下的距離交給我。」他回答。接著又補了一句：「我也一直好想上廁所喔，憋到現在。」說完他就直奔補給處的廁所了。

被他這樣一說，我也緊張起來。那……萬一我要上廁所怎麼辦？先前我在十二公里的暖身跑步中上了四次廁所，之後真的不知道會發生什麼事。所以陪跑還是以多人組隊比較理想。

我和保科清就這樣在中午時的天光下前進。我向他打趣說：「狀況不錯嘛，你一公里還不到四分鐘喔。」

他音調沒什麼變化，很冷靜的回我：「嗯，但從這裡開始速度可能會變慢，我希望至少把速度壓在四分十秒內。」

福知山馬拉松每隔一公里就會顯示距離，所以我就每隔一公里告訴他時間。我本來最擔心的是水的補給，但保科清的狀況很好，並沒有要求我拿水給他。但有時還是需要我的幫忙，比如說前面剛好有速度較慢的選手，我會大聲叫：「不好意思，請借過！」

至於那條繩子，其實只有轉彎的時候怕兩人分開時才會派上用場，其他時間我們就只是牽著繩子跑而已。一開始幾公里彼此要配合速度，必須稍微適應一下，之後就覺得沒那麼難，我自己也放輕鬆的往前跑。

最後保科清到四十公里處為止都維持一公里四分十秒左右的速度。賽程的最後是一段非常長的爬坡，這時他的速度掉到四分廿五秒。最後他以二小時五十二分零六秒，刷新了他個人的最佳記錄，也得到盲人組的銀牌。

比賽後，我和保科、沖山、山本貫太郎握手，感覺到一種非常特別的爽快感，這種感覺和平常一個人跑完時，是完全不一樣的。

⁂

次年（一九九九）的「第九回福知山馬拉松」剛好也是公元兩千年雪梨殘障奧運的選拔會。這次也是由沖山／關家兩人的組合來擔任保科清的陪跑員。保科清在開賽前的其他賽事中，以二小時四十七分再度刷新個人記錄，這個成績在參賽者的個人記錄當中排名第二，順利的話獲選為殘障奧運的日本國家代表選手應該沒什麼問題。

但相對來說，這場選拔會對他來講壓力應該很大。保科清那時已經五十二歲了，這應該是他最後一次獲選進入殘障奧運代表隊的機會。他的心情可想而知。

比賽前一天我們抵達福知山之後，馬上到會場領號碼牌，剛好遇到一些也是要參加盲人組的勁敵們，他們大家互相問道：「狀況如何？」從他們互動的氣氛裡感覺到比賽彷彿已經開始了，這場選拔賽大家都是認真的。這一點，讓我精神為之一振。

比賽當天從起跑到廿公里由沖山負責，我則跑剩下的距離。和去年一樣，早上十點半起跑，我也跟隨著最後的選手出發，抄近路來到廿公里處等待接手。

保科清以一小時十七分十二秒的時間通過廿公里處，這時他的排名第二，而去年幫我們很多的山本貫太郎也一起跑在旁邊。

可是等到過了廿一公里之後，原本跑在保科清後面的福留超過我們，而且和我們之間的距離越拉越大。保科清保持一公里四分的速度跑到卅公里處，速度漸漸慢下來，似乎是每跑一公里，速度就更加遞減。可能是先前在其他賽事中累積的疲勞吧，我想。

到了卅四公里附近，原本一直領先的安田突然落後下來，所以保科清的排名又上升到第二。剩下的距離，只能用意志力來跑完了。我開始對著比我大廿歲歲的保科清又吼又罵，激勵他加快腳步：「你搞什麼！就這樣而已？你就這樣而已嗎？腳步邁開！」

到了最後的兩公里，沖山也趕來在路邊陪著我們一起跑。在我們的激勵下，保科清以第二名的排名到達終點，成績是二小時四十八分左右，距離他的個人最佳成績並不遠。我們三個人彼此安慰說：「我們已經盡全力了！」

公元兩千年，保科清順利被選為殘障奧運的盲人馬拉松日本代表選手，前往雪梨參賽。他腳下所踏的賽道，就是美女選手高橋尚子在同年的雪梨奧運賽中，奪得馬拉松金牌的那條賽道。保科清終於實現了自己的夢想。

21 開始調整腳步

時間進入一九九九年，三月我在「第二屆宮古島一百公里超馬賽」二度連霸，四月底再度挑戰去年哭著棄賽的「櫻花道二七〇公里超馬賽」，果然為去年雪恥，得到銀牌。六月也在「一九九九島波海道一百公里遠足賽」裡得到冠軍，在超馬比賽上算是過得非常充實。

我認識的跑友不斷增加，我也很期待到處參加比賽或是練習會，和大家見面交流。在這一年間，除了剛才提到的宮古島、櫻花道等三場大比賽之外，在其他的比賽裡面我故意沒有拿出全力，反而是把重心放在跑友之間的交流，或者是擔任大會義工，要不然就是只跑十公里的賽事等等。

到了十月底，在學藝大學校園內舉行的「廿四小時實驗賽」我也只跑了五十公里就先回去了，原因就是次日還要在其他大會擔任義工。

至於為什麼為了這五十公里，還要特別跑到學藝大學去呢？那是因為在那個賽事裡剛好有我一直想見的人。

他的名字叫井上明宏。

井上明宏比我大兩歲，我對這個人完全不瞭解，可是常在超馬賽的交流板上看到他的留言，而且他提供的訊息或資訊都非常獨特，因此我對他很有興趣。

井上為了齒科醫學的研究，先後在加拿大、美國等地待了八年。旅居國外期間，他經常參加當地各種馬拉松、自行車的比賽。他經常會針對國外的賽事做介紹，也會以國外的角度來分析日本國內的馬拉松發展情況，擁有很廣的人脈。

這次的廿四小時實驗賽，井上兩週前剛回到日本，身體可能還很疲憊，在這樣狀況下，他卻能以二〇九公里的成績得到第一。

井上告訴我：「在廿四小時裡要跑兩百公里其實沒那麼難。在日本，大家把超過兩百公里當做是一個實力的象徵，可是在世界上有很多選手，都把廿四小時跑二五〇、二六〇公里當做很合理的距離。日本一定也有優秀、能在世界舞台上表現的選手。但可能是在觀念上還沒覺醒過來，這有點可惜。所以為了要讓國內的跑步界覺醒，我故意很輕鬆地示範怎麼超過兩百公里。」

這人的確很酷。賽後在他撰寫的文章內也是淡淡的寫說，跑兩百公里完全是件很普通的事。

我家恰好離井上家不遠，所以在學藝大學的賽事之後，我和他還有沖山健司、渡邊老師等人常常聚在一起，彼此交換一些國內外的超馬資訊和意見。

在那個時候，說到國際間的超馬比賽，我只知道希臘的斯巴達松超馬賽。後來從井上那裡得知，原來在這世界上有很多的比賽。他也很希望日本人可以在這些舞台上證明潛力。

當時我剛好才在日本國內累積了一點名聲，井上這人的出現，讓我的夢想又無限的增廣。我有很多的跑友和很好的人脈，我真的覺得自己很幸福。

2。

成長

22 我要在台灣重新站起來！

對我來說，我的廿世紀結束在「失去的十年」裡。

從一九九一年開始，日本陷入了不景氣，日圓升值、全球性的經濟萎縮等各種原因帶給日本經濟很大的打擊。大家都說，日本陷入了「失去的十年」。

對我這種在鄉下零件工廠工作的人來說，經濟毫無復甦的跡象，彷彿就像被人用綿布慢慢地勒緊脖子一樣。現在景氣蕭條起來，公司完全沒辦法做長期規劃，只能以過一天算一天的方式去找業績，勉強維持運作。（諷刺的是，日本經濟這「失去的十年」，恰好是我在馬拉松上「飛躍的十年」。）

眼睜睜看著公司的營運狀況一直走下坡，而全公司上下只有我一個人是「領著薪水卻做自己想做的事」，工作不忙就去跑步。這樣讓我在公司越來越難待下去。於是在一九九九年的十二月，我辭掉了工作。

公元兩千年在全球的歡慶中來到，這年我剛好卅三歲，開始認真考慮結婚和生孩子。我意識到，我不能一直埋頭在自己的興趣馬拉松上。所以我在當年又有了個初體驗：創立自己的公司。營業的內容並不是我一路做來的機械加工，而是「什麼都做」。

我先請朋友幫我做網頁，開始做一些土木的零工，勉強維持生計。還去了斯里蘭卡一星期「視察」，看看有沒有可能進口錫蘭紅茶和ＰＣ軟體。六月到美國待了一個月，除了參加比賽，也體驗到很多事情。只不過工作上還是沒進展。

在這樣沒有什麼進展的狀況下，我參加了九月在希臘雅典起跑的斯巴達松超馬賽，跑得並不好，結果是在一百六十公里處被迫棄賽。果然，練習不夠是沒辦法跑完超馬的。

這一段沒有收入、渾渾噩噩的日子，終於耗盡了手上所有的錢，想想還是另覓退路為上策，於是在當年的十一月廿日開始在市內一家小規模的老店上班。這家公司也是做機械加工的，但和我之前工作的公司完全沒關係。流浪一年的結論，還是回到原點。

回想起來，公元兩千年是廿世紀的最後一年，對我來說是一個不太滿意的一年。但從正面思考來看，這些遭遇都是為了接下來的廿一世紀保留體力，所以其實有這樣一段空檔時期，也不算是什麼壞事。

不管好運壞運，都是自己的人生，所以不管何時，都要喜歡自己才行。

＊

自從我九月間在斯巴達松超馬賽棄權之後，我心裡一直過不去，有一種從未感受過的遺憾在那裡。

就在這時，跑友井上明宏來邀請我。

「明年（二〇〇一）三月在台灣有廿四小時賽，有沒有興趣參加？」

前面提過，井上在旅居美加的八年中，認識了不少國際超級馬拉松賽的重要人物，並握有廣泛的人脈，可說是具有國際觀的頭號人物。他從一九九九年回國後，與我、沖山夫婦、學藝大學的渡邊教授等成了好友，也為日本的超馬界注入了一股熱情。

那時我們這些日本跑者對海外的超馬賽所知不多，就只知道希臘的斯巴達松。但一聽這個比賽就在亞洲，而且又在日本隔壁的台灣，我們的興趣都被點燃了。

井上說，舉辦地在台北近郊的東吳大學內，該賽事於一九九九年秋天首度舉行，這次算是第二屆，主要負責人是東吳大學教授郭豐州，由他負責召集世界各國的參賽者。井上希望我拿出「代表日本」的心情參賽。被他這麼一說，我感到光榮無比，竟然能獲邀參加這麼高水準的比賽。

其實在斯巴達松超馬賽棄權後，我心裡一直不好過，我決定抱著「在斯巴達松超馬賽跌倒，那就在台灣重新站起來吧！」的豪情壯志，答應了井上的遊說。

對我而言這是第一次把廿四小時賽當成正式的競賽參加，我決定從零開始練跑，而且下定了決心，無論如何一定要跑到最後，不要棄權。

密集的練習行程開始了。首先在兩千年底經由渡邊雅之教授的邀請，於十一月廿六日、十二月十六日參加了學藝大學的一百公里練習賽。很幸運的兩次都拜好天氣之賜，第一次以八小時五十七分，第二次以八小時五十分跑完全程。特別是在第二次練習賽中，我首度實驗嘗試不吃「固體」食物，只攝取水分和水果，結果意外發現竟然到最後也沒有脫水。這種飲食法的目的在於有效燃燒脂肪，當做體能的主要來源，這次的實驗結果也證明了自己的身體是適合跑超馬賽的體質，讓我增加了不少自信。

二〇〇一年一月就練跑了四百六十二公里，次月初參加別府大分全程馬拉松，以二小時四十分卅二秒的成績破了自己的最佳記錄。二月中的練習量也達到五百零三公里。無論是練習量、練習的品質，還有身體狀況來看，我是以最佳的狀況參加三月上旬的東吳國際超馬賽。

出發那天我慵懶地起床梳洗，慢慢坐車到羽田機場，和這次同行的跑者武石雄二、入江哲夫等人會合，還有以日本隊教練身分參加的井上明宏。至於沖山健司和擔任總負責人的渡邊雅之教授兩人，比我們早一個上午抵達台灣，聽說他們在那裡很開心，先在東吳大學當了一節課的代課老師，然後又去參加為了宣傳東吳超馬而舉行的遊行活動。

這次的日本籍參賽者共四人。奪冠希望最濃的首推沖山健司，他算是日本國內超級馬拉松賽的第一名人。武石雄二曾在前一年跑完斯巴達松超馬賽全程，入江哲夫在日本國內參加過不少超馬賽，也擁有廿四小時內可以超過兩百公里的實力。最後就是我。我們四人都是井上明宏的好友，雖然不是什麼選拔賽中選出的代表隊，但我們也戲稱自己是 Team Japan，抱著代表日本的心情參賽。

到達位於台北近郊的東吳大學時已經是晚上七點，天空已黑，從校門口進去一路兩邊都掛滿大會的旗子，還有宣傳氣球高高飄揚著。在日本，雖說除了學藝大的實驗賽之外還有各式各樣的廿四小時賽，但都只能算是小規模的比賽而已。所以當看到東吳大學準備得這麼盛大，我們這群自稱日本代表隊的人心裡只剩一個想法：「糟糕，怎麼到這麼恐怖的地方來了……」

穿過大樓內長長的走廊，我們來到一個地方，所有參賽選手已經集合完畢，大家好像在等待我們來似的，我們剛踏進去就開始了規則說明，由這次賽事總召集人郭豐州老師主持。說明會之後，外國籍的邀請選手被帶到學校餐廳的VIP室，參加東吳大學校長招待的餐會，席間還看到在斯巴達松超馬賽中連霸的德國女將貝克浩絲、英國跑者威廉斯（William Sichel）等。

吃完晚餐後大家早早回到設在校內的選手村，一打開門就看到房裡貼著海報，畫著簡單的插圖，並用生澀的日文寫著「歡迎到台灣！」、「為了好成績加油！」等字樣，後來我們這些自稱日本代表隊的成員集中在一起，邊喝台灣啤酒邊簡單開了個小會議，差不多十點多便就寢了。

*

次日早上七點起床，吃了前一天在學校便利商店買的御飯糰、三明治，換了慢跑服前往會場。開跑前一個小時有個開幕式，介紹選手時，我們的名字一一被唸出來，每唸一個名字會場就是一陣歡呼和鼓掌，氣氛非常熱絡。

比賽前十五分鐘，我把外套脫掉，做了簡單的暖身操。抬頭一看，烏雲密布，一點小雨絲飄在空中。

早上十點，在校長和來賓的鳴槍之下開跑。一開跑就下雨，但氣溫還好，是很適合跑步的天氣。我的作戰計畫如下：以「跑完廿四小時」為目標，配速為一公里五分卅秒。大略估算了一下，操場一圈是四百公尺，所以大概每兩分十秒就要跑一圈。

不知道是不是天氣狀況很適合跑步，參賽者的速度都好快，還沒到五公里，沖山健司、威廉斯、台灣廿四小時記錄保持人林義傑等都領先我一圈，我在日本隊裡面也變墊底。

我以四小時廿三分鐘通過五十公里，遙遙領先的沖山健司則不到四小時就跑了五十公里，已經和我有十圈的差距了。

這場小雨下下停停的，沒有風，環境因素對跑步有利。可惜我經驗不足，忘了準備帽子，有時雨勢稍大就會整張臉都被雨打濕。開賽後七個小時左右，持續領先的沖山健司似乎開始有點累了，有幾圈甚至跟在我後面，我還幫他配速。他很在意自己一百公里的通過時間，所以等狀況恢復後又把我甩開，領先我飛奔而去。結果他通過一百公里的時間是七小時五十三分鐘。

比賽進行八小時後，有些領先的選手慢慢被追上。林義傑（擁有一百公里七小時五十五分和廿四小時兩百廿公里台灣記錄）與威廉斯也速度驟降，我一直保持一公里五分鐘，和他們之間的距離越來越近。我用八小時四十分通過了一百公里。

在四百公尺的操場舉辦廿四小時賽，恰好可以仔細觀察一流選手的舉動。我一直盯著沖山健司的跑姿，他過了一百公里後完全沒有要減速的樣子，對於他這種要在廿四小時內跑兩百公里以上的選手而言，一百公里只不過是個通過點而已，沒什麼太多的時間休息。於是我也學他，到了一百公里之後繼續跑。剛好這時候夕陽西下，天空漸漸變暗，我好像有點疲倦了，跑完一百廿公里後第一次用走的。在心情上，則沒有因此而中斷專注，走了一陣子又繼續起跑。氣溫正在降低，但我的身體一直維持在很暖和的狀態，不影響速度。

我以十三小時九分鐘通過一百五十公里，同樣的距離沖山健司只花了十二小時七分鐘。我整整落後他卅圈，那是十二公里啊！此刻我的排名升到第二，我心裡沒別的想法，只要保持這個第二名到終點就好。

接下來發生的事情，讓我大吃一驚。

領先在前面的沖山健司突然停止步伐。當我察覺，他已經被帶到醫務室打點滴了。

「發生了什麼事啊？」我納悶著，焦慮與不安一直在我腦海中徘徊，到底是發生了什麼無情的事，竟然把沖山這樣的選手逼到那樣的處境？我一邊跑，一邊想著這些事情。事後知道，沖山似乎是要拉筋停下來的時候，體溫急遽冷卻，讓他身體僵硬而無法繼續前進。

此時放眼賽道上，威廉斯也似乎著涼了，裹著外套無力地跑著；林義傑也是中途棄賽，不見人影。比賽前半場的高速競逐，加上夜間溫度大約降到攝氏十度，這些因素帶給我們選手不少折磨。

正當我們在賽道上進行死鬥的時候，賽道外圈是完全不同的氣氛。學生們穿著睡衣舉辦接力賽，各自打扮得千奇百怪，熱鬧得很，和我們這些選手有天壤之別。連台灣的明星也到場共襄盛舉，煙火一顆接一顆「咻」的放，氣氛好嗨啊！

就在這段期間，我和重回賽道的沖山之間距離越來越近。我一直專注在比賽，會場的熱鬧氣氛意外成為替我加油打氣的助力，我跑得很順。在會場加油打氣的聲響中，我的心和學生、觀眾的心彷彿合為一體了。

學生的睡衣接力賽在凌晨兩點結束，此時我的排名升到第一名。不是沖山健司，不是威廉斯，也不是林義傑，而是伏兵「關家良一」！

第二名是台灣選手陳俊彥，他也是一開始衝很快，但沒有崩盤太多，目前他的位置在我後方約十圈，大約四公里，而且一直維持得很穩定。在超馬賽裡，四公里的距離只要一不注意就有可能被追上，我和沖山健司也是原本差卅圈，後來追上了他。在這痛苦的半夜，有陳俊彥在我後面猛力追趕，逼得我保持一種正面的緊張心態。

跑了一百五十公里，時間還是半夜，場面寂靜了下來。我的速度變為一公里六分鐘，其實這樣的速度在這個時間帶裡還是算快的，我想要維持這個速度到兩百公里。凌晨三點的時候，我已經跑了一百九十公里，這時渡邊雅之老師問我：「關家，你有要吃什麼東西嗎？」我馬上回答說：「我要泡麵。」當然，要吃泡麵必須得等三分鐘，怎知過了十分鐘、廿分鐘都不見泡麵的影子。剛好這時候擔任教練的井上明宏跑來問我：「關家，你有吃東西嗎？」我告訴他我剛剛已經跟渡邊說過了，不過似乎被遺忘了。井上無奈的說：「關家啊，下次有一樣的狀況，你可以生氣的啊！」

至於渡邊老師呢，他真的是在操場內和東吳大學的人聊天，把泡麵的事忘得一乾二淨。其實我並沒有任何念頭要對誰生氣。我心裡想的是：「在這麼好的環境裡讓我這樣跑步，我已經夠感激了。」反過來說，這個小插曲也顯示出我和井上兩人對國際賽事的緊張感和態度確實有差別，他在國際賽事裡面向來是一絲不苟，抱持高度的認真態度。

結果，過了很久的時間，我終於吃到一碗半生不熟的泡麵……

⁂

我以十八小時十四分鐘通過兩百公里，和陳俊彥的差距也拉到廿圈（八公里），這時終於感覺有希望「第一次在國際賽奪冠」。可是我對於創記錄並沒有興趣，只感覺應該可以達成賽前設定的「廿四小時內跑兩百廿五公里」目標。接下來，就看我怎樣保持領先了。

我把身上穿的T恤和短褲換成長袖長褲，喝了一杯咖啡，第一次在休息區好好休息，思索著剩下的六小時要怎麼跑。第二名的陳俊彥也累了，用走的時間越來越多。渡邊老師和井上教練給我的指示是「剩下的時間就好好享受吧」。我再度回到操場，思索著「我到底可以跑幾公里呢」？以現在的速度來看，可以到兩百四十，甚至兩百五十公里也不一定。當然我是沒想過自己竟然有實力可以跑這麼遠。

總之，我要好好利用剩下的時間，好好珍惜在這裡的每一圈，以此答謝幫我加油的朋友、學生。從起跑到現在已經過了廿小時，我在跑道上迎接早上的到來，場內的觀眾越來越多，熱絡的氣氛又回來了。我和陳俊彥的差距拉大到卅圈（十二公里），全場籠罩著關家要奪冠的氣氛。我為了答謝觀眾和義工，不斷和他們擊掌，他們熱情的程度若用棒球賽比喻的話，就像打者擊出全壘打後要繞回本壘的感覺一樣。

剩下兩小時，剛好通過兩百卅公里，我的腦海裡浮現去年斯巴達松棄賽的事情。「在斯巴達跌到，我要在台灣站起來！」我決定以斯巴達松賽事的總距離兩百四十六公里做為我的目標。

回想起來，先前我連想也沒想過要把自己跑步的距離推進到兩百四十六公里以上。唉，我似乎是欠缺了參加國際賽的緊張感。

跑到最後一小時了，會場的氣氛也達到最高潮，全場的焦點當然在我身上，我也慢慢繞操場，接連和義工、觀眾玩起擊掌。第二名的陳俊彥也更新了原先由林義傑保持的台灣記錄，開始和他的兩個小朋友一起用走的，享受最後的時間。至於沖山，他在醫務室打完點滴後回到操場跑步，拖著腳努力擠出笑容回應觀眾。跑到這裡，已經沒有所謂的勝者、敗者的區別了，也沒有主角和配角的區別，每個人都是主角，場外的觀眾和義工都毫不吝惜的為每一位選手鼓掌。

我邊想邊繞過最後一圈，也就是第六百一十五圈，不斷說著「謝謝」，答謝那些為我加油的觀眾。最後跑完第六百一十五圈時，我舉起雙手，抬頭仰望天空。這時距離比賽結束剩五分鐘，我自己先畫下了句點，擁抱著在旁邊的井上教練、渡邊老師，比賽到此剛好也結束。這瞬間很多媒體記者、攝影機一擁而上，把我圍繞在中間。突然被這麼多媒體包圍，其實有點嚇一跳，我也才領悟到原來我完成了一件大事，心裡有一種充實的感覺，還有深刻的滿足感。

記者七嘴八舌地問了「在第幾個小時確定可以奪冠」、「什麼時間帶最痛苦」、「平常怎麼練跑的」等一些很普通的問題。也有人指著我衣服上印的「巨人軍團」的文字問說那是什麼意思。我回答：「這是一個跑步俱樂部，成員都是日本職棒巨人隊的粉絲。」聽到我的答案，

關家祕技

【長跑時，你都在想什麼？】

在廿四小時馬拉松的比賽中，其實我大部分時間都集中精神在比賽上，想著自己的身體狀況如何、現在的配速、天氣狀況、場地的狀況、補給的時機點、對手的動向等等。我會一一檢視這些狀況，然後去想「下一步」的行動。

平常練習的話，我的腦中會閃過現在、過去、未來的各種事情，但大多時候都在思考「下次的比賽我想怎麼做」。

「跑道兩旁滿擠滿了觀眾，我沉浸在大家的歡呼聲中，大聲發出歡喜的吼叫，擺出勝利姿勢，抵達終點。」我常會一邊跑一邊想像這個畫面，這樣身體自然會湧現出一股力量。

這可能跟我天性樂觀也有關係，但我認為像這樣的想像練習在自我激勵這部分很有幫助。

像這樣的正向思考態度，不僅可以運用在工作上，對於日常生活也很有幫助喔。建議各位可以試試看。

大家似乎都很驚訝，看來大家都以為是什麼「巨大的人組成的集團」吧。

記者會結束，很多義工、學生、觀眾相繼跑來和我握手簽名和照相。我真誠的相信，如果沒有他們的加油，我是真的沒有辦法跑完兩百四十六公里的。賽後頒獎典禮中，我從東吳大學校長手中接過獎盃和新台幣五千元的獎金，然後抓起麥克風告訴大家：「謝謝大家在比賽中替我加油！托各位的福，讓我跑出實力以上的表現。以後這場比賽還會舉行的話，我每年都想來參加。」話才剛說完，會場又湧起一陣拍手和歡呼聲。有人遞了一瓶像香檳的氣泡飲料瓶過來，我搖一搖朝天噴，和場內的每個人一起分享這喜悅的一刻。

23 稱霸亞洲

二〇〇一年在東吳國際超馬賽奪冠後一個半月，我參加了從名古屋到金澤的兩百五十公里櫻花道超馬賽，也以廿二小時四十五分鐘奪冠，順便刷新了大會記錄。更妙的是，全程的天氣都是陰天，到了比賽後半也不感覺到疲憊，很輕鬆的跑完比賽。

過了兩個月，我在六月間前往鳥取縣日野郡日南町，加入「第一屆天體界道一百公里馬拉松」的陣容。全程路線高低起伏不斷，我以七小時五十四分名列第四，但是更新了個人當時的最佳記錄。

喔，這股氣勢阻擋不了。九月底參加希臘斯巴達松超級馬拉松賽，以廿五小時廿七分完賽，名列第三，徹底洗刷去年在此地棄賽的恥辱。二〇〇一年成為我在日本超馬界打響知名度、表現急速成長的一年。

對於在超馬界裡急速成長的我而言，二〇〇二年的東吳國際超馬賽具有重大的意義，因為這一年我等於是背上扛著「日本國手」的招牌抵達台北。而且這一年的東吳國際超馬獲得國際超馬協會的認證，舉辦全亞洲首見的廿四小時錦標賽，重要性由此可見一斑。猶記得前一年的賽事中，透過井上明宏教練找了四個選手，在渡邊老師的指揮下抱著輕鬆的態度參賽，還自稱是日本代表隊，沒想到大會的水準、工作人員和義工的熱忱、跑者界裡的宣傳等等，各方面的表現都非常優秀，遠遠超出我們的想像，也是在日本沒辦法體驗到的。

所以東吳超馬是一場必須嚴肅面對的挑戰。因應這樣的狀況，二〇〇二年的日本隊成員遴選方式也有改變，首先是統合日本國內最近幾年各項超馬賽的成績，精挑細選出五名選手：沖山健司、大瀧雅之、櫻井要、沖山裕子、能渡貴美枝，以及一般選手四名（門雅和、八重堅智彥、前田達哉、城定睦），再加上我總共十人。而我因為去年得冠軍的關係，被大會列為招待選手。

參賽國有地主國台灣和日本、韓國、香港、印度、英國等，還有在美華僑總計卅六人。

特別值得一提的是，全世界在廿四小時賽中唯一能跑出超過三百公里傲人成績、擁有多項超馬賽世界記錄的選手——希臘籍的柯羅斯，是以特別招待選手的身分受邀參加。他還有個殺手級的綽號：超馬賽之神！這次的陣容超級堅強，果然不辜負亞洲錦標賽的名字。

既然這樣，我這一年就把目標設定成「我要好好表現，讓他們能記住的我名字！」儘管要達到柯羅斯的世界記錄（廿四小時跑了三百〇三點五〇六公里）很難，但我至少要接近日本選手有田正志在一九九四年創下的亞洲記錄（兩百六十二點二三八公里）。

二〇〇二年三月二日上午十點，東吳國際超馬賽暨國際超馬協會亞洲盃廿四小時賽鳴槍開跑。一開始柯羅斯和台灣選手鄭文明一馬當先，以一分卅七秒繞了第一圈，沖山健司以一分四十秒緊跟在後。我也像是被他們拉著跑似的，以一分五十秒通過第一圈，比我預計的速度快了許多。我經過補給站的時候，井上教練警告我說：「速度太快囉！」

我不想要被周圍的人影響，我只要保持一公里五分鐘的配速，而且要經常提醒自己確實計圈。東吳超馬屬於繞圈的比賽，選手們在學校的運動場上繞行，同一個時間和空間裡面會有狀況好的選手和狀況差的選手一起重疊繞圈子，比賽中就算被領先好幾公里，還是會和其他人的速度攪在一起，非常容易受到周遭影響而迷失自己原本的速度。因此我決定要集中精神，只相信我的計錶。

開跑沒多久，前田達哉和去年第二名並刷新台灣記錄的陳俊彥兩人緊緊咬死我的後方。

我早就有心理準備，知道一定會有選手選定緊跟我做為他們的戰鬥策略，所以我不為所動，忠實地參考自己手錶的計圈。手錶啊，手錶，你現在真是我的精神安定劑。

陳俊彥一直到第廿公里處都緊跟著我，之後他受不了我的速度，超越我而去。如果我沒注意手錶的話，可能早就盲目展開莽撞的追逐賽了，還好那時我還算冷靜，沒受到影響。每位選手都有幾位女大學生一起負責為他專門計圈，當我每繞回一圈時，她們都會很熱情的叫道「加油」！或是用日文喊「頑張って」！而我也因她們的加油聲而受到鼓舞，越跑越帶勁。

開賽三個小時後正好是下午一點，氣溫開始上升，在場上奔跑真是痛苦不堪。柯羅斯已經通過四十二點一九五公里，到了五十公里時也以三小時廿七分鐘的速度遙遙領先群雄。他跑步的姿態很美，上半身打著赤膊，用很舒暢的感覺快意奔馳，展現出驚人的王者風範。光是他的存在，就足以吸引全場的注目。

我以四小時十分四十二秒通過五十公里，到現在為止還算維持了一公里五分鐘的速度。按照大會規則，每隔四小時就必須變換跑步的方向，一方面可以轉換心情，一方面是可以保持左右的平衡，對身體和腳都是好事。

過了五小時，柯羅斯依舊飛速領先，沖山健司也以五公里的差距緊盯在後，但他似乎又開始對自己的身體狀況感到不滿意，於是問我：「可以讓我跟你的速度嗎？」我那時是一直維持一圈兩分鐘的速度，想說讓他跟也無妨，所以就一口答應了，我們就這樣一起跑著。一陣子之後井上教練跑來提醒：「長時間的併跑可能違反規則喔，還是分開跑比較好。」沖山健司撂下一句「謝謝！托你的福，體力有點恢復了」，接著又加快速度領先我而去了。

我看著他逐漸離去的背影，心裡湧起了一股感動，因為我看到的不單是他這個人，更是他堅持不放棄的精神。我們倆是一起練跑的伙伴，這次來台北跑東吳國際超馬之前他一直為腳傷所苦，連不久前的一場全程馬拉松也黯然放棄參賽，我還有點擔心他能不能來跑東吳國際超馬。現在雖說是參加了，可是體能狀況似乎還沒有很好。沖山健司，加油！

柯羅斯以七小時九分五十二秒的光速飛過一百公里，第二名的沖山健司以七小時五十四分通過，而我以八小時廿五分三秒通過一百公里，名列第三。大瀧雅之、櫻井要、前田達哉、沖山裕子等人也在九小時內通過一百公里，真是一場高水準的比賽！

開跑後八小時天空開始慢慢變暗，惱人的是氣溫一直沒有降低，我有點疲累了，以九小時通過一百零五公里之後，終於第一次在休息區裡蹲下休息。短短幾分鐘的休息中，吃了之前準備的胃藥，做了幾次深呼吸，再用走的繞一圈，讓身體、心理都穩定下來後重新出發。

雖說是休息過了，可是休息時聽見井上教練跟我說：「大瀧桑快從後面追上你囉！」我被他這句話刺激到，根本沒辦法好好休息，馬上提起精神，重新燃燒鬥志。大瀧雅之是令人打從心底佩服的選手，他一直維持速度，一步一步很穩健的在跑，真是超馬選手的最佳範本。櫻井要也一樣，他那種看似平淡的跑姿，藏不住源源不絕的後勁。我一直想學他們，只要看著他們的跑姿，就給了我一種正面的壓力。或許就是因為從他們身上感受到無言的鞭策與鼓勵，從開跑到現在我才沒有明顯的減速。

我通過一百一十公里之後，體能恢復，速度也明顯變快，從一百一十公里到一百廿公里之間以五十二分三秒咻的一下跑完，恢復了一圈兩分鐘的速度。此刻排名第二的沖山健司突然在一百卅三點二公里處停止步伐，原來他一直擔心的腳傷快速惡化，腳掌上又出現一個很大的水泡，他判斷無法這樣繼續下去，於是宣布棄權。

看到這一幕，我心裡有很多感觸，也下定了決心：「我要連沖山的份也幫他一起跑完才行！」就這樣，我鼓舞著自己不斷加快速度，下一個十公里是以四十八分鐘四十秒跑完，這是我在本次比賽中首度打破一圈兩分鐘的速度。

經過十一個小時，時間已經是晚上九點，開賽到現在除了水分和水果以外，我沒有進食，我打算只吃一些可以邊跑邊吃的東西。義工們不斷給我葡萄、柳橙和香蕉等，也遞給我冷毛巾讓我擦汗。他們不斷站在選手立場，為我設想要遞什麼東西給我，我非常感謝這種用心。

從一百一十公里之後的五十公里，我只花了四個小時七分卅三秒就跑完，真是驚人的飛毛腿速度。我最遠一度落後柯羅斯四十五圈（十八公里），在這四個小時內竟然追成只落後卅二圈（十三公里）。這個時候全場的速度就屬我最快，我高亢的心情也達到最高潮。井上教練笑眯眯地跟我說：「狀況不錯嘛！」我也趁著氣勢如虹，大膽的宣告：「我要破有田桑的亞洲記錄！」那時距離比賽終了還有十個小時以上，我也還差一百多公里才能達到有田正志的記錄。井上教練聽見我的野心，驚訝地喊了一聲「啥!?」這件事馬上在休息區傳開。氣氛這東西真的太奇妙了，我也從休息區的義工身上感受到一種「好！我們要幫助關家達成目標!!」的無形助力。

怎知才過了一下下，先前的飛速表現竟有如假象一樣憑空消失，我的速度驟降了下來。可能是先前超高速飆完五十公里之後產生了疲勞，加上大膽宣言後心裡的壓力，促使我雙腳僵硬起來。通過一百六十五公里後，為了讓氣氛轉換，我就用走的走了一圈。在這一圈內不但整理了自己的心情，也靜靜的鼓舞自己的內心，勉勵自己要用跑的跑完剩下的十個小時。於是，休息完畢再度起跑時，又回復到了一圈兩分鐘的速度。

心情和體力調適過來後，總算鬆了一口氣。這時又出了一個新狀況，殺手級的柯羅斯突然像強力膠一樣黏在我後面，意圖為何，我一下子無從判斷，但就是感到不寒而慄……我才剛剛找回先前的速度感，很不願意因為柯羅斯而打亂自己的節奏。怎麼辦呢？好，拼了！就讓我來帶動柯羅斯的速度吧。這樣決定後，我加足油門提高轉速，以一圈不到兩分鐘的速度飛快前進，風不斷吹在臉上，殺手柯羅斯也完全不動搖，緊跟在後。我再度意氣用事，第二次加速，後燃器都打開了，速度變為一圈一分四十五秒，但那個柯羅斯就是黏著，貼著，連一公尺都擺脫不了。耳邊只聽見風聲呼呼吹過，然後聽見柯羅斯的工作人員在旁邊很興奮地用英語喊著：

「one forty-five（一分四十五秒）！」這時我恍然大悟，這是一場心理戰呀，原來我只不過是在幫助他配速而已。我趕快假裝要換衣服回到休息區，這樣太猛的加速讓我有點不舒服，由他自己一個人往前跑吧。

一面換衣服，井上教練一面警告我：「那是柯羅斯的策略，你要保持自己的速度才行喔。」沒錯，我真的是掉到他設的陷阱裡了。

三月二日接近尾聲，三月三日來到了，凌晨的氣溫並不冷，但我為了防止溫度流失，還是換上長袖長褲。回到賽道，我的速度開始下降，竟然花了一個小時多才跑完十公里。算算時間，還剩下八小時，在這八小時內要跑八十二公里才能破亞洲記錄。換算成速度，時速必須達到十公里以上。很好，還有一絲希望，不能在此放棄。我一面跑，心裡也在不斷飛快運算：「若不能維持一圈兩分鐘的速度，那就先以一圈兩分十五秒來跑好了。」也決定維持這個速度到兩百公里的距離。

距離比賽結束還有七個多小時。我通過一百九十公里時，身上穿著長袖長褲，跑著跑著熱到要捲起袖子。我瞥見門雅和整個晚上都光著上身在跑步，可見那時氣溫有多熱。我看著門桑，一股敬意油然而生，他那種悲壯又一心只想著往前進的精神，實在是已經強烈、具體到無以復加的程度。他一直被坐骨神經的疼痛所折磨，中途必須不斷停下來拉筋。我身上並沒有帶著這麼可怕的疼痛，所以我更是沒有資格抱怨什麼。

通過兩百公里，已經花了十七小時廿二分九秒。這時是凌晨三點，原本應該是一天中最冷的時段才是，但可能是一直在跑的關係，身體熱得不得了，所以又決定換回短褲短袖。井上教練建議我，不管結果如何，只剩下六個半小時了，「接下來就以一小時十公里、要跑六次的心情，好好加油吧。」

原來如此！如果光想著「離亞洲記錄還要跑六十二公里」的話，就會覺得這個目標好遙遠。但如果切割成幾個小目標，一次一個加以完成，就會覺得輕鬆了。

於是我設定目標，在一個小時內跑完十公里，達成的話就獎賞自己，讓自己用走的繞一圈。

接下來的十公里，花了一小時又四十三秒，我也獎賞自己，用走的繞了一圈，真的是感覺很棒，這也證明全身的疲勞已快達到極限了。數圈數的女義工們一整晚不眠不休的一直大聲幫我加油，我每圈都以笑臉回應她們，疲倦時就慢慢沒有那心情了。我想，朝向目標一步一步邁進才是對幫助我、為我加油的人表達感謝與尊重的最佳方式。

通過兩百廿公里，天空漸漸泛白，義工們的加油聲更是熱絡。每當我聽見她們用不是很標準的日文齊聲喊著：「阿良！！加油！！」「帥哥！阿良！」真的會忍不住笑出來。那我也來表現一番吧！我再度拿出笑臉，學木村拓哉的帥姿，伸出食指很帥地指向她們。眼角發現站在她們旁邊的井上教練在偷笑著。我心裡想，一定是他教她們這麼怪的日文。

通過兩百卅公里，花了廿小時廿二分卅八秒（前面十公里只用了五十九分五十五秒就跑完）。雖然有遵照井上教練的指示維持十公里的時速，但這實在不是一件輕鬆的事，我正在榨盡全身的力量。我已經管不了操場上的任何動靜，只是瞪著白色跑道線，如機器人般跑著跑著。渡邊老師一直在替我打氣，沖山健司也一直跟我說：「速度不錯喔，你還可以跑，勇敢去擁抱你的夢想吧！」日本籍的義工也不斷跑到操場邊，問我需要什麼補給品，等我跑完一圈回來時他們就已經準備好了。大家為了幫助我達成打破亞洲記錄的夢想，可以說都卯起來了。

我並不是靠自己，而是有這群「Team Japan」的同伴的祈禱，我的腳才可以往前進。連平常很冷酷的井上教練也激動的跟我說：「一定要達成喔！」聽到他的話我才恍然大悟：「原來我正在幹一件瘋狂的事啊！」不管我是機器人也好，是人也好，是動物也好，反正我除了踏著步伐往前進以外，沒有其他選擇。

通過兩百四十公里，時間已經過去廿一小時廿一分十六秒，從東吳的後山看到朝陽升起，感覺今天可能又會是很熱的一天。迎接早晨的同時，觀眾和電視新聞媒體的數量也變多，會場的熱鬧指數再度上升。柯羅斯早就跑到兩百五十五公里，第一名可以說是到手了。我跟第三名的選手也距離十七公里以上，所以會場矚目的與其說是排名，還不如說是「關家良一到底可否打破亞洲記錄」。

剩下的兩小時四十分，感覺無止盡的漫長，我心底偷偷暗自怨恨起有田正志這個人了。

「如果記錄是兩百五十五公里的話，會有多輕鬆啊……」我為什麼認為自己有資格挑戰有田桑的亞洲記錄呢？我是根據去年四月的櫻花道超級馬拉松成績，當時我以廿二小時四十五分鐘跑完名古屋到金澤間的兩百五十公里，而且跑完之後心裡想：「如果跑廿四小時，說不定就可以跑到亞洲記錄的兩百六十二公里了。」事後回想起來，那時的想法真的太天真了。不過，此時我仍然奇蹟似的維持十公里的時速，只能繼續往前衝吧！

通過兩百六十公里，時間已經過去廿三小時廿三分廿二秒，破記錄的真實感出現了！開始為新記錄倒數了！渡邊老師舉起一隻手大喊：「剩五圈了，燃燒吧！」觀眾的歡呼聲和拍手聲傳入我耳中，我勉強拖著快要不行的雙腳，心中卻湧起一陣感動，差點哭了出來。

我真是太幸福了……

要哭，還早。我告訴自己，等到廿四小時全部跑完，到時候不管旁邊的人怎麼想，我要大哭一場。我邊勉勵自己，邊集中最後的注意力。繞過了第六百五十四圈，距離兩百六十二公里的亞洲記錄只剩一圈，這時賽事總召集人郭豐州抓起麥克風廣播：「大會即將出現新的亞洲記錄！請大家一起來為關家良一鼓掌！」全場歡呼聲響徹雲霄，我進入第六百五十五圈，熱絡的氣氛難以形容，我的心情也亢奮到極點，彷彿這樣一直跑就可以直接衝到天國。真不敢相信，跑完這一圈就可以破亞洲記錄！

這時能渡貴美枝跑到我旁邊，滿臉笑容地向我道賀，我很失禮地跟她說：「這破記錄的一圈，我們一起跑吧！」順手牽起她的右手。

我當初剛進入馬拉松界的時候，能渡貴美枝已經是實力雄厚的得獎者，也是我在跑步界憧憬的對象。一九九八年我在宮古島百公里超馬賽首度奪冠，那次女子組的優勝者就是能渡貴美枝。所以在打破亞洲記錄的瞬間，由她擔任「見證人」自然最適合不過了。井上教練也跑到我們身邊說：「現在已是兩百六十二點二三八公里了！恭喜！」他真誠的為我高興，給了我熱烈的鼓掌。我、井上教練、能渡貴美枝三人的手緊緊握在一起，然後舉起雙手，扎扎實實踏上破記錄的那一步。

這一圈跑完再度繞回來，再次被全場的歡呼聲包圍，我們又再次舉起雙手回應大家的祝福。很多人伸出手要求跟我擊掌，我也用力跟他們拍手，並在進第六百五十六圈時舉起右手，用食指指向天空，全場的熱力再度往上調升一個刻度，這一圈可以說是最有感覺、最戲劇性的一圈。

但廿四小時賽還沒結束。剩下廿二分鐘不可以洩氣，要好好跑完才行。我的使命是：「多一公分也好，要把這剛誕生的新記錄盡可能拉到最多才行。」這是一種尊敬，是我對於下次要破我這記錄的人表達的一種尊敬。

剩下最後十分鐘，到目前為止用走的選手們也紛紛開始跑起來了。奇蹟出現了，彷彿假象一般，我竟然又回到一圈兩分的速度；剩五分鐘時，義工跟我說：「還可以跑兩圈。」這時原本負責計算最後一段距離的義工開始下場跟著我一起跑，我抬高額頭拼命全力衝刺，在最後五分鐘內真的繞完兩圈，最後以六百六十六圈半的成績聽見鳴槍，比賽結束。

這一瞬間我倒在操場內的草坪上，仰望著蔚藍的天空，彷彿就像要被天空吸走一樣。蔚藍的天空代表我結束比賽時完全純淨無垢的心情。過去的廿四小時內我累積了六百六十六圈，總共是兩百六十六點二七五公里，這是我一輩子最寶貴、無可取代的財產。

我一面躺在地上「呼呼」的喘氣，義工們直奔我身旁喊著：「真的太厲害了！」我接受了他們的祝福，讓他們把我拉起來。門雅、前田達哉、大瀧雅之等人一面哭一面跑過來跟我握手恭喜。我看到他們，也忍不住哭了起來。

日本隊成員一個一個和我握手，場內工作人員也逐一和我握手，媒體採訪完之後我覺得有點暈眩，先找了個陰涼的地方休息。接著是頒獎大會，我安然的站在台上，接受了第二名的獎牌。頒獎典禮剛宣告結束，我好像是從緊張氣氛中獲得解放似的，眼前只見一片黑，當場喪失意識直接往後倒在領獎台上。

24 捨得放下的勇氣

「莫非我已經歷過超馬人生裡最好的表現？」

二〇〇二年三月四日，我躺在東京慈惠醫科大學醫院中央棟一七一六號病房，發燒卅八度，一面想著我是否已經超越了頂峰。那以後呢？

前一天我在東吳大學的操場締造了廿四小時賽的亞洲新記錄，然後在頒獎典禮上失去意識昏倒，在慈惠醫科大學的太田醫生護送下被送到台北市的醫院，然後從桃園機場被送回日本，到了羽田機場也是直接被送到醫院。

經過核磁共振與電腦斷層掃瞄之後，醫生判定是「外傷性蜘蛛網膜下出血」，要住院三天，至於完全康復則可能要二到三個月。

在醫院的時候，獲悉台灣的新聞把我在頒獎典禮上昏倒一事，報導得比我破亞洲記錄還大。如果這是破記錄的代價，那也未免太大了。可是這樣也證明我在比賽中付出了所有力氣到極限，對此我應該感到驕傲才對。

話雖如此，我還是覺得下次一定要把「比賽後的閉幕式及平安到家為止」統統考慮進去才行。看來，我是學到一課了。

恢復上班後，在日常生活上沒有太大的問題，但有一段期間只要稍微動到身體的話，頭部就會痛。表面上看起來人是很健康，但就是過著咬緊牙根、忍耐不能去跑步的日子。我也懷疑自己會不會就這樣一生不能跑了？日子實在焦慮不安。

幸好事故後一個半月，到當年四月底的時候，令我煩惱的頭痛終於消失了，可以照常出去跑步。我再次體會到可以跑步的喜悅，但也因為停止練習了一段時間，必須全部歸零，從頭開始訓練。至於亞洲記錄這件事，我看就忘了吧。

復出後，體力似乎比發生事故前還要好，也跑得很有勁，這和我之前擔憂的完全相反。五月初，在每個星期兩次的練習會上，我跑出了十公里卅四分四十七秒的佳績，刷新個人記錄。不到一個星期之後，以十六分卅二秒的成績創下我個人五千公尺的最佳記錄。當年六月卅日，佐呂間湖一百公里馬拉松賽中，我用七小時廿五分零七秒跑完，竟然把自己的一百公里最佳成績，往前推進足足有半個小時之多。

氣勢一旦來了，擋也擋不住。九月底我再度挑戰希臘的斯巴達松超馬賽，一舉達成多年的夢想，得到這項比賽的冠軍榮銜。我站在領獎台中間最高的位子上，耳中聆聽著日本國歌，實在是爽！

整整一個月以後，韓國濟州島國際馬拉松賽當中，也在六十公里的賽事裡奪下冠軍。再加一項：十一月底的河口湖全程馬拉松賽也是第一次破了二小時四十分的大關，以二小時卅九分七秒的成績刷新自己的最佳成績。

想想如此的表現，不禁會懷疑在東吳昏倒之後的那兩個月空白期，到底有沒有特別意義？也許那事故是上帝警告我「要多休息一下」。說實在，如果沒有那事故，我也許就真的是繼續每天狂操身體，最後遲早會垮。這次經驗讓我深深體驗到休息對身體的重要性。

當我還沉浸在自己的豐功偉業中，二〇〇三年的東吳國際超馬賽也緊鑼密鼓展開籌畫。前一年比賽中，世界記錄保持人柯羅斯以兩百八十四公里驚人的佳績獲得壓倒性勝利，而我也刷新了亞洲記錄。這些事在日本的馬拉松界傳得沸沸揚揚，大家都在口耳相傳，說東吳超馬是亞洲第一的比賽，這項賽事的知名度瞬間提高。

二〇〇三年的賽事選定「女性跑者」為主題，因為現今女性運動記錄慢慢逼近男子成績，鼓勵女性跑者積極參賽，為往後的運動界注入新的活力。其實，奧林匹克賽事也是遲至一九八四年的洛杉磯奧運中才正式將女性納入馬拉松比賽。在規劃上，以總召集人郭豐州教授和日本隊教練井上明宏為核心人物，兩人細心策劃出競賽辦法和選手的選定基準。在日本隊方面，代表選手和候補選手等也都透過井上教練，逐一向郭老師報告。

邀請選手中最著名的是匈牙利的愛迪特・柏潔思（Edit Bérces）。她才剛於二〇〇二年九月在義大利北方的維羅納創下廿四小時兩百五十公里的女性世界記錄，可說是無人能敵。日本最佳女性選手沖山裕子也獲邀，她在二〇〇二年的東吳超馬賽裡樹立兩百廿一點九一一公里的日本記錄。另外，同年在佐呂間湖百公里超級馬拉松以七小時卅分鐘的優秀成績獲勝的堀田麻樹子也正式參賽。看來這一年將會展開熱烈的女王頭銜爭奪戰。

在男子組方面，擁有廿四小時兩百七十點二公里個人最佳成績的巴西努內斯也受邀參賽。

兩年前我和他在斯巴達松超馬賽第一次認識，那年他冠軍，我則筋疲力盡得到第三；次年同場賽事我冠軍，他棄賽。兩人對戰成績目前一比一平手。但別忘了，他在一九九一、一九九五年的百公里世界錦標賽裡得過世界第一，百公里的個人最佳記錄是威猛無比的六小時十八分鐘。看看他這麼強的實力，假如我還認為我是他的對手，那我真是太自不量力、太蠢了。

於是，我的策略已定：我打算像去年碰到柯羅斯的情況一樣，跟他在同一個操場一起競賽，從他那裡汲取我可以學習的東西。

正當我為了東吳超馬準備展開練習時，從井上教練那邊傳來一個驚人的消息：為了紀念我前一年在東吳樹立了兩百六十六點二七五公里的亞洲新記錄，校方將把學校操場中一個跑道命名為「關家跑道」。命名典禮預計在二〇〇三年的東吳國際超馬之前舉行。

我一方面當然太高興了，用這麼光榮的形式來表揚我的成績，真是太棒了。另一方面我卻覺得，應該是反過來才對，我應該要向大學的相關人員和大會的工作人員好好道謝才行。想到這裡，我更覺得在二〇〇三年的大賽裡一定不可以丟臉，要好好回報大家。

那麼，就更加努力練跑吧！

正式進入訓練，是在二〇〇三年一月一日，我參加「初詣日出馬拉松」的四十公里賽程。從凌晨零點、剛跨入新年的同時，由東京迪士尼樂園對岸出發，經過龜戶天神、淺草寺、上野不忍辯天堂、根津神社、湯島神社、神田明神、水天宮、深川不動、富岡八藩等地，一面跑一面很快的拜拜，然後繞回葛西臨海公園一起迎接日出。可惜那天剛好是陰天，沒見到太陽的影子，但還是很舒服、清爽地迎接了新年。當天中午馬不停蹄，搭飛機到了沖繩玩浮潛，這也是我僅次於馬拉松的興趣。

一月十三日，從我家跑到箱根溫泉鄉，總共五十六公里，沿途完全沒有補給任何東西。這條路線以前練習時跑過，但像這樣沒補給倒是第一次，用意在於提高脂肪燃燒效率，另一方面也是為了確認自己現在的體能狀況。不到一個星期，又參加我所屬的慢跑俱樂部的六十三公里練習會，第二天跑到東京的皇居，在沒有補給的情況下繞了六圈（每圈五公里），最後以一小時五十四分的成績跑完這五圈卅公里。隔週，又跑到皇居跑了廿公里，只花了一小時十一分，對我而言實在是高水準的成績。在這個月裡，無論是質或量都有很好的成果，本月累計共跑了七百零八公里。

二月十一日，我把勝田馬拉松當成東吳超馬之前最後一次調整心態的挑戰，以二小時卅五分卅六秒刷新了兩個月前我的最佳個人成績，進步幅度為三分半多。而且在這趟馬拉松賽裡，前半和後半的速度只差卅秒。二月總共跑了五百廿公里。在三月的東吳超馬開賽之前，我已經進入最佳狀態了。

＊

三月七日，這一天只有我一人從成田機場出發，其他日本選手已於前一天先去台北。我不敢輕忽，前一天晚上就先住在成田機場附近的飯店內，早上邊照鏡子邊換上今天開幕式要穿的西裝，打上平常不怎麼用的領帶。到了台北跟日本隊會合，大家正在準備參加開幕式，看到我的到來都熱情歡迎我，還故意開我玩笑，因為我穿著平常不習慣的西裝。

接近開幕式時，我們一同前往會場。才剛踏入東吳，第一眼就被嚇到了，這……媒體也太多了吧，遠遠超過往年。於是就這樣，我回到一年前因體力透支而倒下去的會場。

開幕式裡選手按往例逐一接受唱名，想必現場的許多師生，去年都看過我倒下去的光景吧，真的是給大家添了很多麻煩。為了謝謝他們，當我的名字被喊出來時，我故意拿出誇張的動作，用食指比向場內的觀眾，跟他們表示我復活了。接著大家移到操場，參加為了紀念去年創下廿四小時賽亞洲記錄的功績，而為我舉辦的「關家跑道」命名式。長四百公尺的第二跑道上覆蓋著紅地毯，我簡單發表了感言，對所有選手、工作人員及大會表示感謝，接著由我和東吳大學校長一起拉開紅地毯，上面用白字寫著：「關家良一先生在二〇〇二年東吳國際馬拉松賽裡樹立了兩百六十六點二七五的亞洲新記錄。二〇〇二年三月三日。」下面還有我卅二公分的大鞋印。看到大會如此用心安排，真的是讓我感激不盡。就這樣，開幕典禮結束後我簡單用過大會安排的晚餐，早早回房睡覺了。

✻

三月八日，早上六點半就被日本隊教練井上叫醒。天氣陰陰的，沒有下雨，可以說是很適合跑步。今年的媒體比去年多了很多，原來台北市市長馬英九也以來賓身分參賽，他要跑的是來賓組的一小時耐力賽。

起跑前五分鐘，選手聚集到起跑點，早上十點準時鳴槍開跑。果然如我所預料，巴西的努內斯立刻彈射出去，跑在最前面，後面緊跟著台灣的廖本達選手。我計畫用比去年快一些的速度前進，每圈的速度也盡可能保持穩定。

一小時耐力名人賽也同時起跑，但他們是跑外側跑道。因為馬英九先生的關係，會場的氣氛被炒到最高點，閃光燈此起彼落，全場被歡呼聲包圍著。天哪，這些觀眾才剛開始就歡呼尖叫成這樣，真有點替他們擔心體力撐不到大賽結束呢。

我以預計的速度，一小時結束後通過了十二公里，努內斯則超過十四公里，領先我五圈多。操場外側跑道除了一小時名人賽，也有三小時、六小時、十二小時和睡衣接力賽。外側熱鬧無比，看在我們這些內側跑道的選手眼裡，也是一種很好的鼓勵和刺激。

我用八小時三分五十一秒通過最初的一百公里。在這一百公里內，每十公里速度的誤差都壓在五十六秒內，我彷彿就像個人形精密儀器一樣，跑出非常穩定的速度。

不過換個角度來看，我為了要維持高速，無視自己的體能狀況。大會規定每四個小時要量一次體重，而開賽八小時後我的體重已經減輕五公斤了。雖然前一百公里的速度比去年還要快廿一分鐘，但體重降這麼多，又有點脫水的前兆，讓我擔心接下來的體力到底可不可以撐到最後。看看暫居第一名的努內斯，像子彈一樣前六小時都維持時速十三公里，之後穩定在十二公里的時速。

開賽後十二小時廿六分四十二秒，我通過一百五十公里，比去年快了十三分鐘。到這裡為止，我都是用毅力在支撐，之後就失速了。又往前跑了十公里，時間還沒到晚上十二點，我的眼皮卻沉重得有如千斤，於是倒在休息區睡了短短的十分鐘。這也是我連續三年參加東吳國際超馬賽當中，首度在賽程中補眠。

井上教練看了一下我到目前為止的成果，跑來告訴我說，我在這時段的表現已經比去年同時段慢了許多。聽到這個消息，我心裡直覺沒望破去年的記錄了。這個負面想法一出來，我跟著消極下去，氣溫雖然沒有下降，可是我整個人都心灰意冷，失去了鬥志，越跑越不順。比賽前我給自己的目標是「要跑得比去年更多」，可是一旦知道沒望破記錄後，我的身體開始背叛我，似乎不想要讓我繼續這種痛苦的比賽。

在超馬賽的比賽過程中，不管是處在多惡劣的情況下，如果自己沒辦法接受自己的弱點，就絕對不會有漂亮的成績。這話真有道理。井上教練一直在旁激勵我：「還有破兩百六十公里的機會，不到最後不要放棄啊。」

通過兩百公里處，已經花了十七小時四十三分廿九秒，比去年慢了廿一分多，也落後努內斯十公里以上。奪冠和更新記錄的希望越來越渺茫。兩百公里之後，我每隔十公里就讓自己休息一下，幸好腳的狀況很好，時速總是維持在十公里。

開跑後經過廿小時，時間已是三月九日早上六點，天空由黑變灰又變白，此刻我和第一名的努內斯還是一樣，差了十公里。第三名的陳俊彥在我後方七點五公里處。只要稍微大意，我很有可能會被追上。陳俊彥要刷新兩年前樹立的兩百廿三點六公里台灣記錄，似乎是勝券在握。有他在後面緊追著我，讓我也能保持繼續跑下去的動力。

通過兩百五十公里，花了廿二小時五十六分八秒，比賽只剩最後一個小時就要結束了。我想想，既然都跑到這兒了，最少要破兩百六十公里才像話吧，於是擠出最後吃奶的力氣開始加速。怎知身體狀況突然回復到比賽前半段一樣，充滿了活力和能量。「原來我還能跑嘛！」我有點驚訝。我應該是被自己騙了，過去七個小時內一直維持時速十公里，真是後悔。當鳴槍結束比賽時，我剛好在「關家跑道」上有寫字的地方附近停住，舉起雙手大大深呼吸了一口氣。

最後的成績是兩百六十一點六四公里。去年在跑完的瞬間當場倒在草地上，渾身完全沒了力氣。相較起來，今年似乎好像沒有燃燒到底。

第一名的努內斯以兩百七十三點八二八公里奪冠，繼去年的柯羅斯之後再次展現了一流世界級選手的實力。台灣記錄保持人陳俊彥也以兩百四十四點八五五公里刷新自己的記錄達廿一公里。

在女子組的成績方面，匈牙利的柏潔思雖然體能狀況不好，依舊跑到兩百廿七點七七七公里，證明了她身為女王的實力。去年女子組冠軍、日本記錄保持人沖山裕子也更新自己的記錄達三公里，以兩百廿四點四六九公里位居第二名。這兩位女王，從賽事的第一分鐘到最後一刻，都展開激烈的拉鋸戰，太精彩了。至於第一次挑戰廿四小時的堀田麻樹子，因為速度控制失當，很可惜的中途棄權。

能渡貴美枝和其他的日本女跑者也都刷新了自己的記錄。本屆大會以「女性跑者」為主題，她們都不負眾望跑出了傑出成績。

特別值得一提的是，陳俊彥等多位台灣選手皆紛紛破了兩百公里，刷新了個人的新記錄。相較之下，代表日本出賽的七人中，幾乎沒多少人「刷新個人記錄」。從這裡也可以看到，在超級馬拉松這領域內，台灣和日本間的實力是慢慢在拉近。我想，原因在於台灣選手這幾年在東吳超馬賽中有機會和世界頂尖選手們共同參賽，這麼寶貴的經驗讓他們成長了許多。我也感到遺憾，因為日本國內真的沒有這麼盛大的賽事。

大會結束後的頒獎典禮中，每位選手後方都站了一位學生，選手無論是上台或下台，學生都亦步亦趨。這是因為我去年發生事故的關係。我拿到了第二名的獎盃，又意外榮獲「最佳人氣獎」，這是今年新設的獎項，由會場觀眾選出。雖說沒有獎金禮物，但是真的感到很高興。這是我第三次參加東吳超馬賽，不但看見了自己在跑步上的許多問題，也在國際交流上擴展了不錯的關係。想想這次和第一名的努內斯的差距達到十二公里，完全是我的大敗。

當然，客觀來看，跑出兩百六十多公里的成績，並不是見不得人的記錄。但身為亞洲代表，我本來有自信可以在這舞台和世界級的選手抗衡，從比賽的結果來看，我實在是太不爭氣了。

比賽結束後我自我檢討，覺得自己在最重要的關鍵階段沒有發揮耐力。至於為何會這樣，我認為應該是在參加東吳賽事之前，連跑了好多個全程馬拉松及超級馬拉松，累積不少疲勞。我把勝田馬拉松當練習賽，打破了自己全程馬拉松的最佳記錄，但我知道，接下來我必須在「全程馬拉松」和「超級馬拉松」這兩種比賽之間，選出一個重點來全神投入。否則東跑跑西跑跑而沒有慎選的話，最後會落到「魚與熊掌不可兼得」的下場。

如果我把重心放在全程馬拉松上，應該可以把成績推入兩小時卅分鐘以內。這樣一來，我就可以去跑東京國際馬拉松或是琵琶湖馬拉松賽了。對一般人而言，全程馬拉松能破兩小時卅分鐘，是一個非常棒的成績，但如果我要朝這目標努力，那麼要在超級馬拉松賽事裡繼續破記錄，會是很難的事。就算我破了兩小時卅分鐘，可以去參加國際級的比賽，也不代表有機會爭冠，只會產生自我滿足的感覺。像我這樣的業餘跑者，應該要知道滿足才對。不過，在超級馬拉松的世界裡，由於我在去年的東吳國際超馬打破了亞洲記錄，也在希臘的斯巴達松超級馬拉松賽事裡奪冠，所以「全馬」和「超馬」二擇一的選擇題，我毫不猶豫選擇了超級馬拉松。

當時的我可以說自信滿滿，感覺只要參加超級馬拉松，就沒什麼不可能的。事實上，自從二〇〇三年破了自己在全程馬拉松的記錄之後，我就減少了參賽次數，每次參賽也沒抱持著要破自我記錄的期望。這樣的好處是，給自己的休息時間變多了，使我在之後的超馬賽事裡能有好成績。這個經驗告訴我，「捨得放下」這件事的重要性。

25 以自己的極限為目標

自從廿五歲時為了減肥而開始慢跑，到二〇〇三年已經十一年了。當時滿腦子就是練跑後的啤酒，它是我跑步流汗的原動力（這點到現在都一樣）；而彼時的目標就是跑完人生唯一一次的馬拉松賽。

就這樣，體重變輕了，全程馬拉松也能跑完了，之後我開始有了「想跑看看更遠的距離」這種想法，就這樣踏進了超級馬拉松賽的世界。俗話說，持之以恆就是力量。我過去累積了種種經驗，結果在跑步第十年於東吳超馬（田徑場地）創下亞洲記錄，同年在斯巴達松超馬（道路賽）獲得第一，登上世界最高峰。

對本身跑不快的我來說，在全程馬拉松和百公里馬拉松等賽事上沒辦法和別人相比，但是超過兩百公里的超級馬拉松剛好讓我發揮所長，於是我慢慢把比賽的重心放在超長距離上，成為一名超級馬拉松賽選手。

二〇〇三年，第一屆廿四小時世界錦標賽訂於十月初在荷蘭的於登展開，共有來自廿二個國家的一百八十餘名跑者參加。這也是國際超馬協會、國際路跑協會（IAAF）認定的第一場廿四小時世界錦標賽。我當然沒有缺席。

十月十一日下午兩點整，大會鳴槍開跑。老朋友巴西的努內斯一個人獨領風騷跑在最前面，後面跟著幾個歐洲選手。天哪，他兩個星期前才跑完兩百四十多公里的斯巴達松超馬賽啊。我專心管好自己的速度，先不勉強自己，前一百公里保持一公里五分鐘的速度。努內斯一直以一公里四分半的配速飛奔，當我通過五十公里時他已經領先我五公里以上。到了六十公里，我開始有點想減速，不過還是堅持要保持目前的配速到一百公里，這樣才能稱得上是前來挑戰世界高手。

到了八十公里時奇蹟出現，身體彷彿變輕，維持著一公里五分鐘的速度也不太痛苦，順利以八小時十八分鐘五十七秒通過一百公里，等於每五十分鐘就跑十公里。但這時候排名還在第六，真可以感覺到世界錦標賽的水準很高。

我以十二小時四十五分通過一百五十公里，速度下降了，但腳步還算可以，排名也升到第三。四個多小時後我通過兩百公里，自己也嚇一跳，腳步怎麼竟然還維持得這麼穩健，甚至連休息次數也只有上廁所的兩次而已！事實上，和世界的強敵比賽，只要一不注意名次就有可能掉下去，這種緊張的氣氛讓我保持了很好的專注力。

通過兩百公里之後，我發現努內斯似乎集中力渙散了，他開始用走的，排名也慢慢降低。比利時的保羅・貝克斯（Paul Beckers）這時竄出想要稱王，和我展開生死鬥。貝克斯是個高手，一九九二年以廿五小時出頭的成績跑完兩百四十六公里的斯巴達松超馬賽事，勇獲金牌。一九九六年也在日本的櫻花道超馬賽奪冠，還擁有四十八小時賽的戶外記錄。他不喜歡獨自領先跑在前面，反而在我的名次升到第一之後，就一直緊跟在我後面，虎視眈眈的找機會一舉超越我。

靠著日本補給員的協助，我不斷更新我和貝克斯的距離數值。依照大會規定，最後四十五分鐘的賽事是在一座四百公尺的操場上進行，而開賽後廿三小時廿五分鐘，我和貝克斯的距離竟然只有六百公尺！在超馬的世界裡，這種距離簡直是並肩肉搏。貝克斯展開最後的獵豹衝刺，跨出大步直逼我，我也拼著一口氣努力往前繼續跑，但他速度實在快如光影，在他超過我後，我心想追不上了，這個念頭才出現，腳步就自動停止。我全身無力，看著他的背影離我而去，只剩我在後面將手撐在膝蓋上，彎著腰在那裡喘氣。

裁判過來告訴我：「離開跑道吧！」這代表要我棄賽的意思。我拒絕了。不過為了不要擋到後面的選手，所以就倒在操場內的草坪上，直到完賽前十分鐘。

很可惜的，我輸了。

不過，面對這麼多世界強敵跑者，我盡了全力，享受競賽到最後一刻。那時的我充滿了滿足感，沒有任何遺憾，心情很舒坦。

我以兩百六十七點二二三公里獲得銀牌，也把我前一年在台北創下的廿四小時賽亞洲記錄，往前推進了一公里左右。團體組的比分方面，日本隊的男、女團體成績都獲得銅牌（以各國前三名成績的加總來比較）。我們可以說在超級馬拉松的先進歐洲國家面前，拿出了亞洲人的實力。

我認為，這次比賽的目的，是要測試我們自己在面對世界頂尖選手時，到底可以在「勝負」的世界裡拿出多好的表現。這裡說的「勝負」指的不是與人爭冠，而是如何讓自己發出更多的光芒、達成自我的滿足。換句話說，就是「與自己本身的一種競爭」。比賽前半，我不管如何都專注保持自己的速度；後半則是在爭排名的過程裡，發揮了自己所有的力量。對這種表現，我感到滿意。最後，當我到達了自己的極限時，身體畫下終止符，腳也不動了，可說我是用跑的達到了自己的極限。所以，對這次的表現我沒有任何的遺憾。

該反省的是，沒有達成第一名的目標，下次要把自己的極限延伸，再拉長。為了做到這一點，必須要從體能和心理這兩方面重新鍛鍊才行。

我仍然以挑戰者的姿態，繼續在我的路程奔跑。

26 台北，還是荷蘭？

二〇〇三年荷蘭於登廿四小時世界錦標賽結束後，國際超馬協會決定每年舉辦這個賽事，並把次年的賽事訂於五月在荷蘭的阿培爾頓舉行。我在於登賽事中證明了自己有力量和世界頂尖選手互爭高低，所以心裡便想著要在阿培爾頓的賽事中奪冠。

不料突然接獲消息，二〇〇四年的東吳國際超級馬拉松賽將在三月廿七、廿八日舉行，比往年晚了將近一個月。這樣打亂了我的計畫，我等於要在兩個半月之內，連續在台北、阿培爾頓跑兩個廿四小時賽事。

若要在阿培爾頓的賽事中有好表現，我就得考慮放棄東吳超馬。但在我心中東吳超馬畢竟具有第一的優先順序，我把它定位成最重要的比賽，無論如何都不想放棄。

真是個艱難的選擇。我乾脆這樣想：先拿東吳超馬當起爆劑，跑完東吳超馬之後去跑阿培爾頓世界錦標賽，一定很有幫助。於是再度同意以招待選手的身分，參與二〇〇四年的東吳超馬。

日本隊教練井上明宏則以過去兩年在日本國內和國際間的賽事成績為基礎，選出男性七名、女性五名選手參加，全都是日本的頂尖高手。日本方面嚴格的遴選程序，再度證明了在日本選手心目中，東吳超馬的重要性以及人氣指數。

亞洲之外的國際選手，則有連續兩年參賽的匈牙利女將柏潔思，以及德國高手盧卡斯（Jen Lukas）。但盧卡斯因為身體不適臨時取消，所以變得有點像是爭亞洲第一的感覺。

為了參賽，我的訓練從二〇〇四年一月五日展開。一月練跑累積七百廿二公里，二月跑了六百四十二公里，數字很漂亮，可是阿基里斯腱不幸受傷，右大腿內側肌肉也拉傷，還因為感冒引起腹瀉，所以身體狀況一直都不是很好。到了三月，我用第廿三屆佐倉朝日健康馬拉松當練習，以二小時四十二分五十五秒跑完全程馬拉松，成績還不錯，總算有點安心。剩下的就是調整好身體狀況，等待比賽的日子來臨。

這次沒有亞洲以外的強人選手參賽，所以我自然而然成了萬眾矚目的焦點。但由於五月緊接著又有世界錦標賽，所以在台北到底要發揮到什麼程度，實在有點難拿捏。

三月廿五日我上班到中午，趕回家匆忙拿了行李，轉了好幾班電車才到機場。當天抵達大會住宿地點劍潭青年活動中心，已經是半夜十二點了，卻看見大會章程封面上赫然出現我的照片，再次感到我所背負的期待。

三月廿七日，二〇〇四年東吳國際超級馬拉松賽比往年早一小時開跑。這幾天小雨一直下著，完全沒有要停的樣子，但氣溫適中，倒是滿適合跑步的。我這次暫時打算先別管一公里五分鐘的配速，改用舒服的速度來跑。

第一個小時跑了十一點六公里，是不錯的初速。陳俊彥和往年一樣，從一開始就緊跟在我後面。跑第一的是一位名叫山多斯（Luciano Prado Santos）的巴西選手和台灣選手許敏男，我跟陳俊彥則是排第三位。不知道是不是因為天氣比往年涼的關係，整體而言只有我的速度比較快。第七小時結束後晉升第一。

我以八小時十三分通過一百公里，這時大瀧雅之和我只有兩圈之差，距離為八百公尺。依照以往的作戰經驗，大瀧雅之到了一百公里後速度會大幅降低，可是今年他似乎狀況不錯，所以和他一起跑自然速度也變快。可是現在賽事才進行到三分之一而已，我不想在此時就展開無謂的激烈競爭，所以就假借上廁所暫時跟他分開。沒想到這樣反覆幾次後，反倒是我弄亂了自己的速度，而且也發現我的腳開始有拉傷的感覺。

通過一百廿公里的時間為十小時整，這時大瀧雅之終於追上我，兩人展開劇烈的零距離肉搏戰，彼此堅決互不相讓，以一公里不到五分鐘的瘋狂速度連續較勁十公里，戰況殘酷無比。到了一百卅公里處，我右大腿後側突然傳來一陣刺痛，不得已先用走的。大瀧雅之趁機立刻從我眼前飛過去，完全沒有減速。

開賽後第十一小時到第十二小時之間，大瀧雅之跑了十二公里，而我只跑八點八公里，一口氣拉開了他和我的差距。我努力試著邊走邊跑，井上教練跑過來跟我說：「你不能走快一點嗎？大家看得都很替你擔心耶。」我心想，拜託，我連走都很拼耶。不過看起來我的走路速度比想像中慢了許多……

山多斯在第十三小時之後追過我，而大瀧雅之在這一個小時內跑了十一點六公里，還是維持著瘋狂光速。到了第十四個小時，我想休息一下，於是前去醫療站接受大腿按摩，一面量體溫。這時我是閉著眼睛的，卻聽見周圍一陣慌亂，到處是喧嘩聲，睜開眼睛一看，竟然已經準備幫我打點滴，然後不由分說，突然間一根針就從右手刺進去。原來我體溫只剩卅五度，其他的狀況我並不清楚，乾脆就放心交給醫生判斷吧。只是在這時候我對比賽的動力可以說是完全喪失了，大會的人跑來問：「你還要繼續比賽嗎？」這時我就率直的跟他說「NO!」這瞬間的心情與其說是不甘心或是覺得自己不爭氣，應該說是認為自己「兩個月後還有世界錦標賽，所以那時再加油吧」。

就這樣，這一年的東吳超馬還剩下十個小時沒跑完，以三百八十一圈，一百五十二點四公里的成績結束。在醫療站蓋上毛毯睡了一回，聽聞外面雨勢變大，彷彿是足以穿破帳篷的控訴聲。我想到大家都在這樣的雨裡努力跑步，自己卻這麼不爭氣，心裡無限歉疚。「既然都參加了比賽，就不應該想著其他事，應該留在操場才對啊。」想到這，我不禁把帽子壓低蓋住臉，流下了眼淚。

⁂

開跑後經過廿個小時，已經是早上五點。醒來之後慢慢走到日本隊的休息區，雨勢已經變小，不過仍然持續下著。井上教練興奮地跟我說：「大瀧已經在廿小時內跑了兩百廿七點六公里，要刷新你的記錄應該沒問題。」

大瀧竟然在這細雨中持續保持專注，默默的跑著，太厲害了。我再次認清，自己看待這場比賽的態度太過於天真，而且對突發狀況的應對能力不成熟。相比之下，大瀧集中全力在賽事上，用很單純的態度面對跑步，我由衷對他這種精神感到欽佩。

第廿二小時，大瀧跑了兩百四十九公里，他的表情是充滿信心的，不時會露出笑容，而且跑姿沒變，腳步仍然穩健。每當大瀧通過計圈員前，會場就湧出一股宏亮的歡呼聲和鼓掌聲。這個景象看在我眼裡，當然很羨慕。這時有位記者跑到我身邊採訪我。

記者：「現在大瀧雅之正試著要刷新你的記錄。請問你現在的心情是？」

關家：「老實說，我很高興。」

記者：「為什麼呢？」

關家：「我的說法也許會讓你覺得我很驕傲：我覺得只有我可以刷新自己的（亞洲）記錄。可是，現在出現了另一個可以刷新它的人，而且想到那個人就是平常和我有交情的大瀧，我就覺得更高興。」

在比賽裡，大瀧當然是我的對手，但不管成績好壞，我們都是一路互相打氣過來的。記錄就是要被刷新，而且想到如果是被完全不認識的人刷新記錄，就覺得還是想替大瀧加油。

⁂

距離比賽結束還有一小時，他已經跑了兩百五十九點二公里。兩年前，我在這個場地打破廿四小時賽的亞洲記錄，大瀧雅之目前則要挑戰五個月前我在荷蘭跑出的兩百六十七點二二三公里亞洲新記錄。看來，他破記錄已經是確定的事。

才想到這裡，竟看到大瀧又提高了速度。就在比賽進入第廿三小時卅八分鐘，大瀧一舉突破亞洲記錄，站上亞洲的巔峰。瞬間會場爆發出掌聲和歡呼聲，滿面笑容的大瀧也舉起右手回應大家。我也對大瀧叫說：「加油跑到最後啊！」「盡量把記錄拉長啊！」

大瀧咬緊了牙根，正在用盡全身的最後力量。畢竟，一個人可以破記錄的機會不多，他不會留下遺憾，他會在這裡盡力到最後。那時的我並不是他的對手，而是以同樣身為運動員的立場，努力為他加油。就這樣，大瀧是亞洲第一個跑出兩百七十公里以上的運動員，突破了以往這道亞洲人一直無法跨越的牆，最後以兩百七十一點七五公里，結束了廿四小時的比賽。競賽結束的那瞬間我跑向他，緊緊抱住他的背，真誠的跟他恭喜。大瀧臉上露出非常清爽的表情，反倒是我哭得稀里嘩啦，連眼睛都哭腫了。我們倆搭肩穿過操場內的草坪時，雨勢也停了，陽光穿越了層層厚雲照射到大地，照亮了我們兩人的身影。

27 原來鞋子太大了

在春天溫暖的陽光照射下，我正懶洋洋的在家打瞌睡。放在一旁桌上的手機突然震動起來。

是超馬日本代表隊的教練井上明宏打來的。

「關家啊，有個突發狀況，你要鎮定的聽我說。本來預計五月在荷蘭阿培爾頓舉辦的世界錦標賽，因為當地的因素，已經宣布停辦了。」

我驚訝到說不出話。我一開始還以為他是要安慰我上個星期在東吳超馬表現不好的事呢。

我在二〇〇三年的荷蘭於登世界錦標賽得到銀牌之後，一直想要拿下二〇〇四年的世界錦標賽冠軍。沒想到竟然停辦。上個星期在東吳超馬失利，現在一心嚮往的比賽又沒了，真是諸事不順。我心想：「早知道，在東吳超馬就算是腳廢掉，也該好好再多努力些才是。」千金難買早知道。這個教訓再度讓我體會到，不管何時都要全力以赴。這也是一次人生的教訓。

再換個角度想，我在東吳超馬表現不好，原因就是身體狀況不佳，所以應該要樂觀地想，與其接連趕場參加比賽，不如把這個事件當做是額外多出來的充電時間，也使得原本一直繃得緊緊的神經突然得到解放。這個停辦的消息可以說是上帝給我的機會。

日本的成語裡有句話說：「雨後地表會變硬。」引申的意思就是「風雨過後，情況會好轉」。如果我要變得更強，我就必須去面對各種挑戰、試煉才行。

二〇〇四東吳超馬棄賽之後的兩週，我開始了練習。和往常一樣，我每天用跑步的方式通勤上班，來回各五公里，所以如果我一個月工作廿天的話，最少可以跑到兩百公里。可是通常回家時我會繞遠路多跑一點，所以光是透過通勤的練習，一個月就可以累積三百到四百公里的距離。

跑者常常有個習性，就是身體雖然處於疲勞的狀態，也會逞強去跑步。但一旦累積久了，往往會引發受傷。跑了十二年的我，身體的各部位都開始發出哀嚎。雖說我開始練跑，不過並非像以前那樣不顧一切的一直跑步，而是想要把過去十二年的跑步心得重新整理，客觀的從零開始審視自己的跑步。我規定自己，每天往返家裡和公司的十公里中，剛開始和即將結束時要以接近走路的速度行進，絕對不逞強，目的是要練出最自然、最有平衡感的跑姿。

其次，我重新檢討鞋子的問題。我拜訪了東京一位最有名的足部醫生，他看過不少運動選手，對運動員常碰到的傷勢，有一套理論和說明。我第一次拜訪他，他用了將近兩個小時為我的身體進行解說，他最後總歸一個結論就是：「你的鞋子這麼大，值得加以合理的懷疑。」

我穿的鞋子尺寸是卅二公分。以我的腳長去測量，這個尺寸似乎是有點過大，鞋裡多餘的空間造成足部的負擔，加速身體各部位疲勞的累積。醫生這麼說，我恍然大悟。但多年來為什麼我一直穿這麼不合腳的鞋子，只能說是單純的習慣問題。跑超馬的時候，需要長時間穿著鞋子，為了應付比賽中常見的足部腫脹問題，運動員傾向會穿大號的鞋子，因此我現在才會穿那麼大尺寸的鞋子。

我前往體育用品店，由店家用精密的儀器量了我的足部長度，結果兩腳都是廿八公分。我只能苦笑，原來以前的我都穿比自己的腳大四公分的鞋子。因為我足部的幅度比較寬，當初為了要配合寬度所以才會買那麼大的鞋子。但如果一開始就穿比較寬型的慢跑鞋，則長度只要卅公分就綽綽有餘了。體育用品店的人對我說：「好驚訝喔，以前你穿卅二公分還可以跑這麼好。」我真的是有一種被騙的感覺。過去五年間都穿卅二公分的鞋子，如果我穿卅公分的話，是不是可以跑更好呢？可是，過去五年間也都跑出了好的記錄，所以我還是寧可正面的相信，穿卅二公分是正確的選擇。但往後如果要更上一層樓，我還是得把配套的事情都做好才行。因此我試著換掉我的鞋子，買了卅公分寬型慢跑鞋，還訂做了符合我足部形狀的鞋墊。以前我對鞋子一點都不瞭解，只覺得不要受傷就好了。往後我要在慢跑鞋等裝備上多下工夫，期待能激發出自己的潛能，拿出更好的表現。

我只花了一點時間，就習慣了卅公分長度的鞋子。換鞋兩個星期後，我以盲人選手的陪跑員身分，參加了長野縣第十屆星之鄉八之岳野邊山高原百公里超馬賽。雖然在高低落差極大的賽道上遇到雨天，但我還是順利跑完。六個星期之後，應電視台的邀請，從東京起跑翻越箱根的山巒，一直跑到靜岡縣，兩百廿公里的距離共花了廿四小時。這次的長跑中，特別感覺到後半路程的疲勞程度有減低，可能是因為鞋子沒有多餘的震動空間，讓我能跑得很安穩吧。

這下我可以說已經完全擺脫了在東吳超馬棄賽的陰影，開始對我自己未來的表現多了一份自信。剛好這時候從日本隊教練井上那裡傳來了好消息，五月停辦的國際超馬協會廿四小時世界錦標賽，已經改成十月在捷克的布魯諾舉行。這時我剛好確立了新的跑步風格，可以說身心都有萬全準備，聽到這個消息後我心裡高亢的吶喊著：「好啊！來好好幹一場吧！」

28 終於在世界錦標賽奪冠

二〇〇四年十月廿日，比賽前三天，我們來到捷克的布魯諾。天氣一直都是陰天，氣溫維持在攝氏十度到十五度，比預期的高了一些。

會場位在布魯諾的新住宅區，就在高樓大廈林立的一個角落。跑道一圈是一點三五公里，卻有十二個彎道，高低起伏明顯。再加上有些地方路又很窄，可以說是一個不好跑的跑道。

早上十點開跑，義大利、丹麥、俄羅斯的選手馬上衝出來領先。我和往常一樣，以一公里五分鐘的配速為目標，但一開始距離和時間算得很痛苦，反正最後以一圈六分四十五秒為目標在跑。世界排名第一的巴西選手努內斯很明顯的就是衝太快了，我沒有要跟著他們的意思，只是一直維持在前幾名內，盡情表現出我的實力。去年這個賽事的冠軍——比利時的保羅・貝克斯並沒有展現去年的霸氣，從比賽一開始就和我保持差不多的順位往前進。

前五十公里，我花了四小時十分鐘，這之間除了上了兩次廁所以外，沒有停下來休息過。到了八十公里處，貝克斯有點落後了，和我慢慢拉開距離。第八小時十五分鐘的時候我通過一百公里，排名第四，差第一名的努內斯兩圈，兩人的速度大約相等。這時天色變暗，我摘掉太陽眼鏡，發現第二名、第三名的選手速度也變慢。井上教練說：「你的對手就只剩努內斯了。」

時間進入第十一個小時，努內斯明顯的減速，於是我加快速度，一口氣超越了他，第十二個小時結束後我終於躍居領先地位。努內斯則完全停住，甚至離開了跑道，似乎是腳踝扭到了，平常很開朗的他也很罕見的扭曲著臉孔，帶著痛苦的表情倒在草坪上。這樣的跑道，也許對速度型的選手來說負擔大了一些。

我已經跑了一百卅公里，我想到比賽還剩下一半的時間，在這段時間裡要嚐到「被人追著跑的痛苦」，心就涼了一半。但我不管那麼多，我用正面的思考想著：「此時此刻，我只管努力衝刺！」跑完兩百公里，和第二名的距離拉開到十圈，場內也出現了一股「關家篤定奪冠」的氣氛，一些選手和工作人員紛紛向我道賀。但我心裡想：「等一下，還有七個小時耶。」我抱著不敢大意的心情繼續往前進，因為只要稍微停下腳步，後面的選手在一個小時內就可以追上十公里，所以在超馬賽裡可以說到最後都不可以掉以輕心。

我大概算了一下時間，然後比較大瀧雅之的廿四小時亞洲記錄和其他記錄，又覺得這次跑到這裡我的腳好像還是感到很大的負擔，所以最後決定，這次只以「奪冠」為目標就好，不要太逞強挑戰記錄。從比賽開始到現在，我只吃了香蕉、柳丁和御飯糰一個，幾乎沒吃什麼固體食物。到了兩百一十五公里處，感覺到極度的飢餓，決定好好坐下來吃咖哩飯和泡麵。

可能是比賽太緊張了，這次我沒有想要睡覺的感覺，反而一直維持我的速度，直到清晨的來到。腦海裡一直想到「去年曾一度領先，但在最後被追上」的回憶，所以還是不可以大意，要專心跑到最後。

跑到最後一圈，距離終點還剩三分鐘，井上教練喊著：「要跑到最後一刻！」於是我咬緊牙根繼續往前衝。這時不知不覺開始流下眼淚，有種漫步在雲端的感覺。當我聽到結束鈴聲時，我當場倒下，開始大哭，整個人被一股充實感和幸福感包圍，總之就是一整個高興。我和井上教練互相擁抱，又和日本隊成員一一握手，互相慰勞彼此的表現。鼓掌聲和喝采聲包圍住我們，我全身充滿成就感。最後的成績是兩百六十九點零八五公里，刷新了個人記錄有一點八公里之多。這個記錄，在廿四小時賽的世界排名位居第七，與大瀧雅之的記錄只差二點七公里。

電視台、報社記者一擁而上，井上教練幫我翻譯。老實說記者問了什麼，我現在全忘記了，我只記得我有回答說我很滿意這次的表現和結果。

女子組的稻垣壽美惠也以兩百卅七點一五四六公里的好成績奪冠，這一次的男子組女子組冠軍都被我們日本隊包走了。

其他日本隊的選手也努力跑到比賽的最後一刻，參加的六位男生、四位女生選手成績全部超過兩百公里，且在男子、女子團體賽中得到銀牌。當然整體而言，歐洲選手還是表現亮眼。無論是以超馬的歷史、傳統或人才的實力而論，我們還是不及歐洲。但這次日本隊的表現不錯，至少讓其他國家覺得我們日本隊很強。

關家祕技

【你都穿哪種鞋子跑步？怎麼挑選鞋子？還有襪子？】

鞋子的話，我都挑選底層較厚的輕量鞋。廠牌沒有特別的偏好。去逛運動用品店時，我會選擇尺寸合適、穿起來舒服、價錢便宜的鞋子。

鞋子的壽命以跑步距離來算的話，大約六百公里，這個距離大概是我平均一個月的跑步距離。算下來，我一個月得換一雙鞋。因此，我盡量找特價的時候一次大量購買。

接下來這一點，各位跑友們聽了或許會嚇一跳：我沒有先把鞋子穿軟再使用的習慣。我經常穿著新鞋就去比賽，但我印象中好像也沒有哪次比賽是因為穿新鞋而失敗。

襪子的話，平常練習時我不會穿跑步專用的襪子，而是穿普通的襪子。只有比賽時才穿專用襪，而且一定要準備全新的襪子。舊的襪子容易破洞，容易在跑步時引起水泡或擦傷。

在頒獎典禮上，天空還是一樣陰翳，我挺直著身子，心裡面真的很高興。我閉上眼睛，過去廿四個小時裡在這賽事當中所發生的種種，有如跑馬燈一般在我腦中重演一遍。我以真誠的心，不斷在口中一直反覆說著「謝謝」。

29 二〇〇五東吳超馬

在世界錦標賽得金牌的事，日本國內的報紙媒體有小篇幅報導，回國後也接受了幾家廣播電台和報社的採訪，加上一些朋友和跑友為我舉辦慶功宴，這些練跑以外的事情讓我沒辦法好好練習，然後又感冒，一直拖到二〇〇五年的一月初。這時候，二〇〇五年的東吳國際超級馬拉松賽日期已經確定了，我趕快暗示井上教練，說我現在的狀況不佳，那就參加東吳超馬十二小時賽就好了。

其實，在捷克奪下世界冠軍，已經一掃前一年東吳超馬棄賽的陰影。二〇〇五年二月又獲邀前往芬蘭參加室內十二小時賽，所以接下來的東吳超馬我不想太逞強。怎知為了芬蘭的賽事開始準備時，身體狀況慢慢好轉，還當了盲人的陪跑員參加勝田全程馬拉松，很輕鬆的以二小時五十七分四十一秒跑完。一月創下了練習量的最高峰，二月初在芬蘭的室內十二小時賽中順利奪冠（一百四十四點三二七公里），看樣子三月的東吳超馬還是有希望跑廿四小時的。井上教練也勸我：「去台北，你還是跑廿四小時賽吧。」

這時候，東吳賽事的總負責人、東吳大學教授郭豐州一家人來到了日本。日本跑步界為他們辦了小小的歡迎會，除我和郭老師一家人以外，還有井上教練和日本國內百公里賽的國手能城秀雄。我們談到即將在台灣舉行的東吳超馬賽，聊得很熱絡。這時候我們都已經知道二〇〇六年即將在台北舉辦廿四小時世界錦標賽，而郭老師似乎為此非常忙碌，看起來也很累。其實，亞洲超馬界的水準就是在郭豐州、井上明宏等人的帶領下，才能在近幾年突飛猛進，這是大家公認的事實。我抱著感謝的心對他們說：「今後想必也會很忙碌，請您們加油！」

二〇〇五年東吳超馬賽還沒舉辦，大會主辦單位東吳大學的校長人選宣告更換，新任校長為劉兆玄。前一屆校長劉源俊對東吳超馬賽非常熱心，還在校內設了一個超馬的紀念展示櫃。新任校長的作風還不清楚，我們跑者很希望新任校長能夠瞭解這場比賽，支持這個賽事。因此我回憶過去四年在這裡比賽的光景，寫了一封信寄給校長。我告訴他：身為跑者，我在東吳國際超馬賽當中成長，後來甚至以亞洲第一人的身分，贏得在捷克舉行的世界錦標賽冠軍。因此，台北是我的第二故鄉，希望能繼續在東吳國際超馬賽當中出賽。

後來聽說，除了我以外還有十多位各國選手也寄了類似的信給校長。我想我們對大會的熱情，應該有徹底傳達給校長吧。

＊

二〇〇五年東吳超馬的日本選手遴選基準，是以過去兩年的廿四小時賽成績來挑選，包括我共有男生八名，女生五名。那年三月三日下午，我在東京成田機場和井上教練、大瀧雅之、能城秀雄會合。能渡貴美枝和她先生從北海道坐國內線班機來東京跟我們會合一起去台北。沒想到能渡貴美枝護照過期，在機場報到時遭到了拒絕出境。

「我們要去台北參加亞洲重要賽事，」我們一群人一再向航空公司解釋：「她今年可能拿下那個賽事的女子組衛冕冠軍。」

航空公司職員的臉上沒表情。

「她還打破了亞洲記錄耶！」

還是沒表情一張臉。

「這次她是大會的招待選手，這是一項殊榮。」

那張臉從頭到尾沒變過。

「大會今年還要為她舉行頒獎典禮表揚她啊！」

解釋了這些，完全沒用。

唉，畢竟這是法律規定，不可能破例。在萬分遺憾下，能渡貴美枝眼睜睜看著我們離開。為了這個比賽，她辛苦練習，卻遇到這種事情，想必也是很無奈吧。我們每個選手也是懷著很可惜的心情完成出境手續，晚間七點半抵達桃園中正機場。到了機場大廳，已經有沖山裕子、岩本能史、西村周之、佐藤良一等人在等著和我們會合了。他們比我們早一班飛機抵達。

在東吳大學的學生帶領下，我們搭乘巴士來到台北市的劍潭青年活動中心，我和能城秀雄同一間房間。放下行李，我們幾個人相約去夜市吃晚餐，但就在這時發生了悲劇……

「我的錢包不見了！」

我狂找手提行李和行李箱，就是找不到錢包。有可能是在飛機上、機場或是在巴士裡掉的。但因為夜深了，所以也沒辦法打電話去詢問。我只好乖乖的和井上教練、大瀧雅之、沖山裕子一起去夜市吃飯。今年日本隊真是災難連連啊，先是能渡貴美枝慘遭拒絕登機，接著加上我的錢包遺失，真慘啊。

次日上午，日本隊的成員去採買補給用品，我則因為弄丟錢包，心裡一直忐忑不安，目送大家出門後，在翻譯的幫助下打電話到警察局等很多地方掛失，心裡已經百分之九十九放棄了，錢包裡有兩萬多日圓和駕照等生活必備的各種證件、卡片。但在比賽的前一天，心裡還是對賽事要維持一定程度的警覺比較好，所以我決定不要一直沮喪下去。加上今年井上教練要求我擔任日本隊的隊長，我的一舉一動都會影響隊員的士氣，因此我決定要表現出開朗的樣子。

下午和採買完的隊員會合，一同坐巴士到東吳大學報到，參加開幕式以及「大瀧跑道」的命名儀式。這是為了紀念去年大瀧在這裡的比賽中創下了新的廿四小時亞洲記錄（兩百七十一點七五公里）。我很高興，主辦單位能這樣肯定一個運動員的功績，今後我也樂見有更多亞洲的超馬選手，以「留名在這操場跑道」當作目標，努力練習。

⁂

三月五日，星期六，比賽開催日。起跑囉。

比賽前我好忙，一直在確認我的補給物、替換衣服等。八點半開幕式，起跑前天氣放晴，氣溫只有七度，冰冷的風不時吹在身上，相當寒冷。槍響之後能城秀雄一馬當先，以一公里四分的配速衝出。這可以理解，他的目的在於打破田徑場一百公里的亞洲記錄。去年冠軍大瀧雅之則以一公里五分的配速前進。整體來說，大家的速度都偏快。我以一公里五分鐘十五到卅秒的配速前進，沒有受到周遭環境的影響。

不過，一開始就面臨突發事故。剛跑完十公里，左腳的腳趾就被磨傷，雖然不算痛，但我一直記掛在心裡。我樂觀的想說：「這樣一來就不用在意其他部位的疼痛，也好。」所以並沒有去治療傷口。通過五十公里的時候，時間是四小時廿四分，我在男子組排名第八。從這排名就知道，我的速度壓低很多。我還是很在意腳趾傷勢，但沒管它。

通過一百公里，時間過了八小時四十二分鐘，排名上升到第四。第一名是能城秀雄，他順利以六小時五十二分鐘創下田徑場的百公里亞洲記錄之後，就改用走的，所以我的名次應該可以算第三名。這時和跑第一的大瀧雅之差距約六到七公里，我還是以我的速度往前進，直到晚上七點左右，天空完全變黑，寒風刺骨，我的速度還是不變。

我以十三小時整通過一百五十公里，和大瀧的差距越來越小，我在比賽中首次意識到「我也許可以追上大瀧」，同時發現自己的速度也提升到一公里五分鐘以內。連自己都覺得怎麼狀況這麼好啊！好感動喔！邊感動邊往前推進，最後在第十六個小時追過大瀧，躍居第一。大瀧這時補眠休息一下，回到賽道上之後似乎狀況也沒有很好，於是宣告棄賽。

開賽後十七小時十九分鐘，我通過兩百公里。我在第二個一百公里中的速度，比開賽後第一個一百公里還要快，我滿意極了。身旁的人不斷鼓勵我：「有可能刷新亞洲記錄或你個人記錄喔。」「嗯，亞洲記錄是兩百七十一點七五公里，我的個人最佳記錄是兩百六十九點零八五公里，跑著瞧吧。我和第二名的距離也拉開了，第一名應該是篤定了。我刻意不要太逞強，有時改用走的，有時去補眠十分鐘，或是坐下來吃東西等，盡量不讓自己的身體負擔太大。

次日，星期天，天已經亮了，白天觀眾和媒體的人數變多，一圈一圈的加油聲也越來越大，邊跑邊覺得很幸福。許多學生義工在比賽中一直大聲為我加油和數圈，我也和他們擊掌，一起分享喜悅。到了早上九點多，比賽宣告結束，此時我的位置剛好在起跑點附近，一瞬間許多電視媒體馬上展開採訪，團團圍住我。我跑出兩百六十四點四一公里的成績，第五次超過兩百六十公里的門檻，也拿到冠軍。

除了「現在的心情是？」等很普通的問題，還被問到天氣、身體狀況、對大會的感想等。還有個怪問題是：「半夜地震你有感覺到嗎？」我那時在跑步，當然完全沒發現。一面採訪的同時我一面坐在椅子上脫鞋，這才赫然發現我在跑步中一直很在意的腳趾磨傷，竟然流了不少血，染紅了襪子。記者們看了也嚇一跳，一連發出驚嘆聲。我也真是佩服自己，拖著這樣的腳傷，竟然能撐到最後。

五十五歲的黑田宗治以兩百五十點八七三公里拿到銀牌，也刷新他個人記錄。他從比賽前半就很積極的提高速度，中途雖然有倒下去，但他發揮不放棄的精神，最後跑出亮眼的成績，真令我感動。黑田宗治也因此成為日本全國第五位在廿四小時賽當中，成績超過兩百五十公里的選手（前面四人是有田正志、沖山健司、關家良一、大瀧雅之）。

女子組裡面，藤田直美以兩百廿三點七六三公里奪冠，刷新她個人記錄。佐田富美枝拿下第二。這一年的男女選手前二名，都被日本隊囊括，成績很棒。

上次在這裡得冠軍，是四年前的二〇〇一年大會。我還拿到第一名的獎金七萬元台幣，約廿一萬日幣，填補比賽前弄丟的錢包綽綽有餘。我在頒獎典禮上告訴台下的人：「我連續五年參加這項比賽，我覺得這裡最棒，東吳大學最好了！」一面說一面並把食指往上指，比出我的「招牌動作」，整個會場的歡樂氣氛也瞬間達到高潮。

一年前，我第一次在這個比賽裡棄權。那時的陰影，現在真正一掃而空了。從此以後，我對東吳超馬只有不斷增長的「珍惜」的心情。

30 超馬的人生智慧

過去這幾年，我每年大約跑三到五個超馬賽，其中我認為「最重要」的比賽在春天和秋天各有一場，我會認真的為這兩個比賽調整體能狀態。至於其他比賽，我就只能視比賽前的體能狀況而定。

二〇〇五年，我視為最重要的比賽首推法國西南部城鎮蘇傑所舉辦的四十八小時邀請賽。對全球超馬選手來說，蘇傑是四十八小時這個類型賽當中的聖地，許多世界記錄都在這個賽事當中誕生。

五月十一日傍晚，我在補給員保立啟丞和杉山香織的陪同下抵達了蘇傑（杉山香織後來變成我的妻子）。除了我以外，日本選手有大瀧雅之、沖山裕子、佐田富美枝和擔任他們補給員的渡邊雅之先生、今村先生以及井上教練。

比賽在五月十三日下午四點開始，一開跑就遇到傾盆大雨，搞得跑道都是爛泥巴。雖然雨下了兩個小時後就停了，不過遍地爛泥巴，逼得我一定要慎選落腳之處，找好跑一點的地方跑。第一個小時跑了十點二五公里，此時一路領先的是俄羅斯選手艾瑞納（Irina Koval），天啊，現在才剛開賽沒多久，我和他的距離已經被拉開到五圈左右（約一點五公里）。反正我盡量不要被周圍環境影響，努力保持我的速度。

幾個小時飛快過去，我跑的距離沒有想像中那麼多，這下我開始著急了。應該是下雨之後遍地爛泥巴，導致腳的踢力減退，所以成績不理想。之後有些本來跑在前面的選手開始減速，我慢慢開始追上他們，到次日凌晨十二點的時候我的排名為第二名，跑的距離則是八十公里多一點點。

通過一百公里的時間，是開賽後九個半小時。和以往的廿四小時賽相比，這個速度慢了許多。但不知道為什麼，我的身體一直感到沉重起來，身體釋放出來的疲勞訊息似乎比實際的跑步時間多了一個小時。時間已經是半夜了，在法國的夜空下我維持著十點五公里的時速，過了十二個小時之後終於暫居領先，距離為一百廿六點九七公里。不料從這裡開始我的速度驟減，掉到時速十公里以下，體內已經找不到力量的源頭了，只剩疲憊不堪，休息的時間也越來越長。

我瘋狂的思考，到底出了什麼問題。從比賽一開始到現在，我每個小時都有攝取含氨基酸的補給物，但疑似攝取過多，加上我沒吃什麼固體的食物，對身體產生不好的影響。過了第十九個小時，我終於忍不下去了，決定至少給自己半個小時的大休息。這樣若名次下降就算了，之後也一直處在反覆邊跑邊走的情況中，再也無法恢復原有的力氣。我在極度脫水的狀況下迎接了比賽的中間點——第廿四個小時，跑了兩百一十三點八三公里。

這時我又休息了一個小時，試圖改善胃部的不舒服和無力感，但回到跑道後始終沒有辦法恢復。開賽後第廿六個小時我再度離開，跑去睡覺。在我睡覺的時間內暫居領先的法國選手康拉司（Emmanuel Conraux）和第二的大瀧雅之展開拉鋸戰，兩人之間的距離最遠的時候曾長達十五公里，可是到了第卅二小時的時候差距竟然縮短到六點五公里，真是精彩的一場大戰。反觀我，在車裡睡了四個小時，補給員說我睡下後身體絲毫不動，他一度以為我死了。

怎麼會這樣啊！

到了第卅小時我終於死裡復活，回到跑道再度展開比賽，可是一面跑卻一直想吐，身體的無力感也還是沒改善。好吧，那就再回去睡覺吧。

開賽後第卅六小時，凌晨四點，起床後胃痛似乎有改善，食慾也恢復，所以決定再度回到跑道。這時大瀧雅之在此次賽事中首度躍居領先地位，我一邊觀看他的表現，一邊慢慢開始用走的在賽道上前進。

在女子選手方面，日本好手沖山裕子和佐田富美枝也陷入苦戰，長時間都用走的。為了分散痛苦，她們兩人邊走邊聊天，好像在毫無邊際的漫遊。開賽後女子組一度領先的匈牙利超馬女后柏潔思也呈現出筋疲力竭的樣子，開始用走的了。

曾跑過亞利桑納四十八小時賽的美國選手吉司樂（John Geesler）也出現恍神狀態，開始用走的。我一面走一面算著，這裡的操場一圈三百公尺，我用一圈四分鐘的速度前進好了。低著頭，不講話，一個人默默走著。

美國選手皮朗（Roy Pirrung）看見我這種窩囊樣子，對我說了好幾次：「把頭抬起來！放輕鬆跑吧！」我把頭抬起來，才發現身高跟我差不多的匈牙利選手左譚（Kiss Zoltan）走路的速度怎麼這麼快啊！好，這些人都是我的刺激，總之我就是不棄賽，要一直走到底。每跑完一圈，我就會對數圈數的義工揮揮手，他們也不厭其煩的配合我的走路來幫我計圈（這場比賽的計圈都是靠人力）。距離比賽結束前四個小時，天氣從本來的下雨變成下冰雹，整個場地和所有選手都成了落湯雞。而我的股關節也在這時出狀況，整個卡死動不了，只好到按摩室請人幫我治療。出來時，天空又放晴了。法國的天氣啊！叫人怎麼捉摸呢！

關關難過關關過，最後大瀧雅之以四百零五點六三八公里奪冠，領先第二名達十九公里。這個成績也刷新了先前的田徑場四十八小時亞洲記錄（四百零五點零三五公里）。大瀧實在是太令人驚訝了，身為運動員我該向他學習，做為一個人我也該向他學習。

至於我，只跑出兩百六十五點三三九公里的成績，雖說是男子組的倒數第二名，但也學到不少寶貴的經驗。這次失敗的原因在於規劃，我把這場比賽列為「最重要的比賽」，花了太多時間和心思去設想補給品或是配速等事情，導致自己無法客觀分析比賽進度和身體狀況。

超馬賽不是只在追求理想，關鍵更在於面對現實的問題時，該如何在每一分每一秒的變動中找出最好的答案。超馬是和自己作戰，這次我可以說完全輸給了自己。

31 臨時抱佛腳是沒用的

在法國蘇傑失敗之後，我沒什麼時間沮喪，接著開始為一個半月以後在奧地利中部小城渥夏舉行的二〇〇五年國際超馬協會廿四小時世界錦標賽做準備。當然，抱著臨時抱佛腳的心態準備超馬，是不可能成功的，在這一個半月之內我沒有做好充分的準備，身為前年這項賽事的冠軍，我應該慚愧才對。總之，我只能盡量全力以赴了。

我從奧地利維也納國際機場轉機前往奧地利第三大城林茲，從那裡又花了將近一個半小時的車程來到山間小城渥夏。這裡不是什麼觀光名勝之地，人口只有一千多人，海拔高度六百四十三公尺，二〇〇五年的國際超馬協會廿四小時世界錦標賽就在這麼幽靜的山裡舉行。

比賽當天早上醒來往窗外望出去，前一天放晴的天空，現在下起雷雨。中午過後到了會場，雨又開始變大，還有冰雹。下午兩點，雨勢稍歇，我們站上了起跑點。

跑道一圈長度為一千零六十三點七九公尺，繞一圈大約要五分廿秒，我把配速訂在一公里五分到五分十五秒之間。第一圈被身旁其他選手的速度影響，不到五分鐘就跑完了，超過我的預期。但第二圈之後穩定下來，回復到大約一公里五分廿秒的速度。

比賽剛開始，巴西的努內斯（奪冠希望最濃的人選）、俄羅斯的克魯里可夫（Anatoliy Kruglikov）、美國的艾凡納多（Rudy Afanador）等三人，紛紛以一公里四分半的飛毛腿速度領先群雄。

而我除了休息兩次以外，其他時間都以一公里五分鐘的速度前進。惱人的雨水已經停止，空中吹著令人感到舒適的微風，現在跑起來挺暢快的，我的排名也逐漸上升，通過一百公里時花了八小時廿六分鐘，排名擠進前十名。我在心裡估算了一下，天啊，我的穩定配速竟然可以這麼精準，此時其他國家的選手也對我說：「你果然追上來了啊。」沒錯，畢竟我是衛冕冠軍呀，大家都還是在注意我的表現。

天空慢慢變暗了，這時已經是晚上九點多，可是我的狀況不錯，並沒有睡意，一路踩著輕快的步伐繼續前進，以十二小時四十七分鐘通過一百五十公里。這時天空下起雷雨，雨勢越來越大，我的速度也漸漸慢下來，我觀察到有些選手停止了跑步，正在躲雨。這時我剛好追上了排名第一的選手，在這場比賽中首度躍居領先地位，所以咬緊牙根繼續往前進，以十七小時廿五分鐘通過了兩百公里。

大大出乎我的意料之外的是，從這個時間點開始我的體力快速流失，排名也大幅降低，暫時領先的時間也就只有這麼一瞬間啊。我覺得原因在於練習不夠，導致體力不足。到了早上六點，天空已經泛白，而我的意志力也潰散了，一想到距離比賽結束還有六個小時，就覺得很累，喪失了戰鬥力。以前在心理狀況堅強的時候，我會這麼想：「太好了，只剩六小時了！」

心裡一旦怯戰，我走路的時間就變長了，在補給區賴著不動的休息時間增加了，看著溫度正在上升的陽光，心裡也開始想著在太陽下奔跑的痛苦。眼看要擠入前三名沒希望了，我以一圈七到八分鐘的龜速勉強往前進。日本隊的補給員非常擔心我的狀況，井上教練也不斷給我激勵，只是我那一雙腳就是不聽使喚。

比賽進入最後一小時，有人告訴我說日本隊的團體成績有可能奪冠（團體戰的成績計算方法是每個國家前三名選手的成績加總）。這時我總算拿出了最後的力氣開始奔跑，在比賽最後廿分鐘回復到一公里五分鐘的速度。

比賽結束！我跑出了兩百五十點六一八公里的成績。為了團體戰，在比賽的最後我有拼命，剛剛好超過兩百五十公里，只能說是達到了最基本的底限。整體看來，團體戰當中日本隊以三公里的距離險勝俄羅斯隊，得到團體戰的冠軍。我個人方面，排名第四而已。但心裡依舊因為可以和隊友分享團體戰的冠軍榮譽，而覺得很高興。

個人組第一名的奪冠選手是俄羅斯的克魯里可夫，他跑出了兩百六十八點〇六五公里的佳績。這個俄羅斯飛毛腿和巴西的努內斯一樣，都習慣在一開始就衝很快，屬於速度型選手，然後在比賽中途會經歷失速、排名後退的狀況，可是在最後可以拿出驚人的氣魄，從後面再度追上來。從這個氣魄來看，光是這一點我就已經輸給他了。

至於第二名的奧地利選手愛德（Ewald Eder）和第三名的德國選手盧卡斯在比賽全期都維持著穩定速度。

看看別人，讓我心裡有了更深的體會：要和世界頂尖級的選手比賽，絕對不能以臨時抱佛腳的心態去練習。在超馬的世界裡，是不可能在準備不足的情況下就矇騙過去的。

3。
登峰

32 用雙腳取回亞洲記錄

對亞洲跑者來說，二〇〇六年注定會是寫入歷史的一年。在這一年裡，國際超馬協會廿四小時世界錦標賽首度來到了亞洲地區舉辦，地點就在台北。

國際超馬協會的廿四小時世界錦標賽已經在荷蘭、捷克、奧地利等地舉辦過。日本也出了許多超馬選手，而身為日本人，我一直期待亞洲的第一場廿四小時世界錦標賽能在日本舉辦。不過東吳國際超馬的賽事和台灣選手的表現，大家也都是有目共睹，在這一點上台灣可以說已經超過日本。至於我，我在台灣這塊土地上奠定了自己在超馬賽的基礎。所以當我聽到亞洲第一場廿四小時世界錦標賽將在台北舉行，我心裡真的很高興，以高昂的鬥志想著：「既然是亞洲第一場廿四小時世界錦標賽，那我就好好表現亞洲人的實力給全世界看吧！」

雖然有高昂的鬥志準備迎接這場比賽，不過我把時間算了一下，我在這場盛會之前，還要跑好幾場廿四小時、四十八小時的大賽事呢。而且，這一連串的賽事一定會影響我的表現。果然，二〇〇五年底，在美國聖地牙哥的廿四小時賽事中，只跑出兩百一十三公里、第十名的普通成績。

慘了。眼前最大的任務，就是要把到處征戰的疲勞給消除掉才行。我斷然給自己頒發了一道「禁跑令」，無論是通勤趕電車、走路過紅綠燈、上下班途中，全部禁止有任何跑步動作。

為期三個星期。

前車之鑑猶未遠，二〇〇四年東吳國際超馬賽事上我以棄賽收場，那次也深刻體會到，身體內部最深處的疲勞如果不消除，沒有給自己充分的休息時間，是無法迎接未來的比賽。

奇怪的是，叫自己不跑步，久了也會有壓力，身體會一直嚷著要跑步要跑步。好不容易三個星期的禁跑令解除了，我才開始練跑。這時，距離世界錦標賽只剩下三個月了。

恢復練習之後，當然不是從一開始就高速跑步，而是藉由慢慢跑步來消除疲勞，然後又慢慢透過跑步練下半身，這就是所謂的ＬＳＤ（Long Slow Distance，慢慢多花時間跑長距離）。除了跑步之外，還要跳有氧舞蹈，這是為了培養身體的平衡感。就這樣，我把身體練到極佳的狀態。

為了測試自己的練跑成績，我參加了兩場半程馬拉松，兩次都跑一小時十八分左右，算是還可以。好，台北世界錦標賽，我準備好了！

二〇〇六年二月廿四日，比賽前一天下午，在台北市政府舉行開幕式，市長馬英九也親蒞現場。他已經被視為下屆總統候選人，一出現自然氣氛達到最高潮。在小學樂隊的演奏中，各國選手站上舞台一一亮相。遺憾的是，很多強敵國家或選手都缺賽，所以有種失落感。開幕式結束後，選手們前往圓山公園先看跑道，一圈是九百八十七點七公尺，要以圈數算距離似乎有點麻煩，其他選手試跑之後的感想是跑道狹窄，彎道也很多，起伏也不定，所以很難攻略喔！

我的習慣是，盡量在比賽前不要想太多，所以不太會在賽前先試跑跑道。在重要的比賽裡，勝負的關鍵在於如何臨機應變，當下做出最好的判斷，所以比賽前想太多也沒什麼意思。

比賽前夜和這次擔任補給員的葉東哲一夥人去士林夜市吃了台灣料理和啤酒，為隔天的比賽囤積能源。另一位補給員黑田琴美給我了一個不錯的建議：「關家！你每次都在比賽後半失速，所以在比賽前半有體力的時候，多補充食物，可能對你比較好喔！」

琴美的先生是知名跑者黑田宗治，夫婦倆經常一起出賽，她看過我的比賽好幾次，我對她也有充分的信任感，她提供的意見我很可以理解，於是吩咐東哲說，我要在這次比賽的前半多攝取一些咖哩飯等食物。擬定策略後，又確認了衣服、補給品、藥品等東西，十點就睡了。

次日，二月廿五日，七點半我坐著接駁車來到圓山公園，遇到前晚半夜才從日本抵達的跑友高田龍二，他拿著更早一天日本選手荒川靜香在義大利都林冬季奧運溜冰項目奪得金牌的新聞給我看，然後鼓勵我說：「給你沾沾好運！關家也要用這股氣勢拿金牌喔！」

真是個正面的人！

接近上午十點，井上教練像是拿著掃把要趕我們似的大喊：「時間快到囉！」我們趕快朝向起跑點走。開跑後兩百多位選手齊聚一堂，我站在後方，大家全擠在一起，沒辦法跑到前面，可以說跑得很緩慢。

我快速評估了眼前的狀況：天氣悶熱，所以每圈都需要補給飲料；跑道狹窄又有大轉彎和上下起伏，跑步時必須保持專心，不可被周遭的選手影響了我的速度。戴上太陽眼鏡吧，這樣可以保持專注，又可防止眼睛疲勞。

通過第二個小時，我的距離是廿三點七公里。這時我開始評估其他選手：美國的艾凡納多似乎狀況不錯，領先我三圈，但此時他的表現與前一年在奧地利渥夏的世界錦標賽裡幾乎完全一樣，一開賽就衝出。我大膽預估他會和前一年一樣，到了中途開始失速。所以先不用把他放在心上。

被我盯上的反而是此刻落後艾凡納多兩圈的俄羅斯選手克魯里可夫。我再度比較腦裡儲存的資訊：前一年渥夏賽事裡，克魯里可夫是從比賽前半就和艾凡納多展開廝殺，中間克魯里可夫雖說也有失速，但賽事後半段又奇蹟似地復活狂奔，最後勝出。乍看他是比去年冷靜，可是出汗有點多，狀況可能不太好。原因呢？原因呢？是不是他習慣在寒冷的俄羅斯參賽，來到炎熱的台北，沒能有充分的練習呢？

一面想著，不知不覺進入第三小時，另一位選手又殺出來了，他是台灣選手陳俊彥。平常在東吳超馬賽，他習慣採取緊咬我後方的策略，這時他跑在我前面領先我一圈，狀況非常不錯。之後我六點鐘方向出現了沖山健司緊跟，平常我們兩人感情不錯，但現在是比賽，不可以邊跑邊聊天，加上我們的速度本來就不同，而且大會有規定，同一個國家的選手之間不可以長時間併跑。於是我找了個機會去上廁所，讓沖山健司先通過。

出來之後，我以四十七點四一公里通過第四個小時。這時我預期的狀況出現了：從比賽前半領先在前的艾凡納多開始落後。義大利的皮羅塔（Mario Pirotta）和匈牙利的傑拿士（Bogar Janos）此時躍升領先地位，我和沖山落到第十名。意外的是，俄羅斯發動機克魯里可夫的速度掉得也很快，這時我追上他了。

根據以往的經驗，差不多到這時間我都會自亂速度，要不然就是身體的某部位疼痛起來，但這次竟然都沒有發生，可以說狀況不錯。賽事進入第六個小時，陳俊彥以很快的速度跑著，似乎是想追上第一名，除了他以外其他選手的腳步開始越來越沉重。我再度搜尋腦中儲存的資料：在以前的世界錦標賽裡，這個時間帶內我的排名大約都在中間，可是這次已經排名第七，距離排名第一的選手只差兩圈。雖說時間還有點早，但我不禁開始想，假如這樣保持下去的話，奪冠的可能性很大喔。

這時陳俊彥和其他前段的選手開始顯露疲憊，我的排名更進一步慢慢拉前，我稍微催一下油門，以一圈四分五十秒的速度往前，追上法國的歐貝力亞（Fabien Hoblea）時連看他一眼都沒有就繼續往前跑。沒過多久就躍居第一名。

這是個關鍵的決策時刻：我接下來要採取哪種策略？大膽？保守？我有四次參加世界錦標賽的經驗，每次比賽也都有暫居領先過，但第一次在這麼早的時間帶就領先，這樣讓我感到有一點不知所措。好，把牙一咬，我決定不要過於保守，繼續以一公里五分鐘的高速前進吧。

決心下達之後，我的全身也動員起來配合，以八小時十八分通過一百公里，一直保持著理想的配速，接下來的三個多小時我都沒有停下來。難道我體內裝了定速巡航裝置不成？我一直保持一定的速度，不斷拉開我和後面跑者的距離。

沖山健司的狀況也不錯，排名已升到第二名，井上教練在旁喊著說：「沖山也在賣力跑喔！」我笑著回答他：「這樣下去，日本隊可以得到第一、二名，很好呢！」

晚上八點，天空已經暗了，這時傳來前年冠軍得主、今年被各方看好的俄羅斯發動機克魯里可夫棄賽的消息。果然我一開始的觀察沒錯，他的狀況不太好。我也在這時堅信自己可以奪冠！

通過第十一個小時的距離是一百卅二點三五公里。這次賽事中，同一個場地內設有世界錦標賽選手和自由參賽選手的兩個跑道，但在途中這兩組人馬會有一段大約一百五十公尺的賽道是共用的，而且這裡的路幅又特別狹小。從晚上九點開始，自由參賽的選手展開了十二小時賽事，跑道上的擁擠程度更加劇，為了怕碰到前面的選手，要超越前方時我常常會踩到跑道外的草坪。這個路段將會在次日上午的關鍵時刻之際，帶給我一個大麻煩，不過我這時還不知道。

過了第十二個小時，我想起黑田琴美給我的進食建議，於是我提早到日本隊的帳篷裡坐下來，吃了一碗咖哩飯。吃完後再度奔騰。迷濛的雨絲飄下來，氣溫驟降，賽事進入辛苦的時段了。小雨打亂了我的速度，也把很多選手逼入休息區換雨衣或休息，但我決定先不要換。半夜，傾盆大雨，討厭！補給站裡出現了非常頻繁的忙碌活動，大家開始研商對策要防止被雨淋濕。這時葉東哲還是忠誠地遞水、拿補給物給我。為了報答幫助我的這些人，我再度調整心情，穿上防水風衣重新加速出發。

怎知這件防水風衣又帶給我意外的狀況。這時是深夜，我首度感到強烈的睡意襲來，我有部分的意識已經睡著了，有時候我會蛇行，或是用接近走路的速度，如夢遊般走起來，一圈賽道竟然要花將近十一分鐘才跑完。不過，痛苦的不是只有我一個人，其他選手也不好過。算了！我看雨有點變小，乾脆脫掉風衣以求擺脫睡意。果然，速度立刻拉回一圈六分鐘的水準。

擺脫惱人的睡意之後，我的頭腦也恢復運轉，這時一條很重要的資訊像是電視螢幕旁的跑馬燈一樣出現在腦中：前一年在法國蘇傑四十八小時賽成績失利，那次我學到了重要的一課：補給品的種類不要太多，簡單為要。眼看比賽只剩三分之一的時間，我吃了先前準備好的胃藥、止痛藥和補給品，包含維他命以及含鳳梨、木瓜類黃酮等植物性營養素的膠囊。

通過兩百公里的時間是十七小時零四分，與捷克的那次賽事相比，慢了九分鐘。我估算一下，只要後面加速挽回的話，這次要超過兩百七十公里並非不可能。況且我賽前的心理意志設定在非常霸氣的「對手如果跑兩百五十公里，我就要跑兩百五十點一公里」目標，對「奪冠」

兩字抱持超級強烈的慾望。

我還在想這些事情的時候，大雨又當頭淋了下來。我再度穿起風衣，怎知這風衣不知怎樣，難道有魔法嗎？只要一穿上去，睡魔立刻出現攻擊我，我又變成蛇行步態，整個人大失速，一圈要花七分鐘才跑完。再這樣下去的話，什麼記錄都甭提了。眼看著天際泛白，我也不想忍耐了，在傾盆大雨中走到補給區告訴葉東哲：「讓我睡五分鐘吧。」

大顆的雨滴在帳篷上，發出轟雷般的巨響，雖然睡不好，但休息一回還是恢復不少精神，在雨中重新起跑。我擔心那件魔法風衣又會召喚睡魔出來，於是叫人弄了一個最大尺寸的垃圾袋，剪破幾個洞讓我露出脖子和雙手，就用這樣的抗睡魔裝扮回到賽道。大瀧雅之和沖山健司兩人並排追上來跟我說：「剩下五個小時了，加油吧！」

除了個人賽之外，團體戰是要看每個國家前三名的成績加總，所以大瀧雅之和沖山也是為了團體戰的冠軍努力前進中。目前日本隊領先其他各國，我更不可以在這裡半途而廢。給自己加油！接著換我跑到他們前面替他們拉速度，我完全抓回了跑步的韻律，又提升到一圈五分鐘的驚人速度。轉過頭去，啊？怎麼已經看不到他們兩個人了？第十二個小時吃的咖哩飯，現在效果似乎出來了。黑田琴美，謝謝妳的提議！

通過第廿個小時，我的距離來到兩百廿八點一六公里。這時出現了一個新的、讓我心裡很癢的狀況：剩下四個小時賽事就要結束，接下來只要能保持一公里五分半的速度（也就是時速十一公里）的話，就可以刷新大瀧創下的兩百七十一點七五亞洲記錄了。

都已經到這個關頭了，我不能掉以輕心，要不斷往前奮進。此時我領先第二名達十七公里，奪冠幾乎已經確定。我只剩一個目標：打破亞洲記錄。

命運老愛捉弄人。在兩百四十公里處，我跑到世界錦標賽選手和自由參賽兩種跑者的跑道會合之地，而此處的賽道又特別狹窄，前面出現一位選手擋住去路。我本想超越他，一不小心卻被他的腳絆倒，整個人往前栽下去。

剛摔下去的那一瞬間，我的腦袋是空白的，身體是不能動彈的。世界靜止了。一切目標都不存在了。虛無飄渺，緩緩漂浮，我不知道身在何方。

下一瞬間，我又被一陣喧嘩聲喚醒，我的身體才繼續往下墜落，重重摔到堅硬、粗糙的地面上，結結實實跌了一大跤。

命運恢復了對我的友善：原來醫療室剛好就在附近，立刻就有穿白袍的人衝出來到我身邊。比賽進行到這裡，跑了這麼長的距離，我才不要在這個關鍵時刻被醫生強迫停賽。體內的彈簧立刻啟動，半秒鐘之內我就彈起來，我還來不及站直，全身每個肢體、每吋肌膚就已經在幾毫秒的時間內依序對大腦回報了自己的狀況：左腳GO！右腳GO！雙膝GO！腰部GO！肩膀GO！右手臂GO！左手臂……左手臂？

左手臂擦傷，對跑步沒影響。左手臂GO！

假如這是電影的話，此刻應該就是感人的音樂放出來，鏡頭出現了選手起身繼續奔向勝利陽光的畫面。在現實中，我清楚知道，跑了廿幾個小時之後大家都累了，集中力都大幅降低了，所以我也要小心跑才行。

大腦指揮我的嘴巴大喊一聲：I am OK！喊完之後我就繼續前進了。

通過第廿二個小時的距離是兩百四十九點八九公里，領先第二名超過廿公里，這算是壓倒性的勝利。除了日本隊的同胞們之外，在義大利、俄羅斯、韓國等各國補給站裡的工作人員全都出來了，站在賽道旁替我拍手，幫我加油。幫我計圈的義工也超級興奮的，每當我通過時就很激動的指數圈板上的數字給我看。這時已經是早上，位於捷運圓山站前的圓山公園出現了許多人潮，昨晚的雨勢也停了，會場的氣氛似乎在幫助我努力往前跑。

通過第廿三個小時，我以兩百六十點七五的成績，進入唯我獨尊的舞台。在這時間帶裡，沒有什麼選手能超過我。井上教練跑過來跟我說：「剩一個小時了，我看不只是兩百七十公里，甚至可以破亞洲記錄喔！」而我則露出冷靜的酷笑容告訴他：「沒問題！」

更酷的是，每次到比賽後半我的身體都會往右傾斜，不知是疲累還是什麼原因，可是今天很意外的到現在我都保持挺直！

比賽進入第廿三個半小時。短短的卅分鐘、一千八百秒之後，比賽就要結束。本來在走路或是緩慢跑步的選手也發揮出自己體內的力量，相繼提高了速度。我看到大瀧的表現，對他有無限的尊敬。他一開始似乎因為練習不足，看起來腳步很沉重，但到了比賽後半他的雙腳恢復了敏捷的動作。能夠在這個時間點展開修正，代表他擁有驚人的潛能，而我正要挑戰他保持的亞洲記錄，想到這裡就覺得很興奮。

當然，此刻的會場裡，沒有人可以抵擋我的速度。

我通過兩百七十公里的時間，是廿三小時四十五分鐘。九分鐘之後，我的雙腳超越了大瀧保持的兩百七十一點七五公里亞洲記錄！不能停，現在還不行，我也沒時間沉浸在喜悅裡，必須不斷前進，因為剩下五分半鐘比賽就要結束，我要看看在這段時間裡可以把記錄拉到多遠。

我最後一次通過日本隊補給站時，補給員保立遞給我一面小小的日本國旗，跑道兩端補給站旁的各國補給員也用歡聲和鼓掌聲祝賀我。我張開了雙手，向大家致意。眼前出現了主要跑道，剎那間一陣熱烈的歡呼聲、鼓掌聲、相機的快門聲包圍著我，我也忍不住大叫：啊啊啊啊啊啊！

還剩一分半鐘比賽就要結束！我擠出最後的力氣往前衝，真的進入忘我的境界，只是一味的往前跑呀跑呀；俯仰天地之間，我只見到我自己的雙腳不斷前進，前進，一直前進。直到身旁有位選手伸出手來把我拉住，我才驚覺我竟然沒有聽見廿四小時結束的號音。回過神來，幫我計圈的義工已經急得從我後面跑過來大喊了。義工在地面留下記號，結束了比賽。

哈哈哈哈，哈哈哈哈，在這個瞬間我舉高雙手露出笑容。沒想到又出現了一個插曲，右腳突然抽筋，我整個人失去平衡跪倒在地上，不斷大喊著「痛啊痛痛痛」！還一面打著滾。我想，當時旁邊的人看了，大概都以為我只是在表現自己的喜悅吧。

這麼喜樂的場合，淚水是不可少的。我和身旁的井上教練握手，又和補給員葉東哲緊緊擁抱，分享喜悅。從捷運圓山站裡出來的觀眾很多，我也不管他們是誰，就是一一和他們握手說著：「謝謝！謝謝！謝謝！」然後跛著腳，搭著葉東哲的肩膀回到主會場。大會主委郭豐州哭紅了眼，跑過來給我一個巨大的熊抱，以此讚賞我的表現，深深祝福我。我心裡只想告訴他：謝謝你，郭老師，為了大會的成功結束謝謝你！為了我的記錄更新謝謝你！

完成尿檢程序之後，記者蜂擁而上，這時我才知道最後我的記錄是兩百七十二點九三六公里，我終於用自己的雙腳，取回兩年前曾經擁有過的亞洲記錄。在賽事上，我領先第二名的法國選手馬革龍（Mohamed Magroun）達廿四公里以上。有記者問說，我數度在台北獲得超馬冠軍頭銜，包含東吳超馬和此次的世界錦標賽冠軍頭銜，台灣對我來說是什麼樣的地方呢？

我想也不想就回答：「台灣是養育我的第二個故鄉！」

33 有愛情，就能跑

二〇〇七年五月底，我和交往三年的女友杉山香織舉行了結婚典禮。她向來鼓勵我出賽，我比賽的時候也跟在旁邊當補給員，或者替我加油打氣。有時候她也做點國民外交，替其他國家的選手加油打氣。別小看她的交際手腕，竟然還有其他國家的選手在賽後約她吃飯，完全沒把我放在眼裡。未免太受歡迎了吧。

說正經的，結婚後我的責任不一樣了。我是個有家的男人。更正：我是個有家的幸福男人。

要用什麼方式來順利展開我的婚姻生活呢？我是個跑者，答案只有一個：拿下一場重大賽事的冠軍！

我把目標放在這一年七月底在加拿大魁北克舉辦的世界錦標賽。我已經在捷克、台北拿下這場比賽的冠軍頭銜，這次則是婚後第一場大比賽，我抱著特別的態度準備參賽。當年五月初我展開練習，同時忙著結婚的籌備事項，真是蠟燭兩頭燒，好累。

有天我告訴未來的太太：「忙死了！忙死了！比賽怎麼辦喔！」

她眼睛直直瞪著我：「我們現在是兩個人，一起努力撐過去！」

好，在她的鼓勵下，參賽的決心一天比一天堅強。果然，夫妻同心，其力斷金，真是一句好話。

五月間我的訓練目標是「基本體力」。一天分好幾次練習，不勉強的跑步。我翻了一下當時的記事本，以五月十一日為例，早上先慢跑五公里去公司上班，下班後再從公司跑五公里回家。晚上在家附近的公園慢跑十五公里，再跑四公里到健身房參加有氧舞蹈課程，結束後從健身房跑四公里回家。

也就是說，一整天總共有卅公里左右的路途中，交通工具就是我的兩條跑者之腿。喔，我真愛我的腿！有時要去婚禮會場洽談一些事情，我也用跑的去，那可是十五公里的距離哪！一個男人，為了愛情可以做出很多事情。

就這樣，在五月廿五日之前累積跑了七百五十公里。

五月廿七日是我的婚禮大日，我的跑者之腿也開始連休六天長假。到了六月，回到五月的練習模式，可是在週末會加跑七十公里以上的長距離，一個月的練習量目標設定在一千公里，盡量不讓心情鬆懈下來。

六月照目標跑了一千零廿二公里，體能狀況調整得不錯。比賽前一個月我減少每天的練習量，可是提高跑步的速度，減低體內累積的疲勞。七月一日起到比賽前一天（廿七日）跑了三百五十三公里，距離不長，但因為前兩個月的累積量很大，所以身體自然能接受跑步的動作。

這個時候我的狀況有多好？好到我竟然一直要努力壓抑想跑步的慾望呢。

我以這種超完美體能，開始蒐集一下競賽地點魁北克小城杜蘭蒙維爾的資料。有時想起來還真好笑，最早發明超馬賽這種競技的人，到底在想什麼呢？世界上也只有人類這種生物，可以在地表上沒什麼特色的地點，不為掠食，不為生存，只是憑著兩條腿開始長時間奔跑。杜蘭蒙維爾就是屬於這種沒特色的地點。七萬多人口，最早是十九世紀英軍囤駐的基地，資料顯示此處濕度極高，不適合人居住。是誰把我們弄來這裡的啊？我猜，這裡除了我們這群跑步的人之外，其他人的運動興趣大概一面倒都是冰上曲棍球。

比賽前三天抵達的時候，發現氣候和日本的夏天一樣悶熱。比賽於下午兩點起跑，跑道一圈是兩千一百九十五公尺，路幅很寬，彎道很少，只是上下坡多到有如在坐雲霄飛車。悶熱的天氣持續籠罩，比賽剛開始時下起雷陣雨，之後轉小雨，帶來些許清涼的感覺。比賽整體的速度偏快，大家都很拼哪。

我的狀況不錯，在愛情的鼓勵之下，從起跑到第十四個小時都維持一公里五分鐘的精準速度。此時我排名第一，領先第二名達十公里。接著在攝氏卅五度的氣溫下小睡三次，但不影響名次，最後以兩百六十三點五六二公里蟬聯冠軍。

儘管本次遇上不好的高溫氣候條件，但我並不像其他選手那麼辛苦。這次的比賽使我學到寶貴的經驗：不要一味追求練習距離，也不要不敢休息，只要有理性的規劃，照著計畫去練習，自然會有好結果。

還有，盡量在可能的情況下讓愛情滋潤你。

34 二〇〇七東吳國際超馬賽

前次在台北舉辦的世界錦標賽裡刷新亞洲記錄，二〇〇七年在加拿大魁北克的同場比賽我照樣奪冠。當年十一月底我再度來到台北。我身體裡面的超級引擎還沒熄火，正在怒吼著等待我鬆開煞車，讓雙腳又一次在賽道上飛奔前進，把鞋底摩擦出橡膠的焦臭味，伴隨著一陣白煙飄出。

才剛開始這種遐想，就被叫去參加「東吳名人堂入選儀式」的活動。這是為了要表彰我在東吳超馬和世界錦標賽裡的功績。典禮上我向東吳大學、郭豐州教授、日本隊教練井上明宏先生表達了深刻的謝意。台灣，真的是我超馬賽的原點，而我能夠入選名人堂，留下我的腳印，更讓我光榮。

我真誠希望這麼好的大會之後可以繼續辦下去，我相信許多人會繼續在這裡的操場上揮灑汗水，許多人與人之間的交流會繼續產生。羅馬詩人尤維納利斯說過：「健全的精神寓於健康的身體。」我相信這裡的學生透過運動鍛鍊身心，會成為有責任感的大人，展翅飛翔。

當晚，我和這些未來的大人們一起到市區的海鮮餐廳吃飯，為明天的比賽充分填飽肚子，之後晚上九點半就睡覺了。

十一月廿四日比賽當天，早上六點起床，七點廿抵達雨中的賽道。由天氣預告可知這整場比賽都會在雨中進行。九點零五分，意外地雨停了，我們也開跑了，每公里五分鐘的配速相當完美順暢，偶爾有陽光穿透雲間照射到地面，變得有點熱了。

這次是我太太和黑田琴美兩人負責料理日本隊的補給品。至於每隔兩到三圈負責遞水、水果、巧克力給我的人，就是最值得信賴的夥伴葉東哲了。多虧了這些後勤補給，雖然氣溫上升，我並沒有脫水。

跑了八個小時，不到下午五點就開始漸漸變暗，雨滴又開始下了。我體內無形又精密的巡航定速裝置再度啟動，以一百四十四點八公里通過十二小時，途中除了兩次上廁所，完全維持一公里五分鐘的恆定速度。

「不要停下來」就是我的目標，繼續前進吧！

開賽後十二小時卅一分我通過一百五十公里，領先第二名的法國選手馬革龍達十五公里。但這一點也不重要。我要為自己而戰。

快到半夜了。輕飄飄的，沒什麼跡象的，睡魔開始撫觸我的全身，親切的提醒我，很溫柔的要求我，叫我開始採取蛇行的步態。我和睡魔展開一場無聲的對話：我已經通過一百八十公里了，可以睡一下嗎？睡吧，沒關係的。

遠處，一個微小但清楚的聲音說：「要不要吃咖哩飯？」

喔！張開眼睛，是我太太在問我。

我當然馬上答應。跑了四百公尺一圈，吃掉一碗咖哩飯，睡魔再度被我擊潰，哇哈哈！我可以改名叫做關家勝魔了。衝啊！

吃飽了，精神來了，跑！

跑著跑著，雙腿飛奔，我再度閉上眼睛，進入另一個甜蜜的睡夢境界，在這裡，我擁有溫暖的身體，吃得飽飽的胃腸，正好繼續睡。嗯，舒服啊。

旁人都看出不對勁了。

我為什麼吃飽了之後更想睡覺呢？經驗告訴我，因為沒有充分的補給食物導致疲勞加劇。幸好我太太以及黑田琴美、葉東哲等人非常理解這問題，接下來每當我想要吃東西時，他們就很有默契的遞食物給我吃，有效阻絕睡意。建立了這樣順暢的補給制度之後，選手的潛力可以發揮到最大。對我來說也是如此。

在這廿四小時內，我吃了兩碗咖哩飯、兩碗粥、一碗烏龍麵，都是邊跑步邊吃掉的。另外，晚上義工們熱情的加油，幫助我努力不鬆懈，撐過最痛苦的半夜時分。

通過兩百公里的時間為十七小時又三分鐘，這和去年在世界錦標賽台北大會刷新自己的記錄時，是一樣的速度。我意識到，有可能要刷新我的個人記錄了。

天空慢慢泛白，雨勢稍歇，比賽進入第廿一個小時，喜見陽光再度露臉。四十二分鐘後，我通過兩百五十公里，場內開始廣播說：「關家良一選手再幾圈就刷新個人記錄了。加油！」全場籠罩著一片「他可以嗎」的氣氛，當然，我的腳已經到處在痛了，水泡也冒了出來。不管，咬著牙只管前進。

等我繞到要更新記錄前的最後一圈時，會場的加油聲已經喊到可能連東京都聽得見了吧。我身上披著日本國旗，發出了勝利的嘶吼。負責遞水給我的葉東哲對我說：「關家！那邊難得出現了彩虹喔！」我抬頭往上一望，一抹淡淡的七彩彩虹掛在天空，似乎也在為我道賀。

到比賽最後，我都沒有坐下來，也沒用走的，只有上廁所時才停下來。連我自己都覺得很厲害。最後把亞洲記錄拉長到兩百七十四點八八八四公里。比賽後馬上被媒體包圍，採訪的內容我全忘了，我只記得當時感覺到台灣真的對超馬運動很重視啊。

頒獎典禮上我誠心的說：托這麼棒的大會之賜，讓我又意外刷新亞洲記錄，這記錄不是屬於我自己的，而是在場的大家，謝謝！

之後我依依不捨離開了比賽會場，相約明年見了！

35 豐收的一年

對我來說，二〇〇八過得飛快又耀眼，由四個冠軍頭銜組成了一個豐收年。這四次海外比賽，公司都很慷慨的讓我請假，也托大家的福，我在這些賽事內都有很好的表現。

三月我在台灣花蓮參加花東縱谷國際超馬賽，這個比賽特別之處在於每位選手都配了一輛機車當補給車，非常有趣。賽道單程八十八公里，上下坡很多，往返一次就完賽。我以十五小時四十三分鐘封王。

五月，法國蘇傑的四十八小時賽，我先前已經挑戰兩次，這一次卻是首度能夠真正跑滿四十八小時，以四百零一點四一六公里奪冠。

十月，韓國首爾的廿四小時世界錦標賽，我創下兩百七十三點三六六公里的超級記錄，拿下桂冠。值得一提的是，從二〇〇六年開始，我和葉東哲共搭檔參加三次的廿四小時世界錦標賽，三次都奪冠。我和他真是完美組合啊。

十二月，東吳國際超馬。跟首爾的世界盃錦標賽相距只有八個星期，老實說時間不夠，無法調整體能。但這是東吳超馬啊，對我來說它比其他任何比賽都特別，我不能缺席。

還有，今年要為超馬媽媽邱淑容女士募款，她在法國出賽時不幸因為傷口引發敗血症必須截肢。我和邱女士一同跑過幾個比賽，當初我聽到她受傷的消息時，心情也很沮喪。人的命運無常，很多事都沒有辦法預見，在這麼樣虛無的生命裡我要珍惜可以跑步的這份喜悅，好好跑這場比賽。

這場比賽我的專屬補給員改由我太太出任。比賽當天她很賢淑的早上五點就起床幫我削水果。八點半，開幕典禮展開，我先抹了一些防擦傷的藥，九點起跑槍響，巴西的努內斯再度有如彈簧一樣彈到最前面，每一圈只花一分四十秒，真是神人啊！我和幾個選手以一圈兩分鐘的速度飛奔在他後面。天氣轉陰，偶有陽光，略微燥熱，我一直提醒自己要多補充水分。四個小時後努內斯已經領先我三點二公里，但之後卻好像發動機漏油，漸漸慢了下來，三小時後他宣布熄火棄賽，原因是右大腿拉傷。

天氣溫差很大，害得我的胃很不舒服，也沒辦法好好接受補給，我太太在一旁非常擔心。奪冠應該沒問題，可是實在很不舒服。我以卅分鐘為單位，睡了幾次覺，之後以十七小時卅七分鐘通過兩百公里。每當我覺得很難熬，腦海裡就浮現超馬媽媽邱淑容的身影。我邊跑邊告訴自己：「可以跑步，就是很幸福的事。」

到了比賽結束前兩分鐘我開始用走的，和操場邊的義工、觀眾擊掌，這是迎接勝利的時刻，我被包圍在巨大的歡呼聲裡，非常特別的感覺。最後以兩百五十六點八六二公里封王，雖然比去年創下的亞洲記錄足足少了十八公里，但從韓國比賽後這短短的時間間隔內能有這樣的成績，我已經很滿足了。

這也是我第四次在東吳奪冠，我真的很幸福。自從二〇〇七年五月和太太結婚以來，到這場比賽為止，我已經連七場都拿冠軍，我相信這成績不是偶然的，這是平常為我默默付出的太太所賜的。身旁許多人常對我說，我是世界冠軍，其實我最感到驕傲的事情是：「關家良一是全世界最幸福的選手！」

36 錢這個問題

回日本後沒多久，時序進入二〇〇九年，世界錦標賽即將於五月在義大利北部的古城貝加摩舉行。先前在台北、加拿大、首爾三地舉辦的世界錦標賽我都是冠軍，這一年當然被排入日本代表隊，全日本的跑者也都理所當然認為我一定會出賽。

大家不知道的是，我的心裡充滿了掙扎。

原因也很簡單，就是柴米油鹽醬醋茶這幾件事。或可簡化成一個字：錢。

這次大會的舉辦日期剛好在五月初，是日本的黃金週，機票也大漲。或許你會覺得，都可以登上世界錦標賽這樣的舞台了，錢怎麼會是問題！

假如今天我沒結婚的話，也許可以。但現在我成家了，需要扶養一個家庭。雖說到去年為止在賽事達成了世界冠軍三連霸，在公司的協助下，休假應該沒有什麼問題，但遠征費加上買鞋、買衣服什麼的，還要買營養品等，全要從我的薪水擠出來，其實還滿吃緊的。

很多人叫我去找贊助商幫忙，現實上卻沒有那麼容易。我有試著問過幾間贊助商，都慘遭委婉拒絕。任憑我說我是世界冠軍，我是亞洲記錄保持人，這些頭銜都沒用。

當然，如果我很有恆的、更大膽、積極、固執的去爭取，也許至少有一家肯願意贊助我的廠商也不一定。但這不符合我的美學。我的想法是，運動員應該要專注在磨練自己、提升自己，如果有時間花在拉贊助商，那還不如多跑個一公里或兩公里。所以要我找贊助商，我覺得是很浪費時間的事。算了。

再回頭想，這個世界上也是有某種人，就算沒有亮眼的成績，但光靠自己的人脈也能拉到很多的贊助商。我只能說，我的價值觀不是這樣。

這下我真是陷入了兩難。一方面是世界錦標賽等著我去衛冕，另一方面則是法國蘇傑四十八小時賽也是要衛冕。兩場比賽相差三個星期。先考慮一下錢吧：蘇傑賽事可以贊助我的機票，贏了還有獎金，如果擠入前幾名的話也是可以抵掉一些開支。去年在蘇傑賽我跑出了四百公里以上的冠軍記錄，還拿到破記錄的額外獎金，算起來完全打平了開銷。

其次從賽事上來看，我已經在世界錦標賽裡獲得一種充分的達成感和滿足感，心裡有一種「該在世界錦標賽做的，都已經做到了」的想法。至於蘇傑賽事，去年是我首度能夠真正跑

關家祕技

【你有赤腳跑步過嗎？赤腳和穿鞋子跑有什麼不同？】

我從來沒有赤腳跑步過。

以前我參加過一次馬拉松大賽，看到有位年輕人大概是受了某幾本書的影響，穿著手工製的涼鞋參加比賽。比賽到一半，他的涼鞋壞掉，結果只好打赤腳跑。但是他腳底的水泡破掉了，血流不止，最後因為太痛苦，決定中途棄權。

這個故事告訴我們，假使平常沒有練習用赤腳跑步，忽然勉強自己這樣跑，腳一定會承受不了。

一提到赤腳跑步的馬拉松選手，大家就會聯想到在奧運記錄中唯一拿下二連霸、來自衣索比亞的高手阿比比・比基拉（Abebe Bikila）。聽說他從小就赤腳在山中跑來跑去，平常沒有穿鞋子的習慣，腳底也長出厚厚一層繭。

假如你對赤腳跑馬拉松有興趣，建議從平時生活就要開始鍛鍊、習慣。但我們大多數人都在穿鞋子的環境下工作，我認為最好還是穿鞋子跑步。

完四十八小時，我強烈的想要繼續探求我體能的潛力。

第三，我跑步的初衷是減肥，當初夢裡都沒想過「奪冠」或「變成日本第一」，但實際上已經有四次榮登世界第一的寶座。這些寶座絕對不是「靠自己的力量」或是「靠氣勢」得到的，而是透過周遭很多人的幫助才有機會暫時借坐一下冠軍寶座。所以我也沒有「要一直保住王位」的想法。

綜合以上想法，結論就是放棄義大利的世界盃錦標賽，邁向法國蘇傑四十八小時賽吧。

37 不放棄，就滿意！

五月下旬，位於法國西南部的蘇傑小城正迎接初夏，白天最長有十六個小時的日照，灼熱的陽光無情直曬著我們。

我們這一群選手在炎熱的陽光下跑著。我自忖：白天盡量不要太勉強自己，多休息保留體力為氣溫比較涼的晚上做準備。在這場賽事結束前，我將會碰到一個接近神人般的冠軍得主，自己也會獲得極深刻的賽事經驗體會。

故事要從開賽後第廿四小時說起。此時我剛好以兩百四十九點四公里的成績領先群雄，第二名的法國選手也緊緊鎖死在後方，第三名的是一位我不算熟悉的澳洲跑者馬丁•富萊爾，他也以輕快的步伐追趕我。看著他陌生的身影，以及我不熟悉的步態，使我有點著急起來。

這時太陽還很強，氣溫也很高，我想試試看可以衝到哪。於是啟動了後燃器，開始用剛開賽的速度往前跑，而且為了給自己一點刺激，我一口氣喝掉一大堆冰水。

這樣當然帶給我不好的影響。果然，開賽卅二小時，比賽的第二個晚上來臨，氣溫下降的同時我的身體突發異狀，可能是喝太多冷水讓肚子著涼，一股想吐的感覺不斷襲擊我。彷彿情況還不夠糟似的，我那顆已經有點失能的昏沉大腦又開始吶喊，棄賽了啦！很想睡覺了喔？停下來吧！

這種可怕的思想，是一個極為難纏的敵人，它環繞在我身旁，不斷尋找任何一個可以突破的地點，然後就鑽進我的皮膚，順著血管流入大腦。放棄吧。只要停下腳步，就舒服了⋯⋯

我喝令全身每個毛細孔，叫他們一起宣告對外關閉。封鎖邊界！門關起來，上鎖！不可以讓放棄的念頭繼續滲進來。然後我開始肅清腦內的無形敵人，我用肉搏戰，我拼刀子，我赤手空拳，持續對抗了兩個小時，中間小睡幾次，每次都只有幾分鐘。每次醒來情況並沒有好轉，反而更差。

我邊跑邊想，或許以小時為單位好好休息一下，可能會比較好。我和補給員倉田雅道商量了一下，決定在開賽第卅四小時進行充分的休息。倉田和我認識已經十年了，在超馬界他是我的老前輩，年紀長我廿二歲，我隱約把他和我早逝的父親聯想在一起。

討論到這裡，我發現我心中對於比賽的專注已經中斷了，如果要重新聚焦在比賽上，在這當下可能有困難。倉田這位長輩從樂觀的角度建議我：「總之還有時間嘛，先把心情和身體鎮定下來之後，再重新出發吧。」

在這猶豫的當下，我忍不住打電話回日本，想聽聽我太太的聲音。在這次比賽之前，我們夫婦之間已經有了新的生命，我太太已經懷孕兩個月了。

電話響了幾下，她就接起來了。

「喂。」

「是我啦。」

「幾點了？你還沒跑完吧？」

「嗯，現在有點累，不知道要不要先休息久一點。拿不定主意。」

電話那頭的她，沉默了一下子。她知道我正在和「放棄」這個敵人苦戰。

「肚子裡的小朋友也在為你加油呢！到最後都不要放棄喔。」

聽到她這麼開朗的回答，我心情慢慢安定下來。

「好，知道了。謝謝妳。」

掛掉電話，深呼吸，調動最後一批還沒沉睡的腦細胞出來集合，大家一起來商量吧。首先，全身的細胞都同意，目前的現狀有點棘手：想吐、想睡覺的情況並沒有改善，而且原本排名第三的澳洲風火輪馬丁・富萊爾已經猛追上來。

我太太剛剛是怎麼說的？她肚子裡的小朋友也在為我加油，是吧？你們還記得她的話嗎？我是太想睡了，有點想不起來。

老前輩倉田雅道的意見呢？喔，他說先把身體和心情穩定下來。

你們呢？腦細胞們？你們覺得怎樣？先不管現在的排名，最優先的任務是把身體狀況改善過來，是這樣吧？同意嗎？

好，不管大家是否同意，我已經脫掉了鞋子，在補給站的露營車裡躺下來了。久違的睡眠立刻擁抱上來，我沉沉睡去，暫時離開了比賽。

我睡得很沉，起床時不禁有點疑惑：「到底睡了多久？」看了時鐘發現才睡了三小時，肚子的狀況雖說沒有完全恢復，但已經沒那麼想睡了，現在再多休息也沒用。時間已經是早上五點，比賽進入第卅七小時，距離比賽結束還有十一個小時。

第一名榮銜目前由馬丁・富萊爾搶走，他領先我達到驚人的廿四公里，而我目前還以三百一十點三公里堅守第二名的位置。那時是早上五點，距離比賽結束還有十一個小時。前一年我在這項比賽中以四百零一點四一六公里奪冠，現在的我，是以衛冕者的身分在跑著，所以我有責任死守戰場不去，就算跑不動了，也要戰至最後一兵一卒……最後一顆細胞吧。

我先抓回流失掉的聚焦感覺，並讓身體慢慢重新適應賽道。我先緩慢徒步前進，彷彿要讓身體滲透到賽道上似的。有位我不認識的西方選手從後方超過我，很友善的喊了一聲：「Welcome back（歡迎回來）！」這些選手都是從世界各國經過選拔才能參賽，我們每個人都是戰友，彼此共享一種緊密的一體感。

走了兩圈後，我的雙腿再度開始慢跑，我把目光定睛在三百五十公里為目標，然後一步一步的，實實在在的，堅定不猶豫的，我這個跑者往前踏步前進了。天氣也變得友善起來，晨霧籠罩了會場，很適合跑步。我慢慢抓回韻律感，在開賽後第四十三個小時通過三百五十公里。

五個小時後比賽就要結束，馬丁・富萊爾領先我卅多公里，所以我的目標很實際：首先是死守第二名，寸土不讓；其次是把跑步距離往上推展到四百公里以上。就這樣我繼續保持著鬥志，迎接比賽的最後五小時。

到了中午，日曬變強了，紫外線如手術刀一般毫不留情割開我的皮膚，痛死了。我從頭上澆水，我搥打自己的意志，又鞭笞我的靈魂最深處，總之，我不讓自己停下來，只管往前進。

超馬裡有一種傳說，一個跑者跑得夠久之後，他腦內的某個系統、某種網絡、某種化學物質會開始運作，接著，一種比天堂更好、勝過一切感覺的「跑者愉悅感（Runners' High）」會出現。當這種心理狀態出現時，不管已經跑了幾個小時，不管腿已經痛了多久，不管腳趾頭已經滲血，指甲已經剝落，水泡已經破了又長、長了又破，這位跑者都能再度燃燒，捲起滾滾灰塵揚長而去，令後方的人目瞪口呆。

我懷疑我現在就是出現了這種傳說的心理狀態，因為這時我竟然還可以保持時速九公里的高速。歐…買…尬！我真是個可靠的跑者！我真是太厲害了！倉田在一旁也興奮大喊：「不要保留體力了！」

「哈！」我一面想，一面感覺到疾風不斷從耳邊掠過：「倉田伯伯呀，都幾點了，我怎可能保留體力呢？我不可以輸！」

下午四點，賽事結束的鐘聲響徹會場，我跑出四百零二點三二一公里的成績，比去年多一點。但今年的「不放棄」體會，實在是太深刻、太難忘了！這一屆的滿足感比去年還大，如果我在第卅二小時放棄的話，此時也不會有這樣的記錄和感動吧。我這時哪裡還顧得了形象，早已經躺在倉田的懷裡，不管別人的眼光，嚎啕大哭起來。哇哇，嗚嗚，哭得像個嬰孩，然後還站起來打電話給太太，一再對著話筒泣不成聲：「謝謝妳！謝謝妳！」

至於第一名的馬丁·富萊爾跑出令人難以置信的四百卅三點六八六公里。這個馬丁簡直是個神人，擁有博士學位的他，是生物醫學家，也是網球高手兼教練，還在澳洲擁有九百次以上的高空跳傘記錄。從紐約到澳洲，從大英國協廿四小時賽到法國蘇傑賽事，到處都有他的身影。還有，如果你以為他只會跑長跑，那就錯了。他的五千公尺最佳個人成績是十七分鐘十五秒。

這次比賽最大的功臣，是那些為了我犧牲奉獻、一直鼓勵我的補給員和家人。也就是因為他們，我才沒有放棄，我對他們充滿感謝。

38 世界頂尖冠軍

二〇〇九年參加完東吳國際超馬賽之後，我的人生起了一個重大的變化：我的孩子誕生了。

在這之前，我已經攀登到全球超馬賽最頂尖選手的行列。二〇〇七、二〇〇八年的九場超馬全部奪冠，二〇〇九年又在斯巴達松超馬賽搶下冠軍。同年，我在東吳國際超馬賽當中奪走冠軍榮銜，達成四連霸，也跑出兩百六十三點四零八公里的佳績。

我在本書的一開頭說過，廿四小時賽跑出兩百六十公里以上，是一個重要的指標門檻，每年全球能超越這個門檻的跑者都是個位數。因此，在二〇〇九年的東吳超馬賽中達到這個目標，對我而言是成就一件。

而且，我在這次賽事中持續維持高速推進，以十三小時廿二分卅二秒通過一百英里，這也是個新的亞洲記錄。

但整場賽事裡最搶眼的，是一位身形瘦小的四十五歲日本女選手工藤真實。她身高一百六十一公分，體重四十九公斤，是銀行裡的外匯業務員，平常要參加國外的比賽，還得努力突破公司內層層體制，好不容易才能請個假出來。

她在賽事裡的招牌表情就是甜美純真的笑容，這也使得她在台灣擁有極大的粉絲團隊。這一年的賽事中，她真是發揮了安靜的力量，默默地、帶著笑容地連續創下三個世界記錄：通過一百英里、通過兩百公里的成績都刷新世界記錄，而最後以兩百五十四點四五二公里，一舉將女子組的廿四小時賽世界記錄往前推進了四公里多。她也是世界上第二位打破兩百五十公里記錄的女選手（第一位就是匈牙利的柏潔思）。

39 我的跑步策略是以奪冠為出發點

許多人問我，針對眼前即將來到的賽事，我是如何擬定跑步策略的？

簡單說，我的出發點都是奪冠。是的，我要搶下冠軍，這是我的目標。

然後我才開始建構我的作戰策略。首先，最基本的當然就是體力，否則一切都是空談。

別小看這個簡單的體會，這可是過去累積了大量的經驗和成績之後，才浮現出來的真理呀。

體力靠練習，這一點我想也不用多說了。

其次，在心理上我建構一個堅強的意志：如果對手跑出兩百五十公里，那我就要跑兩百五十點一公里。不管這場比賽的記錄是怎樣，反正廿四小時完賽之際，我就是要比對手多跑一步。

比賽當天的氣候、身體狀況、比賽內容、跑道的條件等因素，都會影響我的成績，連帶對最後的跑步記錄有影響。一旦我可以掌握、控制天氣、身體、跑道等條件時，也等於可以駕馭整個比賽，最後得到勝利。

比如說在氣溫卅度的艷陽下跑步，和廿度舒爽的氣候下跑步，這兩種環境帶給身體的負擔差很多。假如在這兩種環境底下，你只單純想到自己的記錄，你就會採用一樣的配速去跑。那麼，可以想像的是，你除了無法達到目標之外，搞不好連名次都有可能落後。

再說回來，你要拼名次，也就等於要先掌握好你周遭的一切條件，一面跑一面持續判斷「以眼前這樣的條件是否可以拼記錄」，若感覺可以，那時再開始加速就好了。沒必要比賽開始就高速衝刺。

所以，時間進行到二〇一〇年，我不但經常有機會奪冠，也持續刷新了個人記錄。當年三月在希臘雅典舉行的廿四小時賽裡我贏得了冠軍，五月在法國的蘇傑四十八小時賽也奪冠。

回顧一下，從二〇〇六年開始，我幾乎沒有輸過幾個人。

可是，等我站在二〇一〇年底東吳國際超馬的賽道上，我心情就不太一樣了。原因是，同年五月在法國舉行的廿四小時世界錦標賽裡面，日本選手井上真悟跑出了兩百七十三點七〇八公里的無敵超人成績，獲得金牌。

井上真悟那時才卅多歲，是全日本開國以來第三位在廿四小時賽事中跑出兩百七十公里以上的選手（前兩人是大瀧雅之、關家良一）。這種成績，絕對不是靠運氣創造出來的。所以我也很期待他之後的表現。

但是，如果就這麼輕易宣告世代交替的話，對日本超馬界來說也不是好事。對日本跑步界最理想的狀況應該是，讓井上真悟跟我們這些資深的選手多多切磋、琢磨，互相刺激對方，這樣才能讓超馬界充滿活力。

要怎麼切磋琢磨？那就是靠我在二〇一〇年東吳國際超馬來表現了。從二〇〇七年開始，我已經連續三年在世界錦標賽稱王了。現在井上真悟跑出新的佳績，那我呢？

我這次把目標放在我於二〇〇七年創下的兩百七十四點八八四公里最佳個人記錄（也是亞洲記錄）之上，我希望刷新這個記錄。如果成功，自然排名也不會差到哪裡去。

大會前一天，我站在開幕式的舞台上，想起這個比賽的種種：我們這些選手，多年前擔心因為換校長而中斷比賽，日本幾位選手還寫了「懇求書」希望上達天聽。這個比賽也曾因為校園整修停辦，現在它是亞洲最高峰的比賽，逐漸在東吳大學的行事曆中穩定下來。這樣看著一個比賽成長茁壯，彷彿以一個父親的心情看小孩的成長一樣，自然感到一股熱潮湧上心頭。

開幕典禮上，我看見大會主辦人郭豐州拿起手帕擦淚水，坐我隔壁的日本隊教練井上也熱淚盈眶。我相信，大家熱愛這個大會的心情是一樣的，也就是這種熱情，讓這個大會成長到今天。我更下了決心，要把這些事情好好傳承到下一代，我要持續來這裡跑，直到我女兒可以來這裡當義工為止。

次日開跑時，天氣是陰天，氣溫稍微高了點，無風。氣候條件算不錯。我這次要追求的是更新個人最佳記錄，所以就用一公里五分鐘的速度默默往前進。十二小時的通過時間和一百英里的通過時間都比以往的亞洲記錄還要快，後來更以十六小時四十四分鐘通過兩百公里，比自己創的亞洲記錄還快十八分鐘。

怎知到了第十八個小時，想吐、想睡的感覺造成速度急降，而且跑到腳都滲血了。最後以兩百六十八點一二六公里奪冠，沒有打破自己的個人最佳記錄，也沒有追上井上真悟的記錄。我只能說，為將來的比賽又獲得了一些可貴的經驗，也算是意義很大。

還有，這一年我有個非常深刻的體會：每年在台灣，和大學生們交流，都感覺到年輕是如此的美好。我今後不但要從老一輩的身上學習，也要從年輕人的身上繼續吸取很多經驗才行。

人就是要活到老學到老嘛。不是嗎？

40 美夢成真：美國加州惡水超馬賽

我記得早年曾在電視上看過一個節目叫「四千七百公里橫貫北美超級馬拉松：追夢的人」，記錄了一九九四年夏天，跑者以六十四天從洛杉磯跑到紐約的雄壯比賽，一天平均跑七十三公里。

節目裡除了叫人嘆為觀止的風景、選手之間充滿人情味的交流等鏡頭之外，特別深深吸引我的是一個鏡頭：在炎炎夏日的沙漠裡，一個單獨的人影跑在長長的道路上，道路在他後方無窮無盡的延伸。

「嘩！」我記得我當時湧起深刻的憧憬：「哪天我也想要在那種環境跑步。」

在美國，穿越沙漠地帶的賽事有好幾個，其中堪稱最有名、條件最嚴苛的是加州死亡谷國家公園內的「惡水超馬賽」。許多參賽的跑者才剛起跑，心裡原先「嘩！」的驚嘆聲就變成「靠！」的咒罵聲。怨恨自己準備不足，怨恨環境實在惡劣。

這個賽事在盛夏最熱的時刻，於標高負八十六公尺的惡水盆地起跑，然後朝著兩百一十七公里以外、美國大陸最高點惠特尼山前進，海拔高度是可恨的四千四百廿一公尺。不過，為了展現這個比賽的仁慈，終點設在半山腰而已。

參賽者必須在四十八小時內跑完全程。根據大會記錄，速度最快的保持人就是我的朋友，巴西引擎努內斯，以廿二小時五十一分二十九秒完賽，當年他四十三歲。女性跑者部分，由美國的潔蜜・唐納森創下，時間是廿六小時十六分十二秒。

這個賽事充滿了傳說、神話和鄉野傳奇。有個名叫班恩・瓊斯的醫生參賽到一半，卻被叫去驗屍，原來是在沙漠中發現了登山者被烤乾的人屍。還有一次，某知名品牌運動鞋在現場贈送免費跑鞋給跑者，結果跑者一踏上炙熱的瀝青路面，鞋底就開始融化。原來在賽事進行的七月，瀝青路面溫度可上升到火辣辣的華氏兩百度（相當於攝氏九十三度），足以烤熟肋排。

我的另一個朋友，美國超馬第一巨星史考特是怎麼形容這場比賽的？他在自傳（中文版在台將由遠流出版）中記載自己跑到中途倒地不起的情形：「……我現在只能嘔吐。我頭燈照耀的光圈範圍裡，可以看見剛離開我口腔的液體，一掉落到溫度超高的人行道鋪面，馬上化成水蒸氣往上蒸發。現在距離午夜還有一個小時，氣溫已經飆高到操他媽的華氏一百零五度，如火般即將吞滅我的靈魂……」

我看了這些記載，心裡還有一個盤算：要請幾天假？要花多少錢？因為我年紀不小了，「哪一天我也要」的豪情壯志必須趁早實現。難道要等到我六十歲退休，我女兒二十歲獨立了，我才參賽？不。到時候有沒有體力可以參加這麼嚴酷的比賽，根本不知道。

「去啦，」我太太鼓勵我。

「女人，這是要錢的啊！」

「想太多有什麼用？」

「嗯……」

「蘇傑四十八小時賽不是暫停舉辦了嗎？那你就去美國跑啊。」

「對喔。蘇傑賽主辦人年老退休了，賽事就停了。」

「不要留下遺憾吧。」

真是個好太太。真的，要顧慮的事情很多，想太多也真的沒用。

二○一一年七月九日，我在洛杉磯國際機場和補給員會合，租了一輛車開到旅館。這次的補給員由保立啟丞當頭，他在蘇傑四十八小時賽事中幫過我很多次，有豐富的國際參賽經驗。另外搭配正在費城留學的跑友鈴木立紀和他的太太鈴木磨美，再加上鈴木立紀的馬來西亞同事宋岳（音譯）。

大會前一天來到會場，溫度顯示是攝氏五十度。陽光刺眼到如果沒有太陽眼鏡的話，連張開眼睛十秒鐘都不行。只要呼吸，你都會覺得鼻子快要燙傷了。

「天哪……」只聽見我一個人發出感嘆。

這般異樣的熱氣，這麼超高的溫度，我從沒體驗過。在這樣的環境下，我到底要怎麼跑步啊？史考特的自傳內容，還有其他的鄉野傳奇，如跑馬燈一般不斷掠過我眼前。

不過，眼前這份奇異的感覺，比較像是興奮，完全沒有任何恐懼感。報名時就知道嚴苛的條件，我已經想開了，要好好享受現場的情況。常聽到人家說：「超馬的責任完全在於個人。」一累積了長年的跑步經驗，我慢慢可以理解這意思了。

七月十日比賽當天早上六點半起床，通往起跑點的路上迎面而來的，是在六點鐘和八點鐘先行起跑的選手們（這場比賽依據跑者自己設定的時間，可以自行決定在上午六點、八點、十點起跑）。報到後量過了體重，我就先在低於海拔八十六公尺的惡水盆地裡散步。數億年前這裡是海底，在此可以感到地球的偉大及人類的渺小。想著想著，我的心思飄到了這年三月十一日在祖國日本發生的大地震，那些政治人物總是找藉口說「這些天災都是預想之外」。想想，面對這樣的大自然，人類到底能預想到什麼呢？生活在地球上的我們必須認真考慮該如何和大自然和平共處。為了悼念在這場大地震中死難的同胞，我也在T恤上別了喪章。

十點整開跑，一路順風，感覺意外地舒適，不太意識到四十度左右的高溫。我以一公里五分鐘的速度前進，一個人佇立在漫無邊緣的跑道上，往前看沒人，往後看也沒人，悠悠天地之間，我終於實現以前在夢裡夢到的景象。我好興奮，興奮到開始自言自語：「就是這裡！」

考慮此地惡劣的環境，我請補給車每隔兩英里幫我補給，車內四人，一位負責開車，一位準備補給品和飲料，另一位遞這些東西給我，最後一位拿裝水的寶特瓶跑在我旁邊，幫我把水從頭澆灌下來。

和史考特參賽時的裝備比較起來，我們的比較簡單。他當年買了一整套的工業用灑水器，定時站進去冷卻全身。我只有一個人形澆水器，搭配寶特瓶裝的水。不過，我的這套也很有效率喔。

第一個閘門（閘門的名稱很可怕，叫做熔爐溪）距離起點廿八公里，我花了二小時廿四分抵達，排名第五。這時氣溫開始陡然拉高，我的水量消耗更大，補給的間隔縮短到一英里，盡全力預防脫水。順風也於此時轉變成逆風，很難保持一貫的速度，但我告訴自己，辛苦的不是只有我自己。

通過第二個閘門時我已經花了接近六小時，前面已經有三位選手咻的一聲用更快的速度跑過這邊。這裡是爬坡的起點，接下來的廿七公里之內，要爬升一千五百公尺。我本來就對爬坡有自信，所以就照著自己的速度跑。

有如飛機引擎廢氣般的高溫迎面吹來，我的眼珠躲在太陽眼鏡底下，依舊不得不瞇了起來。天哪，人類怎麼會跑來這種地方活動啊？

此時一道鼻涕流下來。怎麼會熱到流鼻涕呢？從沒碰過這種情況。我舉起右手用手背擦了一下，同一個時間聽見車上的補給員大喊起來。

「流鼻血了！」

不是鼻涕，是鼻血。補給車立刻催油門超前到我前方約五十公尺處，補給員跳下來，手上拿著白白的東西。面紙遞上來了。

流鼻血的時候，該仰頭還是低頭？學校有教過吧？我忘了。面紙擦了一下，怵目驚心的紅色。

我維持自然的姿態繼續跑。沒多久之後，依照時間的記錄，我就暫居領先了。哈哈哈哈，有點高興，又不能太高興。因為……幾秒鐘後我的興奮就轉為慘叫，在這場賽事中我首度出現了抽筋。

「啊啊啊啊……」我的表情一定很痛苦。

「又怎樣了？」補給員喊著。

「抽筋啦。」

「需要什麼協助嗎？」

「我先慢慢跑……喔，好痛。」

就這樣帶著一點點跛行的姿態，我衝上山頂，回頭一看已經完全看不見後面的選手了。不錯，我果然是上坡仰攻的高手。

從這裡開始又是另一個考驗，在十五公里內下降一千公尺。這樣會對我的膝蓋造成極大的負擔。按照事前練習的方法，我以一公里不到五分鐘的速度向下俯衝。到底之後恰好太陽下山，我也配戴了螢光燈、腰帶、頭燈等裝備。

爬坡還沒完，接著又要在卅五公里內攀爬一千公尺的路段，我還是領先通過了第三個閘門。算算已經跑了一百一十六點四公里，白日的熱氣不知何時已經不見了，一陣刺骨的寒風吹來。此刻是我最痛苦的時段，又想睡又覺得超冷，該怎麼撐過去呢？我該想什麼呢？思想的焦點要放在哪裡呢？

放在其他選手身上！我一直警告自己，隨時都有可能被後方追上。我奮力前進，四個多小時後通過第四個閘門，遠眺前方五十公里全部都是下坡。我才剛剛舉步，想說可以抓回跑步的節奏，就出事了。

天哪！人的聽覺速度，會追上實際生理的變化嗎？還是說我已經有幻覺了？因為我是先聽到咕嚕咕嚕的聲音，接著才感到肚子裡在翻滾，在吶喊。

現在又是怎樣？我氣憤地自問自答。沒怎樣，拉肚子而已，損失了時間。快點去拉掉！繼續跑！

比賽進行到一百六十多公里處，我都還是領先，可是拉完肚子之後速度下降。賽事進行到一百七十公里處，在漆黑的夜晚，有道光影無聲無息快速逼近。我來不及反應，黑影就快速穿過我左邊。

這道黑影名叫奧司華・羅培茲（Oswald Lopez），卅九歲的墨西哥選手，下巴和鼻子底下都有又硬又短的小鬍子，目光似乎銳利到可以穿透護目鏡射出來。他的額頭是完美的四方形，笑起來露出潔白整齊的牙齒，有一種兇殘的魅力。前兩年他在這個賽事都屈居第二名，今年他鐵了心，決定有所作為。

我關家良一不是弱者。他一超越我，就知道自己鑄下大錯：接下來二十多公里，我的腳步聲有如強力膠一樣緊緊黏在他身後，不斷襲擾著他的意志，而且我不氣餒，持續硬拼。

就這樣拼了廿多公里，他漸漸拉大了距離，我感到好孤單，然後我就看不見他了。在宇宙天地之間的靜默裡，我成了遙遠的第二名。

該怎麼辦？

第五個鬧鬥出現了，距離終點還剩下最痛苦的廿公里爬坡。「跑起來！」鈴木夫妻輪流喊著，想幫我配速。我腳步越來越沉重。其他人不斷幫我澆水，不斷喊著、吼著，罵著，奇怪的是在他們這樣的陪伴之下我好安心，好舒服，我覺得好棒。

或許也是這一份安心感影響了我的意志，使得我很難繼續跑下去。在這份安心感底下，我的鬥志燃燒光了，沒有油了，燃料箱空了。賽事最後的十公里我都是用走的，最後在掌聲中我以廿四小時四十九分卅七秒抵達終點，位居第二，落後第一名整整一個小時。

完賽後最大的喜悅，就是終於跑完夢想中的美國惡水超馬賽。這個號稱地表上最困難的賽事，我來過了，我跑過了，我征服了，我心裡充滿喜悅和感恩，對這次的結果很滿意。我更感謝允許我參加比賽的太太，謝謝她默默支持我。

41 戰士的舞台

惡水超馬賽結束後，我還剩下什麼？

對一個戰士來說，當他征服了全世界之後，他是否只剩下感嘆、哀哭的角色可以扮演呢？

二〇一一年的夏天，我一直沉浸在惡水超馬賽的餘韻裡，完全無法專心準備下個比賽。我不斷回想：世界盃錦標賽、斯巴達松超馬賽我都奪冠了，畢生嚮往的惡水超馬雖沒拿到冠軍，也有了很滿意的結果。接下來，我的目標在哪裡？

我想回到「初衷」去找答案。我跑步的原點是為了減肥，如果回到原點的話，那答案很容易，以後就為了健康繼續保持慢跑就好了。

現實上，我很窘的必須承認：我已經握有太閃亮的東西了……我陷入了很奢侈的煩惱裡。

這年八月，相繼有好幾位在東吳國際超馬賽裡面幫過我的同學，和我在日本見面。他們一致表示，賽事中看見超馬選手的表現，讓他們感動到不行，而且對他們後來在社會上的工作態度，產生了很大的鼓勵。

這幾句話在我心裡點亮了一盞燈。我一直是以減肥、健康或更新自己個人最佳記錄等，當成跑步的目標，可是我卻忘了，我的表現，其實在很多方面是可以給別人一些幫助與鼓勵。

想到這裡我就高興。接下來我要繼續跑下去的理由或目標，也許都不重要了。只要有人看到我跑步的樣子，然後可以從中感受到一點正面的事情，那我就覺得很有意義了。

就這樣，這些可愛的年輕人幫我走出了新的路，我開始為年底的東吳國際超馬賽做練習。

比賽前一天，我前往會場完成了報到。開幕式裡逐一介紹選手之後，就是一個大驚喜：操場的第二跑道要命名為「關家跑道」，第一跑道要命名為「工藤跑道」。先前已經以我的名字命名過了，可是工藤真實的跑道命名倒是第一次。原因是她於二〇〇九年在這裡以兩百五十四點四五二公里，創下了女子世界記錄。

比賽的結果，在本書的一開頭我已經交代過了。不過另一件不能忽略的事情是，擁有甜美微笑的工藤真實，再度在這場賽事當中刷新由她保持的世界記錄，寫下兩百五十五點三零三公里的新記錄。實在是太厲害了，整整廿四小時裡面，她全程用跑的，連一步也沒有走過。我相信，以她的潛力，哪一天說不定可以破兩百六十公里也不一定。今後我也要和她切磋琢磨，互相學習，一起挑戰更高的目標。

4。更遠

42 大災難

讓我先把時間倒轉一下，回到二〇一一年三月十一日，十四時四十六分。

這一刻，我人正在神奈川縣相模原市的工廠裡工作。忽然間燈光全滅，機器也停止運作，我還沒意會過來發生了什麼事，一陣激烈的搖晃襲來。搖晃持續好長一段時間，我跑到工廠外，連四周高聳的建築也微微晃動著。

「終於來了嗎？」我腦中掠過的是一九二三年造成十萬人死亡的關東大地震。

工廠周邊的建築物並沒有倒塌或損壞的跡象。不久後搖晃停止，持續好幾分鐘的緊繃終於獲得喘息，我整個人鬆了一口氣。相模原市的震度才五點多，但恐怕已是我這輩子所經驗過搖晃得最厲害的一次地震了。我立即打手機給我太太。

「妳在哪裡？還好嗎？」

「很好很好，怜央奈也沒問題，不要擔心。」她講話的速度好快。

得知她和女兒兩人母女均安，我鬆了一口氣。不過她還沒講完。

「聽說震央可能在東北方喔。」

天哪，那麼這次的地震非同小可了。相模原市離日本東北有四百公里遠，連這裡都晃成這樣，那震央附近的狀況想必非同小可。我轉身回到工廠，立刻打開收音機，只聽見一波又一波有關海嘯的情報，氣氛相當恐慌：「某某地區，預估海嘯超過六公尺，請居民立即前往高處安全場所避難。」

同事們看看我，我看看他們，大家又抬頭看看天花板。

「六公尺以上的海嘯耶？有可能嗎？」不知誰迸出這一句。

「嗯，晃得那麼厲害，說不定有。」另一個人回答。

我們一邊交換著意見，一邊緊張吞著口水守在收音機旁。照目前的情況看來，工廠的復電無望，下午三點多，社長強制命令我們回家。

我一如往常，跑了五公里的路回家。相模原市區內到處停電，紅綠燈也都掛了，交通幾乎癱瘓，所有超商也關門。抵達家門後，家中一切平安無事，我們家附近的區域也都還能使用電力和瓦斯，暫時安心了。

我打開電視，看到從螢幕裡跳出來的畫面，我頓時懷疑自己是不是看錯了！直升機現場轉播宮城縣仙台市的空拍畫面，海嘯以驚人的速度，接二連三吞噬著田地、房屋、車子。記者不斷重複播報這個緊急狀況。

我一直切換頻道，所有的頻道清一色都在播報關於東北大地震的消息：「房屋倒塌，數十人遭活埋」、「煉油廠發生大規模火災」、「數百人的遺體被沖上海岸」、「鎮長下落不明，城鎮呈現毀滅狀態」、「海嘯淹沒仙台機場，機場大樓成孤島」、「道路柔腸寸斷，救援行動困難」……

緊急地震快報不斷傳來，到了晚上，另一則叫人難以置信的消息傳來：福島第一核電廠受到地震和海嘯影響發生事故，周邊居民被強制撤離。每當餘震發生，我太太就緊緊抱住剛滿一歲的女兒。

「日本到底會變成什麼樣子？」她幽幽地問。

我無言以對。

在絕望、不安、無力感的情緒折磨中，我和妻子兩人緊盯著電視，直到深夜。唯一撫慰人心的存在，就是妻子抱在手臂上睡得正香甜的女兒。

＊

次日，東北各地的災害狀況逐漸明朗，我們才瞭解這次地震和海嘯的規模之可怕，加上福島核一廠的事故一發不可收拾，受災區域範圍不斷擴大，電力供給也宣告不足，用電需求又緊迫，日本關東各地開始實施計畫性分區停電。公司和我自家都歷經了好幾次停電。在公司只要碰到停電，我們一整天下來就只能做些打掃整理的工作。晚上家裡停電的話，大家只好就著一盞煤氣燈在昏暗中吃飯，種種生活上的不便讓人更深刻體會到電的可貴，但我們平常卻把用電視為理所當然。

除此之外，這場大地震也導致加油站大排長龍，超市的礦泉水賣到斷貨（因為新聞報導水龗被檢驗出有放射性物質），電池、手電筒、攜帶式收音機等都被搶購一空。泡麵和麵包等食物也買不到，市民的生活陷入了一種恐慌狀態。祭典和活動等都停辦，旅行和聚餐宴會等也陸續取消，大家都失去了笑容。

在這個非常時期，聽到海外各國提供援助金和救援物資、派遣救援隊等新聞，不知帶給我們多大的勇氣。特別是台灣，三月間匯集了數十億日圓的援助金，到了四月份總額更是超過一百億日圓，援助金額為世界各國之冠。很難想像這是人口僅有兩千三百萬人的台灣所捐贈的金額。

看到這則新聞，我淚流不止。

台灣是跟我關係最深的國家，在台灣我有十多年交情的老友，還有其他很多友人、摯友。這些我最信賴的友人們一看到日本的危機，都有志一同熱切伸出援手幫助我們。如此盛情，讓身為日本人一員的我覺得非得報答這份恩情不可。

直到報答恩情那天來臨之前，我絕不能灰心喪志。我從台灣那裡獲得了奮勇向前的勇氣。

我當然知道日本和台灣在政治上有複雜的關係，但日本政府對台灣的回應居然極盡冷淡之能事，看得我數度咬牙切齒。這還需要什麼政治上的顧慮考量嗎？我們應該要真心、誠意回應才對吧。多數的日本國民對台灣抱持著感謝的心情，日本這個國家卻沒有任何表示。我再度受到自身無力感的苛責，心裡老是覺得有塊疙瘩揮之不去，每天悶悶不樂。

43 我所能做的事也就只有跑步

地震過後半年，九月上旬有位東吳大學日文系的女大學生來日本畢業旅行，因緣際會住到了我家。她叫陳旻宜，曾在東吳國際超馬擔任志工隊長，負責接待日本選手。

吃完晚飯等我女兒睡著後，她和我還有我妻子，我們三人一起舉起啤酒和莎瓦乾杯。我們聊著台灣和日本的事，她拿出一支印有日本和台灣國旗圖案的原子筆，在我面前轉啊轉。

「只要買這支原子筆，就會撥出一定的金額做為捐贈受災地的援助金，我買了好幾支，我身邊的朋友也都有買喔。」

我很訝異，台灣對日本的援助範圍居然已經以這樣的方式擴及到個人層級，我大受感動。不過一下子不知道該接什麼話，我只好說：「妳很了不起呢，畢業旅行選在日本全國各地遊玩。」

「我們班上男同學的畢業旅行大部分是台灣環島。」

「台灣環島啊……如果是我，大概會用跑的。」我半開玩笑說完後，忽然腦中靈光一閃。

「等一下，台灣環島一圈距離大概多長？」

「一千公里左右吧。」

「一千公里的話，我大概兩個星期就能跑完。兩個星期的話，說不定公司會准假。嗯……我該試看看嗎？」

「好啦，你就去跑嘛。」我可愛的太太在一旁鼓勵我。

我接著問了些「以前有人跑步環島過嗎」之類的問題，她回答「沒聽說過」，這下反而更激發出我的挑戰心。（後來調查後才發現，已有十人完跑。而且郭豐州教授說，有記錄的最早一位，是台灣日據時代的一位米行老闆，當時他好像是為了慶祝天皇登基，於是環台跑了一圈。）

我直覺認為，環島跑一圈就是我能對台灣人表達感謝的手段，謝謝台灣人對日本的重建給予支援。我把這個點子理解為「天之聲」，而陳旻宜同學的存在就如同天使一般，我很感謝她。

隔天我立刻買了台灣的地圖和旅遊導覽書，著手規劃路線。以我的跑步能力來說，這趟旅程需要有某種程度以上的挑戰性，所以我堅持一天的平均距離要達到全程馬拉松的兩倍，也就是八十四公里以上。設定這一個「有點勉強」的高門檻，才能把我的感恩之情傳給台灣社會大眾。身為超馬跑者的我，在台灣因為參加過東吳國際超馬，也還算小有名氣，所以在準備挑戰的距離設定上有特別留意。

正當我埋首規劃路線時，又聽聞一則新聞：六名日本游泳選手將在二〇一一年九月十七到十九日，以接力的方式從沖繩縣與那國島，游泳橫渡一百二十公里抵達台灣的蘇澳。他們也是一心一意想對台灣支援地震災情表達感謝之意。一想到有日本人和我抱持一樣的想法，使我更加確信自己做的事是正確的。

44 準備啟程

我每天從公司回家後，就利用晚上時間一點一滴規劃著路線：十二天內環島一周，總計一〇七七公里。從台北市區內的東吳大學出發，出了淡水沿著台二線繞過海岸線，沿路經過基隆、宜蘭、蘇澳往台九線前進，從花蓮到台東改走海岸線旁的台十一線。繞過南邊到高雄後，再沿著台一線回到東吳大學。一天平均距離將近九十公里，行程非常緊湊。我從沒挑戰過這種分站式的馬拉松，擔心自己會不會訂了一個不知天高地厚的計畫。

我接著將計畫拿給兩個關鍵人物看，詢問他們的意見。第一位是正在日本東北大學留學的老朋友葉東哲（我常叫他小葉）。他住在仙台市內，也算是三一一東日本大地震的受害者。

他根據過去自身開車環島的經驗指出，東岸沿海的路線危險性較高，西岸市區則是人車混雜，到處有車子排放廢氣，空氣混濁，他建議我最好把路線調換，東側走內陸，西側走沿海。小葉啊，果然是精明的角色。

第二位關鍵人物，就是長年支援日本超級馬拉松賽事務、我的好朋友井上明宏先生。我和他認識真的不曉得多久了，他本身也是經驗豐富的選手，類似的分站賽跑過好幾次。

井上教練手裡拿著我的計畫案，皺著眉頭，慢吞吞地說：「以你的實力我想應該沒問題，但平均一天九十公里似乎太過嚴苛了吧，要不要考慮多加幾天，行程比較不會那麼趕。」

我原本的想法就是希望盡量慢慢跑，多留一點時間和台灣民眾交流接觸才是最重要的。假使我以挑戰性為優先考量，就必須專注在跑步上，這樣就本末倒置了。

我把這兩位關鍵人士的寶貴意見納入考量，重新檢討路線，根據實際跑步的路徑規劃出十三天、一〇七一公里的行程。新案平均一天只要跑八十二公里，而且比原案每天平均多出一小時的緩衝。雖然這樣一來每日的平均距離會比全程馬拉松的兩倍距離還要少，但我覺得也還是具有足夠的挑戰性。好，就這麼拍板定案吧。

拍板之後才想起，忘了考慮日期，於是回頭考慮自己的路徑、行程以及台灣的氣候，明年（二〇一二年）的二到三月最合適。我甚至靈機一動，乾脆就在二月二十八日開跑，剛好可以在地震滿週年的三月十一日抵達終點，這樣更能表達我的感謝之意。

二〇一一年十月上旬，我將整體計畫提交中華民國超級馬拉松跑者協會副理事長、東吳大學教授郭豐州。當時他正埋頭準備兩個月後即將要開辦的東吳國際超級馬拉松賽事，忙得不可開交，但他仍慷慨允諾，說他將全力協助我。我自己也要參加接下來的東吳國際超級馬拉松賽，不能疏於訓練，所以暫且將台灣環島的計畫擱在腦後，專心為眼前的比賽做練習。

當年底我前去台灣參加東吳國際超馬，賽後我在記者會上，向台灣報紙、電視等各大媒體宣告要舉辦這項企畫。結果隔天的報紙上，環島一周的報導居然比我比賽獲勝的篇幅還大。

這下沒有退路了。我本來的想法是，就算沒有得到任何人的幫助，我一個人揹著背包也要完成。有了這份覺悟後，一顆心反而安定下來。我依照小葉的提議，在網路上架設一個用來交流的專用網站，一方面可以廣納台灣跑者朋友的意見，一方面又能招募有意願一起跑的朋友。

在專用網站上，我刊登以下訊息向大家呼籲：

想必有很多朋友已經得知，二〇一二年二月二十八日到三月十一日這十三天，我計畫了「旅行跑步」，將以順時鐘繞台灣一圈。在三一一東日本大地震發生後，日本獲得台灣各方面的援助，身為日本人的我，想藉由這趟跑步旅行表達我的感謝之意，於是設定到達終點那天就是大地震滿一週年的日子。

關家祕技

【假使有人曾跑了好幾年，但因為惰性而放棄了一段時間，之後如果想再重拾跑步，該如何克服心理障礙？】

假使跑步已變成一種「習慣」，自然不必多想，每天都能持之以恆。但如果把它當成一種「義務」，跑步就會變得索然無味，覺得麻煩。只要是人，都會有「提不起勁跑步」的時候。這時候就不要跑。換句話說，不要強迫自己跑，想跑時再跑就好。假使我們不要訂定「每天都要跑」或「一天最少跑ＸＸ公里，或跑ＸＸ小時」這類的標準，跑步的門檻就會一下子降低許多，感覺更容易親近。

假使你有機會重新復跑，你就會發現，以前跑步和現在重新復跑，從各方面來看，意義和立場都不相同。你可以把它當作你正在揭開自己「馬拉松人生的第二幕」，一切從頭開始，這樣或許會讓你有躍躍欲試的感覺。

有人說馬拉松就像人生的縮影。隨著你的人生經驗的增加，或許你又會從不同的觀點重新感受到跑步的美好。

在各站如果有台灣的朋友願意加入我的行列一起跑，條件不拘，歡迎有興趣的朋友一起加入陪跑。但是，考慮到當初發起這個企畫的原意，請大家不要十三天從頭到尾全程陪跑。

當然你可以和我一起跑完一個區間沒問題，也可以在沿途替我加油，我會很開心。

特別是最後一天三月十一日，從台北市區往終點東吳大學的最後這一段路，我希望能和很多人一起跑，我想把它辦得像突顯台日友好的大遊行，這是我的夢想。

希望能藉由跑步旅行，和台灣的朋友有更進一步的交流。

請大家多多指教。

這個消息一出，「我想在第X天和你一起跑」、「我想開車支援你」等訊息，以及道路狀況的提供等，如雪片般湧來，這個環島感恩企畫在我的腦海中的樣貌越來越清晰。於是我信任大家，將一切的細節交由郭豐州教授及台灣跑者決定，並將這次企畫的正式名稱定為「關家良一長跑環台感恩之旅」。

全程的支援人員有跑者陳錦輝先生（主要負責開車）、林瑾君小姐（口譯及騎腳踏車補給）、東吳大學的學生「尖尖」（負責媒體以及其他支援）三人，台灣各地的跑步團體也會給予協助，每天晚上都有安排聯誼會，有很多機會和台灣的朋友交流。這完全符合我當初的用意，真的非常感謝他們的安排。大家事前準備非常詳細周到，我幾乎只要帶著一個身體去就行了。

45 一個小轉折

事前的規劃如此周到，如果我以為從此一帆風順，那可就錯了。我先把時間快轉一下，請大家看看我環台長跑第十一天的場景。

這一天是二〇一二年三月九日，我坐在台中的醫院裡面。兩邊小腿刺痛無比，腳趾頭間的水泡有著劇烈的疼痛。「今天能跑嗎？」我不禁喃喃自語。

過去六天以來，我的雙腳一直出問題，先是左腳，後來右腳，然後左腳快速惡化。我一直在勉強硬撐，但此時腳痛已經到達極限，疼痛不受我的控制，它邪惡地想要控制我。

醫生來了，指示我暫時不要亂動，叫我躺著打了三十分鐘的點滴。點完點滴後，我走下擔架床，血液完全集中在腳上，兩邊小腿像裝了一顆心臟似的，陣陣刺痛。這一瞬間我才自覺到，自己腳的狀況真的一天比一天惡化。我扶著郭豐州教授的肩膀一邊喘氣一邊走路。

我到底是怎麼弄到這個地步的？請繼續看我的故事。

46 第一天——即使只有我一個人，揹著背包跑也要跑完

早上六點，外頭傳來大雨激烈的拍打聲，我醒了過來。

從四天前來台北到今天，這幾天的天氣一直都是雨下下停停的陰天，沒想到在出發這天雨下得最大……我有些怨恨為何自己是個雨男，走到哪雨就下到哪。

連上網路，檢查郵件。看到太太傳來女兒的照片，我一面吃著早餐，一面綻開了笑容。

換完衣服，整理完行李後，我打電話給太太。太太在電話中鼓勵我要堅強，女兒則是用她天真的童音喊著說：「爸爸，加油喔！」我的心情緩和下來，身體裡湧起一股暖意。

八點三十分我離開房間，準備把行李放到車上。車子後方的行李箱空間被我的行李塞得滿滿的。接著我搭車往田徑場上的跑道移動，出發前的典禮將在那裡舉行。

雨勢成了傾盆大雨，大到讓人想放棄跑步，毫不留情拍打著地面。但在這樣的雨勢中，現場居然還聚集了大批的採訪媒體以及許多來加油的民眾和跑者，我心中的感謝之意越來越高漲，同時也開始緊張起來。

九點三十分典禮開始，當時代理東吳大學校長的林錦川、郭豐州老師、前東吳大學運動代表隊後援會會長陳調鋌先生依序發言。接著，麥克風換到我手上，我告訴大家，東吳超馬造就了我，而日本大地震當中台灣是最早發起募款、也是捐贈最多援助金的國家。我想了很久，

這雙重感謝的心意該怎麼回饋給台灣，我覺得跑者就該以跑者的方式回報。

我還說，從一開始我心中就暗自決定，即使只有我一個人，我揹著背包跑也要把全程跑完。至於這場雨，我會把這場雨當成好朋友，一邊享受和雨的交流，一邊打起精神跑！

早上十點多，在笛聲信號之下，十三天總計一〇七一公里的旅途終於揭開序幕。我先逆時針在這充滿回憶的四百公尺跑道上跑了一圈，接著在眾人的目送之下，離開跑道。「我出發了！」我嘴裡一邊說著，一邊揮著手朝東吳大學的正門前進。東吳大學運動代表隊的數名學生陪在我旁邊跑，我在他們的引導之下往前邁進。

很快來到環河自行車道。接下來有一大段路都在自行車道上跑。雖然不用擔心車子，但路上到處都有積水，一腳踩進水窪，水花四濺。我像是被喚醒童心一般，天真無邪地享受著跑步的樂趣。

自行車道沿著外雙溪這條小河往基隆河方向綿延。一路上非常好跑，加上受到雨勢大的影響，我的速度越來越快。幾位陪跑的超馬跑者好幾次像對學生發號施令一般，對我喊「慢一點！」還不到五公里，幾個陪跑的朋友就被拋在後頭，不見人影。

抵達淡水河旁的自行車道，有一位跑者哼著鄧麗君的〈我只在乎你〉，這個氣氛實在是太搭了！我哼著間奏和他一搭一唱，一群人保持愉悅的心情繼續往前跑。經過捷運紅樹林站，陪跑的陳進財先生等五人在這裡結束行程，我跟他們一一握手道別。

往前有一段上坡路約四百公尺，到了坡頂附近，在這裡稍微休息五分鐘。接下來的路程還是有十個人陪我跑，其中多數是淡水慢跑俱樂部的朋友。

雨還是不停下著，我們沿著台二線往北挺進，路上經過一間加油站，我看到裡面擺著一張小桌子，一群人正在設置補給站，這個補給站應該是由淡水慢跑俱樂部的朋友設置的，站內還有一個板子上面寫著「日本加油！關家良一加油！GoGoGo」我看了內心既高興又感動。

不知不覺出了三芝，在石門附近跑過了四十公里。沿海的道路跑起來很舒服，我不自覺加快了速度，時速約提高到十公里左右。有一輛車子從旁經過，耳邊忽然傳來一聲「加油！」林瑾君告訴我，車上的人是全台灣速度最快的路跑王吳文騫。連那麼有名的人都來替我加油，我真的是太高興了。

離開沿海道路後，我們進入金山的市區。迎面有一群人，約二十名左右，排成兩列朝我們跑來。起初我有點懷疑，在心裡暗自想著：「不會吧。」果不其然真的是當地跑步團體的朋友。他們在這裡與我們會合後，就跟在我們後面一起跑。他們是「基隆好馬俱樂部」的成員，預定陪我跑到終點基隆車站，離這裡還有三十公里左右。剛才替我加油的吳文騫也會和我們一起跑，真的很謝謝他。

參加這次活動的所有跑者都會拿到一條寫著「關家良一長跑環台感恩之旅」的祈福頭帶。大家似乎很喜歡這條頭帶，每個人都把它綁在頭上。於是我們這群成員增加到三十名左右的

「紅色頭帶軍團」，以時速十公里以下的緩慢配速，持續朝基隆車站前進。

基隆被稱作「雨都」，是個多雨的地區。這裡的降雨機率非常高，二〇一二年一月的三十一天中，有三十天都在下雨。但沒想到當我們靠近基隆後，雨卻停了，不禁覺得很高興。

天色漸暗，跑起來時附近一片昏暗，基隆好馬俱樂部的朋友準備了好幾隻螢光棒，讓我們能安全地跑。我的帽子、防寒衣、緊身褲、運動褲全都是黑的，整個人穿得一身黑，這種情況下若是一個人跑會很危險，真的很慶幸有大家陪我一起跑。

離第一天的終點剩下不到十公里處，我整體的配速開始加快。大部分的時候都是我跑在最前面，後面不斷傳來提醒的聲音：slowly！有時我的速度甚至飆到十一點五公里，現在想想真該好好反省。剩下最後三公里時，我想差不多該緩和下來，努力把速度減慢，沒想到這次換基隆好馬俱樂部的朋友越過我在前頭趕著往前跑，為了跟上他們我只好再度加快速度。

進入市區後大量的人車顯得相當混雜，進入最後一公里時，俱樂部的朋友齊聲喊著：「關家桑、加油！」、「日本、加油！」、「關家桑、加油！」、「日本、加油！」

聽到這些不斷重複的鼓舞，我的眼眶忍不住熱了起來。

下午六點三十分，我們抵達今天的終點，基隆車站。全程總計八十一公里，耗時八個半小時。

中華民國超級馬拉松跑者協會會長吳勝銘先生等幾位朋友，從開跑後一直陪我跑到最後，一路上有他們陪伴讓我覺得很安心。第一天的路程平安地跑完，我寬心不少。

我們在車站附近的市區飯店入住登記後，晚上七點半前往基隆最高的大樓——麗榮皇冠大樓內的高樓層餐廳。基隆好馬俱樂部的朋友在這裡替我們辦了一場聯誼會。當地的議員也趕過來，我再次體認到大家對這次的活動有多麼關心。聯誼會氣氛高昂，我也得意忘形起來，以台灣式的「乾杯」方式，連續喝了好幾杯啤酒。

回到飯店的路程大約要步行十分鐘，沿路我用相機照了好幾張基隆的街道，每一張都照起來都霧濛濛的，天空微微飄著霧雨，濕氣濃厚，難怪這裡被稱作「雨都」。

從住宿飯店的窗戶往外看，能夠一覽基隆車站和基隆港。這間飯店非常棒，可惜只住一晚。

「下次全家一起來吧。」

我在給妻子的電子郵件上這麼寫著，在晚上十一點半就寢。

47 第二天——我是台灣第一位以長跑方式環台的外國人

早上五點起床。

雖然昨晚只睡了五個半小時，但一覺醒來只覺神清氣爽。

在基隆車站前，基隆好馬俱樂部的蘇榮通會長等八名隊員已經做好準備，就等我到。我們全體集合拍完照片後立刻開跑。

天空和昨晚一樣下著細微霧雨，不過與其說是「下」，不如說是「飄舞」。這種天氣跑起來完全沒有不舒服的感覺。

陳錦輝借我一隻有GPS功能的手錶，我牢牢戴在左手腕上，但開跑後才發現這個手錶不會動。我不知道操作方法，只見螢幕完全沒反應，連現在幾點都搞不清楚，讓人有點頭痛。

開跑後約四公里處，有一間店，是基隆好馬俱樂部的一名女隊員經營的，她昨天有出席聯誼會。我們就在那家店吃早餐。三明治、煎餃、義大利麵等，每一樣都好好吃。

其中有一位雷勝安先生，從昨天開跑到終點一直陪著我跑，他手上戴著和我同款式的手錶，也有GPS功能。吃早餐時，我請他幫我重新設定，這錶總算恢復功能。它除了能測量距離，還可以得知當下的速度，相當便於跑者管理配速。由於這次的環台馬拉松屬於分站式，特別需要這種手錶。

天氣如同我們的預想，陰陰的，雨下下停停，但雨勢不大，還挺好跑的。我們跑了九公里左右後便告別基隆市，再度進入新北市。接著我們跑在沿海的主幹道上，偶爾有車通過時，大概覺得我們這一群人很顯眼，不時有人會探出車窗大喊「加油！」或按喇叭替我們打氣。

蘇榮通會長說，目前曾經以跑步環島台灣一圈的跑者有十個人，我將會是第十一個人。而且目前還沒有外國人跑過這樣的行程，所以我這次跑完，將是第一個以跑步方式環島的外國人。

在日本，假如是日本本州環島一周，或是從日本國土最北端的北海道跑到最南端的鹿兒島這種縱貫日本跑步等挑戰，我想一定有很多日本人完成過。但我卻未曾聽說有任何組織、團體或個人在管理這項記錄，我在想或許根本就沒有人在記錄管理吧。像這種管理記錄以傳後世的做法，我認為相當值得日本學習。

開跑後十二公里處，有一塊路牌寫著「九份」，看來從此處往右轉就是九份了。二〇〇四年我曾和母親來台灣觀光，腦中不禁浮現當時拜訪九份的景色，令人非常懷念。

到達水湳洞時，我發現右手邊有一棟建築物聳立在一座小小的高丘上，我好奇問那是什麼建築。蘇榮通停下腳步告訴我：「那是日本統治時代建造的煉銅廠。」原來水湳洞一帶在過去是礦產豐富的地區，現在雖然當地礦業已經完全沒落了，但殘留下來的建築地景等，讓人得以想像過往的風貌。像這樣一面跑步的同時還能一面觀賞台灣各地的風景，更讓這趟旅程顯得意義非凡。

穿過台灣東北角的鼻頭角隧道後，基隆好馬俱樂部的朋友陸續結束了陪跑，只剩我和雷勝安先生。他跑步時絕對不會超前跑在我前面，而是緊跟在我後面跑，使我覺得好像有人在鞭策我一樣，不自覺地加快速度，有時時速甚至高達十一到十二公里。到了四十公里處，我們在福隆車站附近的 7-ELEVEN 休息。

休息時雷先生告訴我，他曾和女兒、兒子三人一起花了三十六天步行環島一周。他自己沒跑過全程馬拉松。換句話說，昨天從東吳大學到基隆車站這八十一公里，是他人生當中跑過最長的一次距離。今天的距離也超過八十公里，我覺得他是一位非常有潛力的跑者。

之後我們依舊以高速並行跑著，身體逐漸熱了起來，揮汗如雨。在五十公里處，我脫掉防寒衣，身上只剩下一件深藍色的長袖T恤。我們的速度很快，所以每五公里就要休息一次，但每次休息都很短暫，而每十公里就要補充一次食物。這裡是鄉下道路，車流量少，補給車可以慢慢開，時而在前時而跟在我們身後。有時尖尖會下車拿相機拍我，每次我經過他旁邊總會對相機伸出食指。或許是跑了長距離後，腦內啡分泌引發「跑者的愉悅感」，跑到後來，我開始對相機擺出誇張的姿勢，想起來有點好笑。

這個食指向前伸的手勢源自於我在東吳跑二十四小時馬拉松時，每跑一圈，就會對計圈人員伸出食指做確認，沒想到最後變成我的招牌動作「關家 pose」。就連雷先生也被我影響，做出同樣的手勢。

其實在台灣比這個手勢似乎不太禮貌，但我希望以後大家能把它當成一種善意的「暗號」，意味著「第一名」或「我們是一體的」。

一路上小雨下個不停，但這不僅不會礙到跑步，反而還很舒服，我忍不住加快速度。

「好，就保持這個速度跑到最後。」

我沒考慮太多，只想順著心情的節奏跑完。

通過頭城，省道的路標從二號換成九號，我想全力衝刺，於是加快了速度，時速達到十五公里。雷先生跟不上這個速度，落後我數十公尺之遙。在最後的紅綠燈前我停下來對他說：「我們慢慢跑吧。」我們肩並肩以慢跑的速度前進，在最後的五十公尺還彼此牽起對方的手高舉，擺出「萬歲」的姿勢，然後在下午四點整通過終點，抵達礁溪國中。

這一天跑了八十六公里，費時大約十個小時。後半段速度還滿快的，覺得今天跑得很過癮、很爽快！

我和雷先生互拍肩膀，慰勞對方的努力。跑步時我們幾乎沒有交談，但畢竟一路上一起流了這麼多汗，感覺變得就像好朋友一般熟悉。我再次深深體會到，這就是馬拉松的魅力。

這一天結束了。補給車開過來，雷先生說：「我要回去了。」

「謝謝你！」我很誠摯地對他說。

「最後兩天我還會來一起跑。」他告訴我。

我拿起一頂帽子，遞過去給他。

「那等你來的時候，戴著這頂帽子來跑。」

他的臉上露出最美麗的笑容，我們握手道別。

今夜住在礁溪火車站附近的「福岡溫泉度假飯店」，為了犒賞自己，我們在大廳喝起啤酒。剛才在終點迎接我們的宜蘭四季健跑的朋友送我們蔥油餅，邊吃蔥油餅邊配啤酒，真是至高無上的享受。

晚上六點半，宜蘭四季健跑和羅東慢跑共同舉辦了一場餐會，明天他們的成員也會一起跑。羅東慢跑的林毓桓先生就是設計「關家良一長跑環台感恩之旅」活動logo的設計師，真感謝他替我們設計了這麼漂亮的圖案。今天的啤酒也好好喝，我連續乾了好幾杯。爽快的跑步配上美味的啤酒……

這樣的一天真是夫復何求啊。

回到房間，妻子傳來女兒的照片，我看了之後不禁露出微笑。我抬頭望向天空，只見星光點點，這天晚上真是美好。

48 第三天——情感的交流把彼此串聯起來

我從來沒想到，台灣跑者們竟然是如此熱情的響應我環台長跑。

早上四點五十分起床，五點四十分到大廳集合，坐上車出發，沒幾分鐘就到了今天的出發地點——礁溪國中。

現場已經有十二位跑者正在做伸展操等我到場。

我心裡一陣感動。今天是平日的星期四，還有這麼多人來，其中還有一對夫妻是昨天晚上才從台北搭夜班火車過來的。我的無限感激，要怎麼表達得完呢？

而且聽說這對夫妻四天前才在東京跑完馬拉松，回國後又立刻參加這個活動，這真的是讓我印象深刻，原來台灣跑馬拉松的風氣簡直不輸日本嘛。

六點十分，第三天開跑。宜蘭四季健跑負責配速，我被大家包在正中間帶著跑。五公里後，宜蘭四季健跑的其中一名成員是牙醫，因為工作的關係較早結束行程。我才發現，很多人是抱著「工作前跑一小段」的想法來一起跑。當初我決定要把每天的開跑時間設為早上六點，其實想法很單純。我希望早點跑完，晚上的聯誼會才有多一點時間能和大家聯絡感情。結果沒想到意外帶來這個好處，我不禁莞爾。

跑到七公里處，我望向左邊，太陽緩緩從東方升起。過去一個星期以來，這是我首度曬到太陽，在藍空下跑步使我充滿力量。

一邊跑步，有人問我的鞋子多少錢一雙？我說大概台幣一千元，大家面面相覷，嚇了一跳。其實我對鞋子的要求還滿隨便的，平常只買便宜的促銷品。這次來台灣環島，我帶了三雙一模一樣的鞋子。這款鞋我在日本試穿很多次，觸感很舒服，覺得沒什麼問題。畢竟我是業餘跑者，必須考慮到家計問題，花在用具的費用能省則省，對我來說這是理所當然。其實不管鞋子多貴，只要不合腳，通常會穿出毛病，所以我覺得問題不在價錢。

早上八點半多，日照變強，氣溫開始升高，我請補給車停下來，把身上的衣服換成黑色短袖T恤。跑到二十三公里處，就是冬山站附近的農會，蘇澳慢跑和宜蘭高中田徑社的學生加起來約二十人在此待命。大家看到我們跑來便拍手歡呼來迎接我們。今天的跑步有點像接力賽，當地的跑步團體輪流掛上寫著「關家良一」字樣的布條，將每個區間聯繫起來。

我在這裡開了一個小小的簽名會，分別在大家的T恤、帽子、祈福頭帶上簽名。我最初的想法是希望藉由這項活動加深日本和台灣的情誼，但這時感覺到活動進行到最後，還能加深台灣人彼此之間的情誼。而我也自覺我身負重責大任，必須將這份感情聯繫到最後一站。

這個活動已經比我原先所設想的意義還深遠，活動規模也變得越來越盛大。

這一天真的很熱，忽然變成超過二十五度的夏天天氣，讓身體有些難受。蘇澳慢跑和宜蘭高中的朋友們在蘇澳車站和我揮別，接下來的路程只剩一位年輕的郭先生陪我跑，繼續朝目標前進。

從蘇澳車站出發不到一公里就遇到一條異常陡峭的坡道。這是自前天從東吳大學開跑將近兩百公里以來，第一次遇到真正的斜坡。我原本就擅長爬坡，加上我抱持正向思考，把它當成「有益的刺激」，所以跑起來一點也不覺得辛苦。

跑了將近四公里的上坡，之後就是下坡路了。坡頂標高約三百八十公尺，山路遮蔭多，很涼爽，跑起來很舒服。四十一公里處的瞭望台有一座大型停車場，裡面有攤販賣咖啡。我喝著一杯冰咖啡，迎面看到一位青年走過來。

他揹著大背包，身材比我還高大。我停下腳步搭話，他說他正在徒步環島，從台中出發，逆時鐘方向前進，和我的方向相反。他已走了二十二天。據說步行環島一圈需要三十七天。我們的對話很簡短，互道加油後，便分道揚鑣。

跑完下坡，到達今天的四十七公里處，進入東澳這座城鎮。擔任翻譯的林瑾君發揮了她的高超智慧，很機伶地問出這個絕讚問題。

「好熱喔，要不要喝啤酒？」

「好耶！我們來喝吧。」我連想都不用想就回答。

一轉頭，只見陳錦輝面露難色。

「哪有人跑步的時候喝啤酒，不像話。」

我和林瑾君一起使出賴皮招式，說服他說：「天氣這麼熱，可以轉換心情嘛。」最後，陳錦輝只好勉強同意了。

陪跑的郭先生馬上就要回家，於是我、郭先生及林瑾君三人一起舉起日本啤酒乾杯。這啤酒是早上從台北來參加陪跑的夫婦送的，很順口，又好喝，喝完整個人覺得好清爽。

過了東澳車站又變成爬坡。大概是啤酒的力量，我以時速十一公里的速度一口氣爬上三公里的斜坡，到了坡頂有一條全長兩公里的新澳隧道，穿過隧道後，又轉為下坡路。

再往前有一間 7-ELEVEN，幫我支援的三人想買點東西，所以我一個人先繼續前進。我忽然想到，何不趁這個時候打給在日本的妻子，於是我邊跑邊按手機。

電話剛撥通，妻子就立刻接了起來。這時間打過去，她似乎有些驚訝。

「現在剛好只有我一個人，有點想聽妳的聲音，所以……」我說完，電話那頭立刻傳來剛滿兩歲女兒的聲音。

「爸爸！你在台灣做什麼？」

「爸爸在跑步啊！怜央奈有沒有乖？」

「有，爸爸加油。我最喜歡爸爸了！」

好像才幾天沒見，她會說的話又變得更多，我聽了好高興，精神又整個沸騰起來。我從內心綻開笑容。在一天當中最熱的時段，家人的聲音宛如一帖清涼劑，讓我身心的疲勞俱消。

放下電話，一輛巡邏警車停在眼前。穿著制服的警察注意到我和補給車。

「可以和你們一起照張相嗎？」我主動發問。

他們爽快答應了，我們肩並肩照了一張照片。台灣的人真的都好友善，連警察也是。

過了武塔村，遇到今天的第三個斜坡。好不容易跑到今天的六十七公里處，以為已經攻頂了，沒想到後面還有一個更高的坡頂，直到七十三公里處才總算爬完上坡路。爬坡的途中，有條道路正在施工，就連施工的作業員也對我喊「加油！」讓我很感動。

在平日的午後，當大家都正流著汗水工作時，而我卻能夠專心沉浸在自己最愛的跑步中，使我更加珍惜目前的幸福。

開始下坡時，我向下望，和平的街景道路盡收眼底。那裡就是今天的終點。此時剩下的距離不到十公里，後面的坡道大概不會再這麼陡，應該可以輕鬆抵達目的地。

剩下四公里，陳錦輝和尖尖也下車跑步，正跑在我前面。

「好，我要追上他們囉。」

我正打算要加快速度，但不知為何，覺得腳步很沉重，無法隨心所欲往前跑，別說是要追上他們了。只見他們的背影越來越小。

「難道是我太累了嗎？」

這是環島開跑以來，我第一次感覺到身體疲憊。

至今我在單站式的比賽中，曾連續四十八小時跑完四百零八公里。但這回是頭一次挑戰每天跑八十公里以上，連跑三天，我有點被分站式跑步的疲累嚇到。我冷靜下來思考：身體會累是理所當然的事。想到明天之後的行程，現在更不應該胡亂加快速度，這樣只會讓身體累積更多疲累，絕非上策。

身體比腦袋更老實，我決定老實聽從身體發出的訊息，剩下的兩公里以時速八公里的慢跑速度跑完，在下午三點四十五分抵達終點和平國小。

今天的休息地點設在花蓮縣警察局和平派出所。我們跟值班的警察說明了環島一圈的計畫，沒想到警察卻皺起眉頭。

原來前陣子下了場大雨，兩天前從和平往花蓮的路上土石崩塌，前陣子都一直是禁止通行的狀態。這時我才想起來，昨天住在礁溪飯店時我們遇到一群騎自行車旅行的人，他們說因為土石流的影響，道路不通，只好坐火車繞過去。

警察提醒我們，雖然現在道路恢復通行，還是盡可能別過去比較好。

我點點頭，但不從那裡通過就不算環島了，我模稜兩可地回答說：「我會小心跑的。」

之後警察開巡邏車載我們到一公里外的花蓮縣消防局和平分局，這裡就是我們第三天的住宿地點，兩名值班的消防人員跑來替我們卸下行李。消防局三樓有簡易的宿舍。雖說簡易，但裡面淋浴設備、洗衣機、電視、冰箱一應俱全，沒什麼好挑剔的。只有無法連上網路這點，讓尖尖覺得有點遺憾，因為他每天都會把照片和影片上傳到這次活動的專用網站上。

沖完澡，曬完衣服後，我坐上消防局接送的車，前往今天聯誼會的地點——和平大街上的海鮮餐廳。

在場的有消防人員和警察合計七人，大伙聊著日本和台灣的文化差異，還有消防局和警察局的工作，氣氛相當熱絡。今天的宴會上沒有陪跑的跑者，所以聊的話題主要都是跑步以外的事情，非常新鮮有趣。

席間會喝酒的人不多，我只好克制自己，沒喝那麼多啤酒。真奇怪，這裡的台灣啤酒怎麼這麼好喝啊！而且那種好喝的感覺不是「燈光美氣氛佳」或「流汗過後」的緣故，是明顯的味道不同。莫非有什麼特別的牌子是只有當地人才買得到的？真相依舊是個謎。

晚上，尖尖跑去大街上的7-ELEVEN，因為聽說那裡可以連上網路。等到半夜他回來時，消防局已經上鎖了，沒辦法他只好又回到7-ELEVEN，在椅子上過了一夜。

為了達成任務，連時間都忘了，真的很感謝他這麼認真努力。

49 第四天——這次挑戰或許會成為歷史性創舉

鬧鐘設定時間是早上五點，但或許是因為昨晚睡得太早，今天早上我四點五十分就醒了過來。

今天要早點出發，因為在四十五公里附近的花蓮市公所有歡迎典禮，我們必須在十一點以前抵達。我猜今天大概比昨天還熱，決定穿上和昨天一樣的黃色T恤、短緊身褲和運動短褲。五點四十五分離開住宿地點。

開跑的時候天空昏暗，氣溫不冷也不熱，跑起來剛剛好。跑了五公里左右四周天色開始明亮，天空也逐漸開朗起來。在前半段路程，我保持時速十一公里左右的配速，跑起來的感覺非常棒。

過了蘇花公路的和仁火車站，來到清水斷崖。這裡就是昨天花蓮縣警察局和平派出所的警察提醒我們要多加小心的地方。我硬著頭皮往前跑，沒想到這條路好漂亮，從路上可以俯瞰大海，景色宜人，跑起來感覺非常清爽。

蘇花公路一路上接連出現好幾個隧道。我們在清水斷崖附近穿過這一路上最長的隧道匯德隧道（一四九三公尺）。才剛出隧道就看到一輛廂型車停在路邊，旁邊站著一名穿著黑衣的女性，她說想和我合照，我們就用尖尖的相機照了一張。我原先以為她只想和我照相而已，所以我繼續趕路，後來才知道這位女性是為了和我一起跑步才過來的。廂型車是她先生開的，車內還有一個年幼的女兒。但我完全不知情，持續以時速十一公里的高速前進，這名女性被我遠遠甩在後頭，後來知道後對她很過意不去。

剛過二十二公里處的崇德火車，我又看到那輛廂型車停在前面。林瑾君跟我說：「這裡是她們家經營的民宿。」她先生坐在廂型車中，我和他打了招呼，又和她女兒握手後便離開現場。在我後頭跟我一起跑的那位女性好像跑到太魯閣大橋就結束陪跑，之後我幾次回頭就沒看見她了。

橫跨立霧溪的太魯閣大橋全長一八〇〇公尺，在穿越大橋途中，有一名騎著機車的男性不斷用手機對著我拍照。林瑾君靠近問他，他說他被補給車上的「關家良一環台感恩之旅」這顯眼的文字給吸引住目光，覺得稀奇所以才來照相。補給車的宣傳效果果然很大。

穿過太魯閣大橋，進入新城鄉，此時才早上八點，但太陽已經很大，天氣很熱。林瑾君問我：「要不要喝啤酒？」

這個問題還可能有第二個答案嗎？

我一邊想像喝冰涼啤酒的感覺，一邊奮力在蘇花公路的筆直道路上跑著。在三十九公里處的便利商店，林瑾君的自行車已停在那裡等我。等我一到，她立刻拿出台灣啤酒給我。我們躲到陰涼處一起乾杯，一邊吃飯糰當下酒菜，一邊喝啤酒，實在太好喝了，我忍不住一口氣喝光光。

通過花蓮機場，就來到四十四公里處。我們在這裡右轉新生橋進入花蓮市區，遠遠就看得到許多高樓。感覺上，我已經好久沒來都市了。前方出現兩名穿著橘色衣服的跑者朝我跑來。

我對他們用力揮手，他們也揮手回應，我們剛好在加油站會合。

「還有兩公里就到了，大家都在那邊等你，我們帶你去。」

我跟著他們跑，前方有一個很大的十字路口，對面有許多人，還有媒體以及一般民眾約三十人左右，大家在一棟大型建築物前等著，鼓掌歡呼迎接我們。

這棟建築物叫「佛教慈濟綜合醫院」，在三一一東日本大地震時，曾捐贈高額的援助金給災區。聽到他們的說明，我立刻脫帽對相關人士道謝。在記者要求之下照了好幾張合照後，吉安路跑協會大約有十位成員和我一起出發，護送我到花蓮市公所。

兩公里後我們抵達花蓮市公所，許多市民、市公所的職員和採訪媒體在那裡迎接我。看到這景象我嚇了一跳，心想：「發生甚麼事了？」我在眾人的鼓掌聲以及市公所職員吹奏巫巫茲拉的聲援中，揮舞著雙手緩緩跑進人群之中。

市公所前面貼著一張大型橫條白色海報，正中間有日本和台灣的地圖，還貼著我的大頭照，上頭用不太流暢的日文寫著「實踐援助我的愛」。

真是一大驚喜，看來這個典禮是他們為了歡迎我們所舉辦的。花蓮市公所居然用這麼盛大的典禮對我的企畫表示歡迎及贊同，我心中無限感動。

典禮時間雖然很短，但我充分感受到大家為我加油打氣的心意，我的內心充滿了感謝。我們再度開跑時，除了吉安路跑協會的隊員，又多了十幾位朋友與我一起離開市公所。他們沿路喊著：「關家加油！」路人和店家都直盯著我們這邊看，讓我有點不好意思。花蓮朋友的盛情真的深深打動我的心。此刻我的心情非常激昂，打算接下來一定要努力的跑。

但我的身體卻開始和心情唱反調。左邊腳踝開始覺得不對勁，痛到我無法置之不理。從開跑至今約三天半，全身上下肌肉都很緊繃，這很正常，但我今天第一次感覺到疼痛，有點被嚇到。此刻我不知道的是，接下來這幾天，我的腳痛會越來越嚴重，也將成為此次環島的最大挑戰。

如果我為了保護這隻腳，改變跑步姿勢，恐怕其他地方也會開始疼痛。所以我專心保持跑步的節奏，努力做出開朗的表情。

但是這個時段的熱度實在教人難耐！

時間接近十二點，剛好是一天最酷熱的時段。日曬強到皮膚會刺痛，簡直就是灼熱地獄。「昨天以前都還沒這麼熱，看來關家先生把太陽都一起帶過來了。」吉安路跑協會的朋友開玩笑地說，我只能露出苦笑。

我對這裡的氣溫不算陌生。二〇〇八年三月初，我曾來花蓮參加過「花東縱谷國際超級馬拉松」。當時氣溫也很高，所以我大概心裡有個底，知道這個季節這裡有多熱。

但是花東縱谷國際超級馬拉松是跑山線一九三縣道，沿路遮蔭多，天氣再熱還是撐得過去。我現在跑的台九線在內陸，穿過花蓮市區後，再也沒有高聳建築物和森林遮蔭，酷熱程度遠遠超過當年。

通過吉安火車站後沿著鐵路前進，四周景致沒有變化，一條筆直道路向前延伸，連讓我分心的事物都沒有，精神上也覺得疲累。與我陪跑的吉安路跑協會的其中一名成員頻頻用相機照我，我也不斷擺出我的關家招牌姿勢，只有這時候可以讓我分心。

途中，補給車偶爾會從對向車道掉頭往回開，在我們前面停下來。坐在車上的林瑾君以及她的自行車夥伴們約十人，不時出聲替我們加油打氣。當時我感到很吃力，聽到他們的加油，多少讓我打起一些精神。

過了豐田火車站，天氣忽然轉為陰天；到了七十公里處，開始下起小雨。我忍不住心想真是「天降甘霖」。但左腳踝的痛楚越來越明顯，我依舊忍著痛，繼續向前跑。

七十四公里處是新光兆豐休閒農場，在那裡我看到方才在典禮上認識的慈濟大學王文炳教授。吉安路跑協會的朋友們在這裡結束行程。我們在停車場上合照了好幾張相，我在他們的帽子和衣服上簽名，一一道別。

這裡離終點還有二十公里，教授說要陪我一起跑。在綿綿的細雨中，我們兩人緩緩往前跑。

聽王教授說，台灣現在正掀起一股馬拉松熱潮，跑完百馬的跑者已經超過兩百人，他自己也跑完九十一次，再過幾個月就會達到一百次。他也曾去日本參加過幾次比賽。很快地，我們兩人便熟稔起來。

他對我這項計畫相當讚賞，對我說：「我聽說你是首位挑戰台灣環島跑步的外國人，這是一項歷史性的挑戰。」

他接著建議我：「有些挑戰過環島跑步的跑者，在跑到南部的時候，會在日正當中時待在屋內休息，選擇涼爽的時段跑。台灣南部異常酷熱，你可以參考看看。」

的確，假使只有我一個人跑，我也很想這麼做。但現狀是，既然已經邀請各地的跑步團體「大家一起來跑」，加上我本身又期待能和多一點跑者共跑，所以不能為了配合我個人的需求而改變整個行程。我想台灣過去恐怕從未有挑戰者像我這樣，和那麼多跑者一起跑步環島。從這個層面來看，這次的挑戰或許真的會成為歷史性的創舉。

抵達八十一公里處的鳳林火車站時，王文炳教授提議暫時先離開台九線，改從市區通過。「哪條路比較近？」我問，他說從市區通過比較短，我不假思索贊成。若我的腳踝沒有問題，或許還會刻意選擇遠一點的路。我發覺自己的心態似乎越來越消極了。

到了八十五公里處的萬里溪橋附近，花蓮縣消防局富源消防分隊的李逢榮先生開車來接我，他到達之後的第一件事，就是下車和我們一起跑。他跑在我們前面，速度相當快。我因為腳傷使不上力，盡全力也只能跑到時速八點五公里。

下午四點四十分，我們抵達光復火車站。小雨持續下不停，這一天，我只覺得疲憊不堪。

關家祕技

【請問你剛開始跑步的動機為何？為了好玩？還是減肥？】

我二十五歲的時候，很在意肚子周圍囤積的脂肪，所以剛開始跑步的目的是為了減肥。

但減肥這個目標太不具體了，無法持久，所以我開始參加馬拉松賽，希望能讓跑步這件事變成我的目標。結果沒想到不但跑得很開心，還恢復了苗條的體型，真是太幸運了。

市面上出版很多種減肥書，但不管你用哪個方法，持之以恆才是最重要的。沒有一種方法是一朝一夕就能成功。

假使你想要持之以恆地做一件事，「好玩」的感覺很重要。

以我來說，「我的動機是減肥，但跑步是好玩的手段」。

任何一個起心動念都有可能變成人生的轉機。

希望我們都能珍惜這種一生僅有一次的緣分。

50 第五天——劇痛

早上四點半，我一起床，就不能動了。

原因是我的左腳。昨天腳踝疼痛處敷著消炎貼布，但更上面一點，也就是小腿的部分又紅又腫。

「慘了……」

我昨天一直在意腳踝的疼痛，但其實腳踝的痛是從小腿延伸出去的，我很後悔自己沒檢查仔細。事到如今，再後悔怨嘆也沒用，只能想辦法用這樣的腳繼續跑了。我趕緊找陳錦輝共商大計，他從急救袋中取出消炎軟膏塗在我的小腿上。除此之外，我還吞了自己預先準備的止痛藥，抱著祈禱的心情換上跑步裝。

五點十五分走出房間，昨天的小雨依舊下個不停。我來到停車場，與昨晚趕來住宿的跑者楊鴻輝和胡榮清會合。他們兩人特地從新竹過來，今明兩天要陪我一起跑。

六點整，我們在小雨中從光復火車站出發。我左腳的小腿和腳踝幾乎是從第一步就開始痛起來。我不希望自己的身體配合這隻腳而改變跑步姿勢，於是故做若無其事，保持一定的速度。過了五公里處，雨勢稍大，幾分鐘後，又變回小雨。天氣不冷，回想起昨天的酷熱，就覺得這場雨下得真舒服。

我的媽呀，腳的疼痛斷斷續續，想些別的事情能使我轉移注意力，暫時忘記疼痛，所以我刻意逼自己去想其他事情。到了十八點五公里處，我們離開台九線進入瑞穗市區，我順道去上廁所休息。回到補給車上，陳錦輝已經拿著消炎藥膏等我。他看我腳上綁著綁腿，神色有點不安，並建議我說：「不要把腿勒得這麼緊，最好把綁腿脫下。」

我照他說的把綁腿脫下。綁腿纏住的部分腫得好大，腳踝的部分已經僵硬了。我穿綁腿是為了保護腳不要繼續腫大，但現在考慮到小腿和腳踝的疼痛，不能再這麼做。陳錦輝在我的左腳上替我塗消炎軟膏，陪跑的朋友看到這副景象，也都面露擔憂，我刻意開朗笑著說：「這沒事啦。」

再出發時，我們進入一九三號縣道。這是一條悠閒寧靜的鄉下道路，人煙稀少，偶爾路上遇見的路人都對著我們喊「加油！」跑起來很舒服清爽。到了四十公里處，有兩位台東縣超級鐵人三項協會的跑者向我們跑過來，我們互相揮手會合。

「前面五公里有一間 7-ELEVEN，我們在那裡休息吧。」有人喊著。

我記得很清楚，那間 7-ELEVEN 是花東縱谷國際超級馬拉松賽的出發地點。二〇〇八年的那場比賽我獲得勝利，我記得最後的五公里跑起來的感覺就像是勝利繞場一般，開心極了。我一邊回想當時的景象，一邊振奮心情往前跑。

十一點前，我們抵達四十五公里處的 7-ELEVEN。台東縣超級鐵人三項協會的朋友準備了海尼根啤酒。我心存感激地喝了一瓶，冰冰涼涼的很好喝。經常保持機警的陳錦輝這時跑過來，再度替我塗消炎軟膏。以我腳的狀況，任誰一眼看到都知道事情不妙。

休息約十五分鐘，雨又開始下，只能說運氣不好，但也沒辦法，只好繼續淋著雨跑下去。到了東里火車站附近，有一間加油站的附設餐廳看起來很眼熟，餐廳前有一名大叔一看到我們就用力揮手，叫我們過去。我立刻回想起來，二〇〇八年在比賽的前一天晚上，我曾來過這間餐廳吃晚餐。這位大叔就是餐廳的老闆，我上前和他握手，彼此為了久違的重逢興奮不已。

進到店裡，老闆對我說：「你那時就是坐在這個位置吃飯，還喝啤酒對吧。」老闆記得還真清楚。他請我在牆壁上簽名，我大大簽上自己的名字。這次的重逢雖然很短暫，但我真的很高興。

在加油站上完廁所稍事休息後，再度出發。民房越來越少，景色也愈趨單調。跑到現在將近六十公里，累積了不少疲勞，我又開始在意起左小腿的疼痛。這股疼痛帶給我極大的麻煩，我眼前不斷出現金星，向來引以為傲的意志力也開始叛變了。

就在這時候，可愛的尖尖做了一件事，讓我永遠感激他。

他從補給車內探出頭來對我說：「送給你一個禮物。」隨後緩緩唱起歌來：And I……I, I……will always love you……you you you……

三個星期前，四十八歲的歌手惠妮休斯頓驟逝。尖尖用他快要破掉的嗓音努力模仿著那段高音，滿臉通紅唱著。

看到他這樣子，我簡直要現場倒地，爆笑打滾起來了。先不管歌唱得好不好，我確實感受到他的心意，我的心情也重新提升了。

大家都這樣替我加油，不好好跑怎麼行……

心情變得輕鬆起來，陽光也出現了，隨後又轉為陰天，我們也跨越七十一公里處的縣界橋，和花蓮道別，進入著名的米倉，台東縣池上鄉。鎮上到處可見米店的大型看板。七十八公里處，我們橫越卑南溪上的池上大橋，前方出現一輛警車，一個警察站在車外。他看到我們，就對我們揮手，目送我們離開。

讓我意外的是，那輛警車竟然緩緩跟在我們後頭，在最後五公里護送我到終點。雖說我覺得這種方式太抬舉我，但同時又覺得很光榮，是我從沒體驗過的榮譽，太謝謝你們了，波麗士大人！

我今天一整天都在擔心腳的狀態，但照目前情況看來應該可以順利抵達終點。到這裡我才真的鬆了一口氣。怎知才一鬆懈下來，腳又開始痛，最後這一段路只好和昨天一樣減慢速度了。

今天夜宿關山，進入市區後沿路的店家有好多人替我聲援，我們幾個跑者互相牽手，高喊萬歲，用走的抵達終點關山火車站。時間是下午三點五分，以八十三公里這麼長的距離來說，算很早到了。這也代表今天的速度還滿快的，總之平安無事跑完就好，我暫時鬆了一口氣。

大家分別坐車前往離關山火車站七公里遠的台東縣超級鐵人三項協會會長吳宏達先生的家。會長家佔地不是廣大可以形容的，而是巨大。進入客房沖完澡後，我用冰塊冰敷左腳小腿。早上跑步的時候左腳還能像平常一樣站著，可是現在整隻左腳變得很僵硬，走路也得拖著。跟昨天跑完相比，腳的症狀似乎更加惡化了。

我讓陳錦輝仔細檢查我的腳，他是個有豐富經驗的跑者，腦中儲存的資訊量相當驚人，他說他參加二〇〇九年縱歐超馬時也看過很多跑者有相同的症狀，叫我不用擔心。聽他說完，我放心很多，如果這個曾經在歐洲以六十四天內跑完四千四百八十八公里的選手有信心告訴我沒事，那我就真的沒事。

今天因為很早就抵達終點，所以從傍晚到晚上有一大段時間可以利用，這點對我幫助很大。原因是，除了左腳在痛、右腳長出一顆大水泡等狀況之外，另一件讓我擔心的事就是我鞋子的磨損速度過快。

有些跑者是看慢跑鞋的外底磨損程度，來決定是否替換鞋子。我的話，如果看到中底露出來，就直接換新鞋子。平常練習的時候，大概跑六、七百公里左右我就會換一雙，沒想到這次帶來的鞋子只穿兩天就中底外露。

難道是這種鞋子太便宜的緣故？抑或我的跑法太常摩擦地面？不知道，但照這樣下去，一雙鞋如果穿三天就得換，我這次只帶了三雙來，意思就是跑到第九天後就會沒有鞋子可穿了。

我把這件事告訴台東鐵人三項的吳宏達會長，問他附近有沒有賣慢跑鞋的運動用品店，他說關山火車站附近有鞋店，吃完飯後可以順道帶我過去。

但那間小鞋店沒有賣一流品牌的慢跑鞋。迫不得已，我只好買了一雙合腳的八百塊台幣的鞋子，當作「緊急備用」。

另外，我從日本帶來的止痛藥也快用完了。和吳會長討論後，他說他有止痛藥，於是我跟他要了十天份的膠囊。

這些止痛藥，在接下來的幾天發揮了極大的功能，幫助我撐過路途上許多原本不可能撐過的場合。謝謝你呀，吳會長，你真的是幫了我一個大忙。

51 第六天——腳痛或許是神的旨意

早上四點四十分，被鬧鐘叫醒。

離開床鋪，腳一碰到地板……哇！啊！我的媽呀！左小腿怎麼痛成這樣！

我跟陳錦輝要了消炎藥膏塗。穿襪子時，怕纏太緊對腳踝不好，所以請他用剪刀剪開襪子的鬆緊帶。左腳腫得比昨天更大，所以鞋帶也綁得比較鬆。

天氣預報說今天是高溫的天氣，我把臉和手、腳塗滿防曬油。衣服則是穿上和昨天相同的黃色短袖T恤。

五點三十五分我們從住宿地點出發前往關山火車站，車站前已經聚集十幾位朋友，台東縣警察局關山派出所的巡邏警車也停在那。當地民眾一定覺得奇怪，到底發生了什麼事？

六點零五分天色漸亮，我和六名跑者一起從關山火車站出發。果然不出所料，左腳小腿疼痛程度不斷上升。但我昨天已經在腦裡預想過一遍這種情況了，所以我面不改色，保持微笑繼續跑。

接受眼前狀況，客觀檢視自己，盡自己所能盡的最大努力。

這是我自己從長年跑超馬的經驗中所磨練出的信念。這句話同樣也可以拿來當作人生的教誨。說不定我的腳痛是神賦與我的考驗，是神為了測試我有多大能耐。若是如此，我更不能輕易屈服。我鬥志高昂，下定決心一定要跑完，腿斷了也在所不惜。

換個想法：跑到今天，我不單是小腿，而是膝蓋、腰部等許多地方都在尖叫著疼痛。多虧了左小腿的劇痛，讓我不用去注意身上其他地方的痛苦。我把左小腿的疼痛，正面解釋成是「神依附在我腳上」，所以我還應該對小腿的疼痛表達感謝呢。我相信正向思考是打破僵局的關鍵。

這種想法也表現在我的跑步和行動上。沿途只要鏡頭對著我，我就會誇張地比出關家pose，向前伸出食指，做鬼臉逗大家笑。當自己和周圍的人都笑開時，自然就忘記疼痛了。

從出發到穿過關山市區的這五公里，我們都是採取補給車前導，跑者在中間，巡邏車在後護衛的形式，大家把我照顧得無微不至。這時候，不知是腳的症狀和緩了，還是麻痺了，抑或習慣了，我幾乎感覺不到左小腿的疼痛。

在十一公里處我們離開台九線，開始爬坡。坡度相當陡，約持續了四公里，我以時速十公里左右的速度暢快前進。剛爬坡時，碰巧開始下雨，到了山頂附近，忽然變成傾盆大雨，跑下坡時沒多久雨就停了，大概是因為山上有些雲層比較低，堆積在那裡的關係。

快到山腳下，約在十七公里處，警察跑步團體「警愛跑（台東）」的兩位朋友和我們會合。我們再度回到台九線，天空開始放晴，而且越來越熱。真不是蓋的，東台灣的豔陽實在很猛，猛到連我的太陽眼鏡都被打敗了，它哀嚎著說，它再也沒辦法過濾更多陽光了。

通過三十二公里處，看到前方加油站旁有個開闊的停車場，裡面聚集了約三十人。「該不會是……」正當我這麼想時，只見跑在身旁的楊鴻輝對著我微笑並用力點頭表示沒錯。他們是台東慢跑的朋友，預定今天陪跑台東行程後半段。我們靠近後，彼此互相揮手，在大家熱烈的鼓掌和歡迎的氣氛中會合。會合後，要求簽名和合照的請託讓我手忙腳亂，現場氣氛相當熱烈。

有十五名跑者和我一起從停車場出發。一位稍微年長的男性用生澀的日文對我說：「關家先生，我們一起慢慢跑吧。」

「好啊，天氣這麼熱，我跟在你們後面跑吧。」我回答。

他的雙親受日本教育，所以他也會說點日文。我看到對面馬路的住家庭院裡懸掛著日本國旗。不知道是開玩笑的還是認真的，於是就問他到底怎麼回事。

「因為大家知道你來台東，所以特別掛日本國旗歡迎你呀。」

這麼好！

進入台東之後，警愛跑的張文輝先生設置了休息處，桌子上排著許多紙杯，在這盛夏的太陽下，這攤位真如同一場來得正好的及時雨。我單手拿著水瓶往前跑，台東慢跑的王牌陳俊宏陪在旁邊跟我一起跑，並頻頻對我示意，要我把水瓶給他。他一直對我說：「我來拿，關家先生專心跑就好。」

這就是足以讓我深深感激的台灣人情。假如他是支援的工作人員，那讓他拿水瓶或許也不算太過分。不過，他和我同是流汗跑步的跑者，怎麼能讓他拿呢！我一直說我自己拿就好，但方才那位年長的男性和台東慢跑的陳茂盛會長不斷勸說。到最後，這個水瓶還是交到了陳俊宏這位跑步高手的手上，由他幫我拿。

依我的個性，我本來會堅持拒絕麻煩別人。但現在因為我的腳出了狀況，連帶使我個性也變得更隨和，好吧，你們堅持要幫我拿水瓶，那就麻煩了，謝謝。我也再次深深體會，腳痛果然是出自於神的旨意。

抵達今日的四十七公里處，我們在便利商店做一次大休息，一停下來小腿的感覺就更痛，比跑步的時候還痛。我請陳錦輝幫我塗消炎藥膏，又吃了止痛藥。一位台東慢跑的朋友不曉得我出了什麼狀況，跑過來一派輕鬆問我：「被蚊子咬了嗎？」這句話給了我靈感。我想，用這個想法騙自己，說不定反而心情上會輕鬆一點。

開跑之後沒多久我們通過知本橋，看到右邊遠方有許多大型旅館。進入太麻里鄉，一行人依序穿過三和村，左邊看見一片湛藍的海。我已經兩天沒看到海了。這裡的海和清水斷崖的海顏色完全不同，與其說它是藍色，不如說更接近祖母綠，景色非常壯觀。

「哇啊——」我高舉雙手大叫，大家都笑了。這簡直就是給在炙熱陽光下奮鬥的跑者最好的獎賞。沿海的道路不時吹來舒適的風，我覺得整個人都甦醒過來了。

我們在視野遼闊的沿海道路上跑了一陣子。越過北坑陸橋後，忽然變成陡峭的上坡。我原本就擅長爬坡，加上上坡對腳的衝擊較少，我忘了疼痛，速度分配比在平地還快。我以時速十一公里左右的速度，持續跑完約兩公里長的上坡，能跟上我的，只剩翁福俊先生跟台東警愛跑的成員等人。到了坡頂，忽然又變成一公里長的陡峭下坡。下坡會增加對腳的衝擊力，我無法跑太快，時速大約掉到十公里。幾位陪我跑的朋友們，今天看到我對上下坡的配速差異應該會嚇一跳吧。

進入太麻里後我們暫時離開台九線，走市區。到鎮上的便利商店做大休息。從十七公里處同行的台東警愛跑兩位朋友在這裡結束陪跑。兩人跑得滿頭大汗，臉被曬得紅通通的。

回到台九線，經過香蘭村，又開始爬坡。這段路我一邊舉水瓶喝水，一邊宛如田徑隊的學生在夏天集訓一般集中精神跑步。這個區段的左邊是海，右邊是山，陰涼處多，還有風吹，感覺很舒服，讓我不斷湧現「跑者的愉悅感」。

台九線一路上每過一公里路都會設置一根標示距離的綠色路標，我今天的終點是在路標四二八公里附近。我一邊查看，一邊倒數。離開金崙部落後雖然整條路變得狹小，而且上上下下不斷起伏，但是這條路沿著海岸延伸，位置不錯，所以跑起來很暢快。跑友們在途中設置了好幾個補給站，我只快速補充飲食，基本上腳都沒停下來，一直跑下去，因為只要一停下來左小腿就開始痛。下午三點三十分，在八十五公里處抵達終點加津林。

抵達終點後，我和大家握手分享喜悅，互道辛苦。特別要感謝陳俊宏，他一路上手拿著水瓶陪我跑了五十公里。我向他點頭道謝。多虧了他我才能集中精神跑到最後。真的非常感謝他。我們在終點的紀念碑前照完相後，立刻躲到陰涼處，坐下來乘涼。台東慢跑的成員中有一個人是東吳大學畢業的，他對我讚聲道：「You are hero！」

和昨天一樣，跑完後我的腳立刻宣告僵硬，它吵著要退休，左小腿脹痛不斷擴大。抵達旅館後，我必須拖著腳走路，爬樓梯也是，如果沒有扶手就無法爬上爬下。進房間後我立刻在浴缸放熱水，想好好泡個澡。但那隻發腫的腳不斷吵鬧著，它不想下水，泡澡時只好把腿抬高，擱在浴缸邊緣，小心不要碰到熱水。

洗好之後站起來在洗臉台看到自己的臉，差點認不出來，我簡直是黑炭一樣的顏色了。脖子附近好像有曬傷，防曬油應該是被汗水洗掉，防曬效果不好。泡完澡後，我立刻用冰塊冰敷左小腿，並請陳錦輝幫我處理長在右腳拇趾尖的水泡。他很熟練的拿打火機把一根針烤熱，往患部一刺，水流出來。一旁的尖尖看到此景，整張臉都皺在一塊兒，彷彿在說「好痛」。

晚餐就在旅館的餐廳吃。台東是米鄉，這裡的白飯很好吃，我吃了四碗半。我們一邊喝著啤酒，一邊聊天。有句老話說，吃飯的時候不要和客人聊政治，結果我們今天晚上什麼沒聊，居然就只有聊政治。

席間我說，我對於日本政府的態度感到很不滿意。東日本大地震後都過了一個月，日本前首相菅直人為了向世界各國支援賑災表達感謝之意，在國外的報紙刊登廣告，卻竟然獨獨遺漏台灣。台灣比全世界任一個國家所捐贈的援助金還多，許多日本國民都對這件事感到憤怒。大家越來越有共識，既然政府不做，我們民間自己來做。而我開始思考自己能做些什麼，才想到長跑環島的計畫。不過假使當時政府明白事理，有禮貌，對台灣做出回應，那我也沒有機會來台灣環島跑步了。

說著說著我火氣都上來了。日本這些政客，每天埋首在政治算計，連做人的基本禮儀都不懂，希望他們能好好反省。

52 第七日——神啊，再給我吃止痛藥啊

今天一大早就心情鬱悶，因為我昨晚發表了一大堆政治感言之後，回房間竟然沒有準備好行李和今天要穿的衣服，所以一起床趕緊著手準備。加上今天左小腿比昨天早上還痛，實在高興不起來。

我比集合時間稍晚來到大廳，大家都在等我一人。

「我的腳比昨天還痛哪！」這是我告訴陳錦輝的第一句話。

「跑跑看才知道。」他若無其事地回答我。

沒錯，繼續說些喪氣的話，也不會讓我的腳變好。跑吧！今天是台灣環島十三天中里程最長的一站，總共有九十五公里。今天不只距離長，還有許多連續上下坡。林瑾君一開始就選擇坐在車上，有位幫我拍照的王賜斌先生也帶著相機與我同行。

開跑後第一秒，我的左腳馬上感到劇烈疼痛，心中想著「糟了」，我瞬間著急起來。只好暫時先忍耐一下，沒多久疼痛開始麻痺，跑了幾公里後就習慣了，逐漸不去注意到疼痛的存在。

往左看，朝陽升起在海岸線的白雲上。看來今天也會很熱喔。我昨天被熱到怕了，今天戴的帽子附有防曬的布簾，上半身則是穿白色長袖T恤，可以減少肌膚露出。但小腿的部分因為腫起來，不能有束縛，所以改穿緊身短褲。這頂有防曬布簾的帽子是去年為了參加美國惡水超馬賽買的，是盛夏時的必備道具。在惡水超馬賽氣溫達到五十度的酷暑中，這頂帽子可說是寶物。這次來台灣，只是以防萬一帶來，沒想到在三月上旬的台灣居然用上了。我實在太小看台灣南端的酷熱程度了。

從十四公里處的達仁開始，我和百信建材慢跑隊的朋友們以及跑者羅維銘告別了海岸線，進入內陸，開始真正的爬坡。我留意不讓自己加快速度，盡量跑在團體當中。爬坡時，雲層漸漸變厚，天氣轉涼，我不禁加快速度跑在最前方，隊伍也被拉成一列縱隊。

這裡是這次環島行程中最為陡峭辛苦的一段爬坡，又陡又長，最高處標高四百多公尺。過了二十公里處開始下小雨，雨勢逐漸變強，隨後在岔路邊看到路旁有六、七個人在建築物的騎樓下躲雨。我們一靠近，他們馬上對我們揮手打招呼，等到更靠近時，可以看見旗子上的字寫著「潮州慢跑協會」。

當初規劃環島路線時，原以為今天是星期一，加上距離又長，應該沒有跑者會陪跑，沒想到那麼多人願意放下工作集合在這裡，我真的很開心。

從這條分岔路開始，我們離開台九線進入一九九號縣道，之後都是連續下坡。沿途不時可以從山間眺望到太平洋的景色，真是漂亮極了。通過三十七公里處的東源池，天空開始放晴，曬到太陽後開始覺得熱。

通過四十公里處的分岔路時，已經花了四個小時又二十分。從這裡以後變成面向大海跑，連續下坡八公里。越靠近大海越覺得熱，原本大家氣氛一片和樂融融，到了這裡漸漸地大家開口說話的次數也減少了。這裡連小商店都沒有，也不知可以在哪裡休息。接著我們轉往沿海的台二十六線，此地更是荒涼，真的可以用完全沒有人煙來形容，只散落著幾座軍事設施。

陪跑的跑者漸漸落後，身邊只剩下跑友許智慧先生和另一位朋友。許智慧和昨天的陳俊宏一樣，搶著要幫我拿水瓶。明明大家都一樣累，但台灣人真的很體貼別人，很多人都會把自己的事擱在一邊，一個勁幫助別人。為了報答大家的善意，我一定要好好努力跑步。而我今天完全沒有抗拒，就直率地接受他的好意，把水瓶交給他。

好不容易看到眼前出現了補給車，停在路旁的樹蔭下。有一對夫婦開著藍色小貨車支援我，那位太太做了蔬菜飯給大家吃，實在太好吃了，我連吃兩碗。另外，天氣實在是太熱，趕緊補充大量水分。

休息完畢之後，我和許智慧、羅維銘兩位跑友繼續前進。三個人沒說太多話，默默地跑。但天氣實在太熱，速度上不去，只好減速到時速十公里左右，以我當下的身體情況無法勉強，我盡量不去想速度的事，心平氣和慢慢往前跑。到了今日進度的五十六公里處，是個名叫港仔的地方，終於出現了民家。太好了，文明出現了！感覺這裡應該會有商店。果然就有一位年長的伯伯照顧著一家小小的店，我立刻一口氣喝完一瓶台灣啤酒。

台二十六線直接穿過港仔這個城鎮，之後轉往縣道二〇〇號，再次進到內陸。從這裡開始又是一連串上坡下坡。過了七十公里處我實在受不了，想起前天從台東縣超級鐵人三項協會的會長吳宏達那裡拿的止痛藥很有效。繼續吃藥吧，吃藥可以讓我從討厭的疼痛感暫時獲得解脫。

進入滿州，潮州慢跑協會的朋友們在這裡結束陪跑，大家互道珍重。跑友許智慧今天要陪我跑到最後，兩人慢慢朝著終點前進，還剩下十四公里。一面跑不知不覺腳步快了起來，每當我們通過路旁標示公里數的路標，都會齊聲大喊：「還剩下X公里。」在八十五公里處的海墘大橋前，有一位早上無法同行、同是潮州慢跑協會的朋友和我們會合一起跑。我們三個人再度回到台二十六線，朝著終點墾丁前進。

「剩最後十公里了！」我大聲喊出來，想要鼓舞大家。其實最需要鼓舞的是我。跑到現在，感覺腳的狀況還不錯。在今天行程的八十七點五公里處，又看見美麗的大海，天氣依然晴朗，下午四點多，日照變得和煦，已經不會覺得那麼熱了。接著是艱難的爬坡，我們三人互相點頭示意：「最後五公里了。」之後通紅著臉，咬著牙跑上這道爬坡。

怎知人生的計畫趕不上變化，攻頂之後心情才稍微鬆懈下來，林瑾君就講了一句讓我很錯愕的話。

「還有十四公里，加油！」

「耶!?不是只剩四公里嗎？」我立刻這麼回覆。我確定她搞錯了，因為我那隻有GPS功能的手錶上清楚顯示九十一公里。

「等我一下。」她拿起電話，打給這次台灣環島計畫的主辦單位中華民國超馬跑者協會做確認。這段時間，我們三人邊喝水邊走，沒多久她把腳踏車騎到我身邊。「關家先生，真的還有十四公里沒錯，聽說是他們那邊計算錯誤。」

「什麼！算錯十公里？這樣今天要跑的總距離不就超過一百公里了！」我只能苦笑面對這場人生挑戰。

「要在原本預定的九十五公里處停下來嗎？」林瑾君問。

「可是這樣明天的距離會增加十公里耶。我現在還撐得下去，許智慧，你可以嗎？」

許智慧連說了兩聲OK。我實在佩服他，他也跑了將近八十公里，仍然毫不猶豫跟我跑到最後。網路上常有人拿一個字來形容某一天或某一年，若是我的話，今天可以送他一個字：

勇！

我再檢視一下自己的情況：很久沒有感覺到，跑到後半段還能跑得那麼順。我心想，跑到最後應該沒問題。於是轉換個心情，積極面對這個事實，不要抱怨，決定好好享受最後這多出來的十公里。

開跑吧！我們在九十七公里處通過鵝鑾鼻，這裡是台二十六線的最南端，從這裡以後就會變成在台灣島的西岸奔跑了。和東岸相比，這裡的建築物、人、車流量簡直是壓倒性的暴增，隨處都看得到觀光巴士，到處都是穿著具夏威夷風格的觀光客，和東海岸的景色完全不同，完全就是度假勝地的感覺。在土產店和餐廳林立的大街上左轉，我們終於看到了今天的終點，真正的終點——墾光會館。大家排成一列，高舉雙手，在歡呼聲中抵達。時間是下午五點四十分。一百零五公里跑了十一個半小時。平均算下來，今天的速度相當快。

環島分站當中，里程最長的一站既然已經跑完，我放心許多，心情比之前來得昂揚，開朗的表情全被大家照下來納入照片中。

晚餐時腳實在太痛，所以就隨便找家看起來順眼的酒吧簡單解決晚餐。一邊吃的同時，我跟大家吐露一件我掛心的事，就是關於最後一天，三月十一日的行程。

這次的「關家良一環台感恩之旅」計畫，每天早上的出發時間都設定在六點，但都沒有設定抵達時間，因為我把和台灣朋友交流這件事放在最優先順位，一面衡量腳的狀態和身體狀況，一面改變配速，所以沒有明確的預定抵達時間。

但最後一天因為抵達終點後還要參加典禮，預計當天最晚下午一點半必須到達東吳大學，所以必須明確訂定時間。

我估算了一下，最後一天的出發時間為早上五點鐘，距離為八十公里，等於說我必須在八個半小時內跑完八十公里。考量到今天為止的七天內，我未曾有一天能在這麼短的時間跑完八十公里。況且，最後一天要跑進台北市區，一定是人潮擁擠，車流量和紅綠燈也很多，無法隨心所欲跑步。加上我的腳狀況不好，更加深我的憂慮。

我這個人向來是樂觀性格，總認為「船到橋頭自然直」。若是碰到其他的事，以我的樂觀性格一定都是抱著「事情總會解決的」心態來看待。但是現在的狀況是要在三月十一日下午一點四十六分，也就是一年前東日本發生大地震，日本時間下午兩點四十六分這個時間前準時到達會場，因為典禮之後緊接著要進行一分鐘的默哀。

而我也很堅持要完成這件事。

全日本也預定在這個時間，進行全國性的默哀典禮，剛好我們可以共同經歷這段時間。我想這麼做更能夠將日本和台灣的心意連結在一起。

我將這件事告訴支援人員，希望最後一天的出發時間可以提早一個小時。他們理解了我的想法後，接著就是電話和訊息不斷發散，林瑾君先打電話給中華民國超馬跑者協會，協會諒

關家祕技

【請問你如何處理受傷？例如起水泡、肌肉痠痛等等。】

處理受傷最好的方法就是貫徹「適度的休養」。

很多有一定程度的跑者習慣認為「休養＝惡」，所以即使身體疲憊不堪或哪裡出現疼痛，他依然繼續跑。我看過太多例子，通常這種時候最容易引起傷害。

比賽的成績越好，越要注意自己的身體狀況。有時候自己感覺情緒很高昂，但其實身體已經很疲累了。這時候「你一定要強迫自己」，好好休息。

如果怕長水泡可以塗凡士林，效果不錯。每個人長跑到一定的距離後，一定會長水泡，這是無法避免的事。最近，我只要遇到比賽就會做好心理準備，把長水泡當成「理所當然」的事。

肌肉痠痛是長跑時不可避免的現象。如果你能在比賽前數週，挑選一條上下坡較多的跑道跑，故意先引起肌肉痠痛，在正式比賽中你的痠痛就會減輕。

肌肉痠痛和受傷不一樣，想要減少痠痛，最好的方法還是休養。

解後又散播消息，將已公開的出發時間改為四點三十分。

這餐當中我吃了四碗飯，要吃第五碗的時候突然一陣噁心，跑去廁所吐。吐完後我仍學不乖，再度挑戰第五碗，又覺得身體不舒服，衝去廁所吐。吃下去的東西馬上就吐出來，這是我從未有過的經驗。身體果然是最誠實的，也證明我的身體從開跑至今，累積太多疲勞了。

53 第八天——感謝的心意加深人與人之間的羈絆

早上起床後，左小腿的疼痛還是老樣子，我不特別訝異，倒是昨天左腳拇趾和食趾之間新長出來的水泡讓我覺得不太舒服。現在來不及處理，我先塗上凡士林減少摩擦，盡量讓它不要再惡化。

今天我特地在肌膚裸露處確實塗滿防曬油，這裡是南台灣啊。

六點零二分開跑，左小腿還是痛如刀割，左腳疑似長水泡的部分更是覺得劇烈疼痛。但我從這兩三天的經驗學到一件事：「忍耐五公里，疼痛就會麻痺沒感覺。」我告訴自己，關家良一先生，請你今天不要太神經質。

果然，不到五公里左小腿和腳趾就麻痺到沒感覺了。

今天天氣比昨天更好，更晴朗。台二十六線北上幾乎是完全平坦的，沒有上上下下的斜坡，視野亦佳，很好跑。到十九公里處的車城為止我幾乎沒有停下來，時速都維持在十公里左右。這時候我看到路邊停著一輛車，一位男子站在車子前方，拿著單眼相機對我們拍照。我們經過時他對我們招手，拿出堆在貨架上的寶礦力水得和一種叫蓮霧的水果給我們吃。這名男子叫蔡文卿，從網路得知我們今天會跑到這附近，所以才特地過來。他自我介紹的時候提到，他在網路上的暱稱就是今天拿給我們吃的「蓮霧」。這位蓮霧先生一邊照相，一邊在沿路替我們設置補給站，並從五十公里以後和我們一起跑，充分享受這個活動的樂趣。受到他的鼓勵，我不知不覺時度加快到十一公里左右。今天從前半段開始就不覺得腳痛，跑得很爽快。

抵達今天的三十三公里處，我們離開台二十六線進入台一線，這就是著名的縱貫公路了。這條路的概略雛形，從台灣日據時期開始建立，當時叫做「縱貫道」。我目前所在的位置，就是台一線的最南端，跑了一下之後看見道路中央分隔島的距離標示為「四六一・五」。換句話說，到台北還有四百六十幾公里，雖然我們不是一直沿著台一線跑，這個距離多少會有誤差。不過這至少讓我心裡有個底，知道我們離終點還有多少距離。

進入台一線沒多久，我們就在楓港的便利商店做一次大休息。

休息時，便利商店的女店員靠過來，遞上一本書給我說：「請幫我在這裡簽名。」書名是《祕密》，書裡的第八十七頁說：「……感恩的力量勝過其他一切。如果在這祕密的知識當中，你只想做一件事，那麼就去『感恩』吧，直到它成為你的生活方式為止。」

喔，原來如此！我一心一意策畫這次的環島挑戰，主要就是為了感謝台灣人對日本地震的支援，同時對那些使我不斷成長的台灣朋友們，誠摯表達我的感謝之意。或許就是這份感謝的心意，促成了人與人之間的邂逅，加深了彼此的羈絆，我自己也獲得成長。若是如此，這本書的作者想傳達的想法，現在正好具體表現在我身上。

經過二十分鐘長時間的休息後，我們又開始跑。沒多久，在新楓港外環道的立體交叉道附近，我看到一個跑者往我們這邊跑過來。從他身穿T恤和運動褲等專業的跑步裝備判斷，他應該是來陪跑的。

果然，他叫陳炳彰，也是看到網路上發布的訊息才趕過來的。他胸前貼著手工製的布條，用日文寫著「日本加油」，陳炳彰先生似乎也想藉由跑步傳達訊息給日本災區。

比起直接為我的計畫或我本身加油，他為日本災區加油的訊息更使我感動。

我這次的行動並非受到日本公家機關的請託，完全是出自個人意願舉辦的，但我內心抱著「代表日本人」的自覺與氣概，所以當我知道有人對我的態度產生共鳴並且替我加油，真的讓我相當高興。我想，人的心意就是這樣一個接著一個串聯起來的吧。

在四十二公里處，我又看到四位跑者跑過來。他們穿著「關家良一環台感恩之旅」的紀念T恤，所以我立刻知道他們是陪跑的夥伴，我們就在他們的護送下繼續往前跑。不久，前方又出現了約有十來位打算陪跑的跑者在等候，跑者們分屬六個不同的當地團體（里港慢跑、百信建材慢跑隊、屏東警愛跑、友緣慢跑、烏松慢跑、豬肉王子長跑隊），他們是恰好湊在一起的，或說他們是有志一同。因為這附近就是枋山火車站，大家容易搭火車匯聚在一起，再加上從這裡到今天的終點剛好是全程馬拉松的距離，這兩個原因促成了這次的巧合。他們沒有事先講好，都是各自決定要過來，沒想到居然能將這麼多的人集合在同一個地方，我真的很感動。這次的活動匯聚成一股力量，將大家的心意串聯在一起，真的讓人很開心。

開跑沒多久，又有一個會說簡單日文的年長男性跑到我身邊跟我東南西北地閒聊。我問：「今天是平日的白天，大家都是請假來的嗎？」他笑我：「關家先生不也是請假來跑嗎？」年長的男性接著又說：「關家先生，別著急嘛。」其實今天跑到現在，不知不覺速度越來越快，剩下的部分，我想可以放慢速度，以五個小時跑全程馬拉松的配速跑完就好。

從此處開始，里港慢跑和百信建材慢跑隊的支援人員頻繁地每隔三公里就設置補給站，招待我們大量的冷飲和水果，我特別喜歡加了檸檬的甘蔗汁，每到補給站，一定會要這個來喝。今天也和前兩天一樣酷熱，所以我每到補給站都會跟他們要塑膠袋然後在裡面裝冰塊，真的是恩物呀，使我免於中暑或身體不適。這些補給站就像綠洲一樣，幫助我享受跑步到最後一刻。

我們在五十二公里處停下來做今天第二次的大休息。和之前一樣，只要一停下來就是即席開起簽名會，我在所有朋友的衣服上和帽子簽名。每個人都用他們的手機跟我合照。跑步的時候因為語言的障礙，很難聊到天，像這樣大休息的時候，透過林瑾君的口譯，才能加深彼此之間的交流，所以說補給休息的時間真的是很重要。

休息二十分鐘後，中午十二點準時出發，沿路又有許多跑者中途參加，一直保持著熱鬧的團體狀態。我們這一個團隊，來自四面八方，但是跑步這件事讓我們集合在一起，感覺棒極了。

隨後又發生一件奇妙的事情，到現在回想起來還是會讓我微笑。我們跑抵今天路程的五十八公里處一個三叉路口，從這裡我們離開了台一線，朝左進入台十七線，進入東港市區到了一個丁字路口，我從眼角看見一輛遊覽車從左邊駛過，右邊有個警察，耳中一直聽見哨音嗶嗶嗶嗶，前面有有二、三十個人對我們揮手。

我也糊裡糊塗向他們揮手，開始呵呵呵笑著，之後我們來到路口，有一位穿著黃色螢光背心的警察站在那，引導我們往對面的建築物跑去，建築物前有一片開闊的停車場。抵達之後，現場的朋友鼓掌歡迎我們，建築物入口有個電子看板寫著「歡迎長跑健將關家良一蒞臨分局」，又看到旁邊的停車場停著數台警車，還有電子看板上的文字，我才知道原來這裡是警察局。

之前沒人通知我還有這個安排，我邊笑邊感到驚訝，心想：「怎麼回事啊？」我揮舞著雙手，面帶笑容爬上建築物入口前的階梯。有警察在對著我笑，拿攝影機在拍，有人在拍手，大家拉成一團拍團體紀念照，穿制服的警察跟我握手，我鞠躬。林瑾君在旁解釋，這是屏東縣政府警察局東港分局的歡迎會。他們引導我進入屋內，長桌上擺滿了西瓜、香蕉、番茄、蓮霧，還準備了壽司。桌子最前面的地方擺了一張「主位」的椅子，大家催促我坐在那。食物的分量多到我根本吃不完，但他們都特地準備了，我還是吃了幾個壽司和西瓜。對於這分心意，我真不知道該如何形容我的感激呀！

我邊吃西瓜，邊接受報紙和電視媒體的採訪。他們看到我脖子附近的皮膚曬傷脫皮，問我：「沒事吧？」我笑答：「沒有看起來那麼痛，沒事。」說實話，我因為一直在擔心腳痛的問題，所以沒空注意曬傷的地方。

如果這裡是終點多好啊，我很想慢慢吃些其他的東西。但今天還剩下十公里沒跑完，所以休息二十分鐘後，大家鼓掌歡送我們離開，我也帶著驚喜的感激，再度回到台十七線。

來到雙園大橋時，左前方可以看到一片聳立著好幾支煙囪的工業區。在這座橋前，我們告別屏東縣，進入高雄市。這條長橋約一公里，在和風吹拂下，跑起來很舒服。越過橋後，離今天的終點就只剩兩公里了。蔡坤坡先生和呂忠明先生等百信建材慢跑隊的朋友過來迎接我們。這個慢跑團隊不但和當地跑步團體加入陪跑，還沿路設置補給站直到最後一百公尺，這次真的受到他們很多照顧。

在終點前的十字路口，因為紅綠燈要等很久，我趁機和這次陪跑的朋友一個一個握手。等到燈號變綠燈後大家手牽著手，高舉雙手排成一橫排，走到終點的 7-ELEVEN。時間將近下午四點，我們大概花了十個小時跑完，感覺非常充實，這十個小時真的一下子就過去了。我們在 7-ELEVEN 入口的椅子坐下，用啤酒和果汁乾杯，互相慰勞。我當然是喝台灣啤酒。

大家又是簽名又是照相的，過了二十分鐘的歡談後，我依依不捨坐上蔡坤坡先生的車，今天由他負責安排住宿和聯誼會的事宜。他帶我來到高雄市內的某家飯店，從房間往窗外看，可以俯瞰整個高雄國際機場的跑道，剛好看到一架波音七四七怒吼著起飛。啊，巨大的推力，跑者也需要的。

沖完澡，我一樣先冰敷。今天跑到後半段時，連右腳小腿感覺也怪怪的，所以乾脆左右兩腿都做冰敷。接著又請陳錦輝幫我確認昨天覺得不舒服的地方，左腳底的腳趾根部附近果然長出一顆豆粒大的水泡，只要輕輕碰一下就痛得受不了。真擔心明天不曉得會變怎麼樣。

晚餐在住宿飯店斜對面的台灣料理餐廳，我們和今天一起陪跑的朋友進行聯誼會。席間，「超馬媽媽」邱淑容女士也蒞臨現場，她是我這次環島非見不可的人。之前我們沒有通知邱女士這次台灣環島的計畫，多虧她的好友陳錦輝立即連絡，才能在這次的餐會看到她。

二〇〇八年八月十三日，邱淑容參加為期十八天、一千一百五十公里的「穿越法國賽」，跑完全程後立刻被送到醫院。她因敗血症而引發壞死性筋膜炎，右腳和左腳指尖截肢。她在生死關頭遊走的危險狀況之下保住性命，之後她努力做復健，現在已經可以靠義肢走路。我和她在好幾次比賽中一起跑過，這次能和她碰面我真的很高興。她現在主要只進行自行車的訓練，據說去年還用腳踏車參加了四次台灣的全程馬拉松大賽，並且全程騎完。

聯誼會時我坐在她的隔壁，她真是位開朗的人，總是笑口常開，我們天南地北聊得很開心。

不管遭遇多困難的狀況，都要堅強地接受現實，做自己能做的，全力以赴……

我感覺自己從她的人生態度中學到很多東西。我也和她約好，明天一定要一起跑一段路。

54 第九天——為了別人跑，自己怎樣都無所謂

早上一起床，我掀開棉被看看腳的狀況，瞬間傻住了。

我右腳的小腿整個腫起來，而且腫的方式和之前左小腿的情形完全一樣。從左小腿開始痛的時候，我就一直擔心會發生這個狀況。

這……這下慘了。

人的身體會因為某處疼痛，本能地以其他部位取代做補償。如此一來，出面代償的部位

負擔會加大，所以會再產生新的疼痛，簡直就像疼痛的惡性循環一樣。為了避免這種情況，我下意識地保持身體平衡跑步，沒想到身體還是最誠實的。

還有，左腳拇趾和食趾間的水泡還在作亂，我每跨出去一步，那份疼痛就真的讓我連氣都喘不過來，臉上五官全部糾結成一團，只想叫媽媽呀救我。

深深呼吸一口，我先在腳底貼上人工皮膚膜，盼望這樣多少能減緩疼痛。再請陳錦輝在我雙腳塗上大量的消炎藥膏。剩下來的，只能向神祈禱了。

今天的出發地點是一家 7-ELEVEN 。抵達後，許多穿著跑步服裝的跑者用歡呼、鼓掌迎接我。今天一起出發的跑步團體是高雄市林園清水岩路跑協會，大概有二十五個人，我一抵達要求簽名、合照的人一擁而上。

六點剛過一點，太陽已經出來了。開跑後每一個踏步，每一次震動，左腳底長水泡的地方就像踏到釘子般那麼痛，左右腳的小腿也在痛，跑起來很不順暢。但我一想到難得有這麼多的朋友陪我一起跑，絕對不能讓他們看出來，於是我努力擠出笑容。雖然有點自虐，但只要把它想成這是別人的事就好。「腳這麼痛還跑真是笨蛋」，像這樣想我自然會露出苦笑。幸好跑了二十分鐘後，腳底水泡的痛開始麻痺，就不覺得疼痛了。

六點半左右，天色更亮，我們跑在工業區裡，身旁煙霧很濃，上班通勤的車子和摩托車好多，到處都是廢氣，空氣很不好。看來，在這種環境下跑步，還要配戴口罩才行啊。

穿過工業區後進入市區，十字路口一角已經有邱淑容及她所隸屬的中鋼慢跑、百信建材慢跑隊、阿公店慢跑、警愛跑等約二十位來自各界朋友在這裡等待。大家拍手歡迎我們，我和每個人一一握手，並在中鋼慢跑的旗子上很豪氣地簽上名字。照完相後立刻出發，清水岩路跑協會的朋友在這裡結束陪跑。今天和之前一樣，由當地團體採接力的方式串聯下去。

邱小姐的自行車很小，是特製的，輪胎也很小，但她仍保持時速十公里的速度跟上來。我和她聊著街上的風景，一起愉快地流著汗水。她大約騎了四十分鐘就回去了，和她共跑的這段時間對我來說非常珍貴。

到了八點多，天氣好熱。高雄市的市中心紅綠燈很多，等紅綠燈的次數太頻繁，很困擾我，因為每次我的腳只要一停下來，兩邊小腿就開始脹痛。幸好這時候通常會有很多人來跟我照相，我可以藉機分散注意力擠出笑容，不去想腳痛的事。假如我是一個人跑，說不定反而會一直在意疼痛，想法變得消極。換句話說，和眾多朋友一起跑可以帶給我力量。

跨越高雄車站長長的天橋後，我們重回台一線。沿著台一線北上兩公里左右，我看見近十位穿著紅衣的跑步團體「高雄動力」跑者在那裡等我們。會合後路線遠離了市區，紅綠燈越來越少，所以我比較能集中精神在跑步上，結果速度不知不覺加快到時速十一公里。胡亂減速會對腳造成負擔，所以我決定保持現在這個自己覺得舒服的速度。陪跑的跑友們沒多說什麼，全都默默跟上來，很感謝他們的體諒。

跑抵捷運橋頭糖廠站附近，看到一群全身穿著跑步服裝的朋友們揮舞著日本和台灣的國旗，是阿公店慢跑的十位朋友，接下來的行程主要由他們護送。「前面四公里左右就是（阿公店慢跑的）會長的家，請在那裡休息。再往前兩公里有一間高中，不知道你方不方便去那裡跟他們說說話……」跟在我身邊的朋友如此說明，我原本就很想跟年輕朋友多多交流，馬上欣然接受。

離開台一線，我們來到位於岡山市區的會長家，大家在他們家的車庫接受招待。會長準備了水、寶礦力水得，還有香蕉、橘子、釋迦等水果，分量很多，我們在這裡休息了二十分鐘。

通過岡山車站前的繁華大街，我們往剛才說的那所高中前進。途中隊伍揮舞著日本和台灣的國旗，還有阿公店慢跑的旗子。然後大家呼口號喊「關家良一加油！」連我都覺得有點不好意思。

我們這群「怪異團體」就這樣抵達國立岡山高級中學，學生們從正門開始排成兩列約二十公尺長的隊伍，遠遠就聽到他們大聲喊：「關家良一加油！」我擺出勝利姿勢揮舞著雙手回應他們。踏入正門，我們沒有停下來，直接穿過校舍大廳，來到三百公尺跑道的運動場上。

一位高中老師跑過來說：「請直接在跑道上跑。」

我照老師的要求逆時針跑。阿公店慢跑的朋友喊著要我看後面，回頭赫然發現有四十名穿著體育服的高中學生跟在我後頭跑。看到此景，我既高興又興奮，不斷擺出誇張的「關家

pose」，享受這節慶般的氣氛。跑完一圈後老師大喊「再一圈！」我很樂意又跑了一圈。在運動場外圍觀的學生們也露出笑容對我揮手。這一刻我真的很開心，只要時間許可，要跑幾圈我都願意。

回到校舍的大廳，一起照完相後，我在岡山高中的校旗上簽名。校長對我說：「這些學生們都是運動性社團的學生，請你跟他們講幾句話。」我心情激動無比，這麼對他們說：「今天天氣這麼熱大家還來迎接我們，謝謝大家。我正在跑步環島，今天是第九天，目前大概跑了一個全程馬拉松的距離，接下來還要再跑一個，然後還剩四天。」

「我們預計在三月十一日抵達終點台北。三月十一日就是去年日本發生地震的日子。發生地震後，我們獲得許多台灣朋友的鼓勵和援助金，所以我滿懷感謝的心情來這裡跑步。」

「我來台灣的目的是為了傳達我感謝的心意，但沒想到今天反而受到各位充滿溫暖的對待。經過這次跑步後我才發現，運動的力量真的可以感動人。希望大家以後運動時要多加小心，不要受傷，繼續在運動這個領域努力下去。今天真的很謝謝大家。」

然後在校長的帶領下學生開始呼喊口號。我脫帽鞠躬，一邊揮舞雙手一邊慢慢往外跑，跑出正門。雖然在這裡停留僅僅十分鐘，但和學生們的交流使我充滿熱情和力量，我覺得很有意義。

回到台一線上，在四十九公里處的高苑科技大學門口，由當地跑步團體台灣大腳丫長跑協會台南分部接棒繼續陪跑下去。大學正門張貼了好幾張全開的海報，上面寫著：「歡迎關家良一先生蒞臨台灣，加油！祝台灣環島成功！」、「加油！關家良一！」、「關家良一先生是超馬強者！」等給我個人的訊息。也有「加油日本！加油東北！」、「加油福島！」、「JAPAN加油，福島加油！」、「祈求日本平安！」等向災區傳達心意的溫暖訊息。光用看的，便使我心中充滿感動。大家這麼用心歡迎我，我真的很感動。

我們在這裡補充水分和香蕉等輕食，並幫大家簽名、照相。再度出發時，陪跑至此的阿公店慢跑的朋友和高苑科大的學生們在馬路旁排成一列，我和每個人擊掌，接受大家的心意。

從這裡開始陪跑的是台灣大腳丫長跑協會台南分部（丫南），約有二十人左右，陣仗龐大。前方有一輛藍色機車做前導，車上插著日本和台灣的小國旗，隨風飄揚。跑到高雄市立湖內國中，現場約來了一百位老師和學生，大家站在路邊排成一列等待，齊聲喊道「關家加油！」我和每個人擊掌，大家一起照相留念。看到他們親手畫的海報上寫著「關家良一頑張」（關家良一加油），我好開心，立刻在上面簽名。

今天受到高中、大學以及國中等各所學校的歡迎，心想這次「關家良一長跑環台感恩之旅」真的很受大家的支持，我開心極了。

進入台南市區，人和車流量逐漸增加，腳的負擔增加，又開始痛起來。幸好四周歡樂的氣氛使我分神許多。遠方大樓的屋頂上掛著電子看板，上面顯示氣溫二十九度。日照強，天氣熱，但我卻沒感覺到暑氣。當然丫南細心周到的補給是主要原因，加上我這幾天都置身在台灣南部，大概也習慣這股暑氣了。

下午兩點零五分我們抵達六十八公里處的台南火車站，幾位朋友在這裡結束陪跑。在八十公里處的台南善化分局海寮派出所，當地的市議員特地來迎接我，我和他用啤酒乾杯。這裡離終點還剩三公里，我們橫越全長八八二公尺的西港大橋後，來到西港，離終點還有一公里。「關家加油！」的呼喊聲開始出現，直到終點不絕於耳。

進入西港的市區，從台十九線左轉就看見一輛補給車，旁邊還聚集很多人，我知道那裡就是終點。今天最後一段路大家一起用走的，手牽著手高舉起來，在下午三點五十六分抵達終點。八十三公里終點處有一間叫西港慶安宮的廟，廟方大放鞭炮歡迎。簽名照相完後，我跟著廟方人員進入神殿裡面參拜。當時祈禱些什麼我已經忘了，只記得拜了很久。

今晚的住宿處就在寺廟旁的簡易宿舍，狹長的木板房裡鋪著潮濕的棉被，設備很簡單。沒有淋浴的地方，所以我只好在洗手台用水龍頭的冷水把汗水沖乾淨。這種洗法對腫脹的雙腳來說或許是很好的冰敷，但身體很冷。我沖水洗澡洗到一半的時候，支援的朋友們互相商量，覺得這裡無法好好休息，最後決定將住宿地點換到附近的摩鐵，即使價位高了點也沒關係。

在前往摩鐵的路上，我出神地往著車窗外。我已有覺悟：「自己怎樣都無所謂。這次跑步是為了別人而跑」。

過去我總認為，也許有些時候是為了別人而跑，但我主要是為了自己而跑。現在的心境則是「為了別人跑，自己怎樣都無所謂」。至今我的環島長跑已經進行了九天，對我來說，這也算一種「修行」，可以藉此忘卻煩惱。

晚上我們在海鮮餐廳開聯誼會，在座的朋友有今天一起陪跑的ㄚ南諸位朋友，以及預定明天一起跑的嘉義市北回慢跑協會的幾位朋友。我們一同開懷乾杯，約定好「明天也要一起開心地跑」。

不過，說到明天，除了腳痛之外，我心裡還有一件懸而未決的事——鞋子。

我從日本帶來三雙鞋子，一雙大概撐了三天中底就變薄，腳跟附近的磨損更嚴重。今天是第九天，「理論上」這三雙應該都算壽終正寢了。雖然鞋子其他部分都還好好的，當成平常走路穿的鞋子完全沒有問題。但外底一旦磨損，緩衝能力就變弱，對腳的衝擊也會變大，我擔心會引發新的腳傷。

高雄或台南這邊的運動用品店應該可以買到好的鞋子。但是我沒有多餘的時間去運動用品店，所以只剩兩個選擇：一個是將就點，想辦法用這三雙鞋撐過去；另一個就是穿上我在關山買的緊急備用鞋。

聯誼會結束後，我在車上意外得知一個令人驚喜的大消息。在台南市區經營運動用品店的陳俊彥先生知道我缺鞋的困境，說他待會會把鞋子送到摩鐵來。

陳俊彥是現在台灣二十四小時馬拉松的記錄保持者，我和他很熟，一起在東吳國際超級馬拉松賽上跑過好幾次。這幾年他因為腳傷等原因，較少現身於比賽。我原本就希望這次環島能見到他，但沒想到會以這種方式再會。果然是神的安排，我心中又一次充滿感謝的心情。

返抵摩鐵十分鐘後，陳俊彥就到了我房間，帶了好幾雙鞋來讓我試穿。大概是腳腫的緣故，我得穿比平常大一點的尺寸才合腳。為了以防萬一，他多預留一雙同款的鞋子給我，還準備了兩個冰袋讓我冰敷小腿。陳錦輝先生要付錢給他時，他直嚷著：「錢不用啦。」堅決地拒絕掉了。不僅如此，他還鼓勵我：「努力跑到終點比較重要。」我感動得眼淚都要掉下來了。

他在百忙之中還特地趕過來，只在這裡稍微歇息一會，馬上又趕了回去。我在心中發誓，一定要將陳俊彥的這份熱情一起帶到終點。

今天的驚喜還真多，大家對我的好，我都一一銘刻在心。我躺在床上，感到無限的幸福，進入了夢鄉。

55 第十天——船到橋頭自然直

早上四點四十五分，鬧鐘響起，起床。

昨晚睡覺時，在腳下墊了好幾層毛毯。起床後把腳放下，兩邊小腿依然刺痛。我試著左腳原地踩兩三次，指頭間的水泡依舊有劇烈的疼痛。「今天能跑嗎？」我不禁喃喃自語。

不管能不能跑，該做的還是要做：和昨天一樣，在患部貼上人工皮膚膜，小腿塗上消炎藥膏。天氣預報也甭看了，猜也猜得出來是個大熱天。

迫不及待穿上昨天陳俊彥送來的鞋子，只嘆雙腳浮腫太嚴重，只好再把鞋帶弄鬆些。

五點四十分抵達今天的出發地點，西港慶安宮。台灣大腳丫長跑協會台南分部（丫南）的支援人員和跑者共二十多人聚集在那裡，大家一邊熱身、交談，一邊等待。他們很慷慨地滿足了我任性的早餐要求，替我準備了飯糰，因為我覺得吃米飯才會飽。

凡是需要我簽名或照相的，我一概來者不拒。此刻我的心情和腳痛完全成反比，非常放鬆。自己心境上覺得，不管開跑後事情會變得如何，反正船到橋頭自然直。

六點零五分，第十天開跑。第一步踏出去……痛啊！第二步……更痛啊！第三步、第四步都是這樣，痛得不得了。幸好狀況和昨天一樣，忍耐跑了三公里之後腳就麻痺了，疼痛的程度降低到可以不去注意它，但並非完全不痛。

林瑾君問我：「腳的狀況如何？」我故意開玩笑回答：「啊，糟糕了，已經完全不痛了。」如果我持續讓周圍的人擔心，連自己也會變得悲觀。況且，不安的感覺也會增加疼痛感，所以我在他人面前總是故做平靜。

一群跑者沿著台十九線北上進入佳里，眼前出現一片開闊的停車場，第一個補給站到了。現場食物準備得很豐盛，有水、運動飲料，還有香蕉、蓮霧、蜂蜜蛋糕、巧克力、番茄、檸檬等，弄得很正式。之後他們每五公里就為我們開設一次補給站，讓我們不用顧慮補給的問題，可以專心地跑。

台十九線的馬路很寬敞，而且又直又平坦，假使在這裡舉辦馬拉松比賽，應該可以跑出好成績。聽說這裡以前舉辦過從台南出發，路程五十四公里的比賽。假使在日本，一定會硬把跑道調整成四二點一九五公里的全程馬拉松。會舉辦這種具有超馬距離感的比賽，大概就是台灣的特色吧。

在四十二公里處，有三位穿橘色衣服的人朝我們走過來，我們互相揮手會合。大家一起往前跑兩公里，於十一點零八分抵達大同國民小學。在那裡，約有二十位朋友來自嘉義市北回慢跑協會和落跑團的成員正等著我們。ㄚ南的幾位朋友在這裡結束陪跑。

十五分鐘後，我和新的夥伴們一起開跑，領頭的是北回慢跑的盧明珠和龔元香，途中不時呼喊口號「闖家！」「加油！」「闖家！」「加油！」「闖家！」「加油！」「闖家！闖家！闖家！」「加油！加油！加油！」聲音高亢嘹亮，傳得很遠。不知附近的民眾聽了會有何感想。

在五十四公里處，一位穿著跑步服裝的年長男性和一位年輕帥哥朝我們靠近，原來是雲林飛虎常跑協會的許大松和許峻銘。他們發給我們好幾支印著日本和台灣國旗的小旗子，國旗圖案上面寫著「歡迎日本超馬選手關家良一先生台灣一周紀念（祝福大會）」，聲援團體台灣雲林虎尾飛虎常跑協會」。帥哥許峻銘跑到我身邊用日文對我說：「可以請你到這附近的小學一趟嗎？」

我本來就很喜歡和小朋友交流，所以爽快允諾。繼續往前跑，看到沿路出現二十名身穿體育服的小朋友在待命。我減速和每個人擊掌，小朋友跟在我後面跑，個個興奮不已。往前兩百公尺，我們來到嘉義縣六美國民小學，全校學生以及校長還有所有老師和家長們都列隊歡迎，我和每個人擊掌，接受他們的歡迎。

休息了數分鐘，照相留念後又立刻出發。穿體育服的小朋友跟著我們跑了一百公尺左右，我和他們揮手道別。雖然只有十分鐘的交流，對我來說卻是一輩子的重大意義，讓我重新打起精神，一舉跨越北港溪上的北港大橋，進入了雲林縣。

剛過橋，沿路並排數十位穿著體育服的學生拍手迎接我們。我和他們每個人擊掌。他們是北港國民中學的學生們，老師特地帶著他們來這裡為我打氣。

我們暫時離開台十九線，進入北港的觀光街道。這條觀光街道很有日本昭和時代的風味，到處都是具有老街風情的土產店。我們飽餐了一頓之後，趁著舒適易跑的天氣穿過東西向快速公路台西古坑線的高架橋，林瑾君喊著：「還剩一公里！」可是行進方向前面並沒有醒目建築物，我還在想該不會是誤報？緊接著就看到前面幾輛車停在十字路口旁，支援人員對我們揮手，我立刻明白那裡就是終點。

在「關家加油！」的口號和加油聲中，我雙手高舉著花束跑進終點。七十六公里，共費時九個小時。虎尾飛虎常跑協會前會長許大松幫我安排了一家摩鐵，建築看起來很新，房間也很大，浴室還附電視和按摩浴缸，讓我可以好好養精蓄銳。晚上六點半，大家一起歡聚吃飯，好開心呀！

飯後早早上床睡覺。我這兩隻腳的小腿，狀況一天比一天惡化，該怎麼辦呢？答案還沒想出來，我已經睡昏了。

感覺上已經是半夜了（其實沒有），這時有個人出現在我房間，原來是來自新竹的楊鴻輝，開跑後第四天和第五天他曾來參加陪跑。他為了要在我行程的最後三天一道陪跑，特地今晚趕來一起住在這家摩鐵。

這樣的盛意，我真不知該怎麼回報。只不過此刻的我腳正在痛，身體又疲累，竟然只剩下躺在床上舉手打招呼的力氣。雖然我和他已經五天未見，不過他看我真的很累的樣子，也沒多說什麼就出去了。

唉，這就是私底下我的真實模樣：有點脆弱，常讓周遭的人擔心。這個模樣，連我自己也覺得很受不了，好丟臉，而且和我跑步時表現出的開朗相比，簡直是完全不同的人。

但這樣的脆弱也是我個性的一部分，我只能承認它，接受它，接受我自己，然後忍著痛苦繼續向前跑。

離終點還有三天……

56 第十一天——這裡的世界只有跑過的人才看得見

早上四點三十分起床，正在猶豫今天不知道要穿什麼時，去補給車放行李回來的尖尖抖著身子苦笑道：「It's too cool.」。聽他這麼說，我回想起第一天從台北出發時的天氣，最後決定穿上長袖T恤，再套上防風外套。但褲子的部分，如果穿緊身長褲會壓迫到小腿，不得已只好改穿短緊身褲。

到前天為止是熱死人的盛夏陽光，沒想到今天竟然要考慮到禦寒的問題。之前我就聽說台灣南北天氣差異很大，沒想到這個環島一圈僅一千一百公里，相當於日本九州的小島，南北氣候的差異會這麼大。昨天跑步時有通過北迴歸線，我重新感受到台灣幅員之大。

整理好行李，我一走到外面，冷風迎面撲來，果然很冷……

起跑點已聚集了三十名左右的跑者和支援人員，還有人在做暖身跑。今天的年輕人特別多，原來現場來了好幾名虎尾高中田徑社的學生，教練也搭車同行，看來他們打算把這次跑步當做平日的練習。寒風颯颯吹來，很冷，看來今天將會跑得很辛苦。

六點零六分出發，我的左腳底和雙腳小腿依舊和前幾天一樣，開始演奏劇烈疼痛的交響詩篇，疼痛擊打著我的靈魂。更要命的是那強勁的逆風，道路兩旁完全沒有遮蔽物，風就直接打在身上，我必須把身體向前傾，低著頭迎著強風才能前進，速度拉不上去。身體感覺時速應該超過十一公里，GPS手錶的數值卻一直保持在時速十公里上下。我把全部意志力用來和寒風苦戰，不知不覺腳痛就麻痺了。這寒風能讓我分散對於腳痛的注意力，真是意想不到的效果。

路旁出現了民宅，風被阻擋之後，速度就可以慢慢加快。但是彷彿老天嫌我們還不夠忙似的，隨後下起小雨，氣溫變得更冷，為了維持體溫，身體的活動要更加劇烈，不知不覺我的速度加快了。等我察覺時，時速已經來到十一到十一點五公里左右的高速。我不知道那些穿著運動服和短褲等輕便服裝的高中生是怎麼看待我這把老骨頭，說不定還嫌我這個速度太慢。

今天也是每隔幾公里，跑步團體的支援人員就為我們開設補給站。這一點沒話說，不管到哪裡，每個跑步團體的支援措施真是做到一百分。每逢休息，我怕高中生和大家的身體會冷卻下來，所以我只有簡單補充飲食，盡量不休息往前跑。

這些高中生圍在我的四周一起跑，我可以感受到他們傳來的鼻息與熱氣，恍惚中感覺自己也回到高中時期。高中生們預定跑到二十公里處結束，在這之前我必須盡量維持在時速十一公里的速度。

前面出現了橫跨濁水溪的自強大橋，我們的腳步告別雲林縣，踏入了彰化縣境。越過橋後看到路旁停著好幾輛車，還有約十位跑者站在那裡，他們是彰化川石路跑協會的朋友。高中生們原本預計在這裡結束行程，但教練似乎改變心意，希望他們再接再厲。教練更改目標，要求女生要繼續跑一公里，男生要跟著我跑到今日路程的三十公里處。所以接下來我們仍然維持三十人左右的大陣仗繼續前進。

接下來的速度一直維持高速。雖然今天的氣溫很低，我們的速度又相對算快，但今天的跑者多為資深老手，大家都默默跟上來。我對自己的腳傷有些不安，但秉持著既來之則安之的態度，另一方面也希望讓大家覺得和關家一起跑很滿足，藉此能獲得一次愉快的跑步經驗，所以我努力打起精神繼續向前跑。

上午九時許，我們通過三十公里處。下一處休息站在第三十七公里處，有幾位朋友預定在那裡結束陪跑。沒想到的是，連高中男生們也順著教練的意思，打算繼續跟我們跑到那裡。忽然變更距離對學生來說可能太吃力了，但他們卻毫無怨言跟了上來。有些學生已經跑到額頭抬向天空，感覺隨時都會倒下來的感覺。這時資深跑者會過去鼓勵那些學生，有的遞水瓶給他們，有的減速和他們一起跑。彼此間產生一種連帶感，朝著同一個目標前進，這樣的光景真的很美。我想不只是我，那些資深跑者應該也受到了高中生們的影響吧。

九點五十分左右，我們抵達三十七公里處，在溪湖台糖的休息站休息。這些高中生們平常恐怕從未跑過這麼長的距離、這麼長的時間吧。不知道這個練習對他們有沒有幫助，但我想一定是個很好的經驗。如果和「超馬跑者關家良一」一起跑能帶給他們一些新的激發，這是我的榮幸。

今天的行程總共七十九公里，剩下的距離約一個全程馬拉松。我猜我可能從起跑後太過勉強自己，現在速度有點拉不上去，連保持時速十公里都很困難。速度一慢，雙腳的小腿又開始痛起來，痛到我整張臉都揪成一團了。

總之，只能先忍耐了。

我開始想起在東日本大地震犧牲生命的那些人。那場奪去兩萬人性命的大地震和大海嘯，大家根本沒想到會這樣死去吧……他們還想活下去，還有很多事想做……留下心愛的人先走一步，心情有多麼難捨……被海嘯沖走一定很痛、很苦、很難受吧……跟他們比起來，我的腳痛又算得了什麼……正因為我還活著才能感受到痛，光這件事就夠幸福了……那些犧牲生命的人，我要連他們的份一起活下去，跑下去，痛苦，享受，然後努力……

思緒飄回到自己身上，至少到目前為止，我還能照我的意思繼續跑，不管發生什麼事都是自己的責任。如果沒有負起這份責任，來這裡就沒意義了。

這時我忽然想起從日本出發時妻子說的話：「要堅強。」平常我出門參賽的時候她通常會說：「加油」、「好好玩」、「別太勉強」。難道連妻子也早就看出這次跑步的意義了嗎？我重新細細體會妻子的這句話。

彰化、鹿港……就在思緒中過去，轉眼間陪跑的成員也全部替換成台中大腳丫的朋友們，台灣謙信越野馬拉松協會會長吳朝陽也開著廂型車出現，沿路提供食物和飲水。台中大腳丫帶隊的一位朋友，他的帽子後面有裝喇叭可以播放音樂，此時正播放著台灣的台語歌，使我的情緒緩和不少，並讓我分神不去注意腳痛的事。

下午兩點整我們抵達六十九公里處的全家便利商店。在這裡又有東南扶輪社的新朋友加入。往前跑一公里左右，我們來到中彰大橋，這座橋沒有步道，車道又狹窄，所以大家排成一列前進。越過這座橋後，就是台中了。

剛下橋，路邊民家的停車場上有四位跑者等著我們，原來是台中港務局慢跑社的跑友。他們來護送我最後八公里的路，直到終點台中港務局。

從三十七公里的溪湖以後，我一直勉強硬撐，此時腳痛已經到達極限，疼痛不受控制，持續惡化。這時我仍擠出笑容，邁開腳步前進，但完全跟不上港務局慢跑社朋友的速度，時速下降到九公里左右。再加上越過中彰大橋後，強風不時從前面和側面陣陣吹來，讓我的心情更加沮喪。

大家似乎察覺到我的不適，圍在我的四周一起跑，多少幫我擋掉一些風。楊鴻輝頻頻問我：「要喝水嗎？」林瑾君屢屢從自行車後座取出水瓶給我。正因為我的處境艱困，我更能深刻感受到大家對我的厚愛。

在開闊的單側四線道直線延伸的前端，可以看到一棟粉紅色建築物，港務局慢跑社的朋友對我說那裡就是終點。既然看見了終點，我開始毫無保留使出最後的力氣往前跑。終點就在眼前，我卻覺得好遠一直到不了，心裡好著急，但仍忍耐著痛苦跑到最後。

下午三點二十分，和前幾天一樣，我和大家牽手，緩緩穿過終點台中港務局大樓入口。今天以九個小時又十四分鐘跑完七十九公里。我現在的心情與其說開心，不如說放心。因為今天的行程完成後總算又能接上明天了。

在港務局裡的會議室，我開心地和郭豐州教授和作家蘇怡任小姐（飛小魚）聊天。郭老師問我身體的狀況，我老實說出雙腳疼痛的問題。「腳給我看看，」老師說，於是我脫下鞋子，捲起褲管。坐在他旁邊的一位女性剛好從事醫療相關工作，她看到我兩隻小腿又腫又紅，建議我：「這傷口疑似是感染症狀，最好去給醫生看。」

郭老師也同意，我們立即取消原先預定的簡報行程，一群人來到了童綜合醫院梧棲院區。掛號後我躺在擔架床上，被推進診間，我還在和陪同的人說說笑笑。醫師來了，開始問我症狀，並且來回按壓我左右股關節附近，不斷問我：「會痛嗎？這裡呢？」我完全不覺得痛，所以回答No。診察結束，醫師說：「這不是感染症狀。跑這麼久，腳當然會腫。好好冰敷，補充水分和運動飲料，把髒東西排出來就好。」

當我知道這不是最糟的狀況後，鬆了一口氣。陪同我前來的大家臉上也都浮現放心的表情。

過了一陣子，院長過來了，他問診的方法和剛才那位醫生一樣，也一樣診斷說沒有問題。疼痛的原因單純只是「跑過頭」。醫師們沒有做進一步的精密檢查。我猜想大概他們之前也看過幾次類似的症狀吧。有兩位醫生掛保證，使我更加放心了。

當晚在聯誼會上，大腳丫長跑協會的會長劉金書半開玩笑說：「明天我從我們會上調一百個人來參加。」接著頻頻舉杯要和我乾杯。我也得意忘形，貪杯多喝。台中一中的老師送我一本筆記本當禮物，裡面寫著學校老師和學生們每個人為我加油打氣的留言，參加聯誼會的朋友們也當場在筆記上加寫留言。

面對大家的心意，我再次打起精神，告訴自己一定要好好跑下去。

聯誼會結束後，我坐上吳朝陽先生的車前往他家。在醉意的催化下，我對著林瑾君嘮嘮叨叨說起話來：「這次來台灣之前，蘇怡任小姐請我在她著作的書上寫一句話，我稍微想了一下，最後決定送她這句話，『只有跑者看得到的世界，就在這裡』，如今我自己總算瞭解這句話的意義。這次我來台灣環島，或許有人嘲笑我蠢，或許有人會對我的跑步發表評論。但我不想變成不做任何行動卻又自以為懂的人。像這次這種分站跑法我是第一次挑戰，實際跑之前，我把它看得很容易很輕鬆，實際跑之後才知道這挑戰有多麼困難，不禁讓我對以前曾經跑步環島的人肅然起敬。這裡的世界真的只有跑過的人才看得見。雖然我的腳很痛，但我把這次的挑戰當成自己的驕傲。希望往後我不要變成評論者，而是繼續向自己挑戰……」

到達吳朝陽家，我拖著腳下車，連走路都很吃力。趕來會合的雷勝安擔心不已，立刻和楊鴻輝替我提行李。進到房間，我完全癱了，任由林瑾君細心在我小腿貼上從醫院拿來的貼布藥膏，陳錦輝則幫我處理水泡。

至於尖尖在我去醫院的這段時間，一直替我祈禱，擔心的不得了，眼眶都紅了。

我真慶幸身邊有這麼好的團隊，一路上遇到好多好人。

為了這些人，剩下兩天我一定要好好努力。

57 第十二天——神不會給你跨越不了的難關

早上四點半，我被周圍的聲音吵醒。

昨晚我們總共六個人一起睡在吳朝陽先生家的大房間裡，大家讓我睡大床，所以我睡得很熟。腳的疼痛我把它當成常態接受，心情上不覺得特別悲觀或樂觀，只默默為出發做準備。

氣象報告說今明兩天都會下雨，加上這個時期因為季風的影響，台中港附近的風會特別大，所以必須先做好防寒準備。

走到外面，冷風強勁，比我想像中的還冷。回想起第一天出發前，有記者問到我這趟每天平均跑兩個全程馬拉松的距離，會不會相當吃力。我當時是怎麼回答的？我說：「我知道很吃力，但我會努力跑，直到腳斷掉為止。」照這樣跑下去，說不定我的腳真的會斷掉……

一個人胡思亂想，心裡覺得越來越不安，想法變得很負面。乾脆放開一切，先跑再說，總會想到解決的辦法。過去遭遇過那麼多形形色色的困難，不也都讓我克服了嗎？

「神不會給你跨越不了的難關。」我默默告訴自己。

車子慢慢接近出發地點，我的情緒總算開始昂揚起來。

六點整，到達出發地點台中港務局。一幅難以置信的光景出現在我眼前，我以為我看錯了。

現場竟然有一百多位跑者正在等我們來，他們像在對我說，快點出發吧。「這些人該不會都是今天陪跑的人？」我問林瑾君。「好像是喔。」她也有些驚訝。

我一下車，台灣大腳丫長跑協會的劉金書走過來，很得意地對我笑著說：「我有遵守昨晚的約定喔，帶了一百個人來了。」現場除了大腳丫，還有台中港務局慢跑社、台中縣慢跑協會、台中市豐原慢跑協會、漢翔路跑社、和美路跑隊、南投趴趴走長跑族協會、苗栗縣慢跑協會、苑裡路跑、台灣謙信越野馬拉松協會等等。大家口耳相傳聚集了這麼多跑步團體，現場簡直就像馬拉松大賽出發前的景象。

下車後我立刻被大家包圍索取簽名，但人數實在太多，不可能全部簽完，我藉機去上廁所才穿出人群。六點十五分，我們在寒風中從台中港務局出發。腳還在痛，但在這麼近距離下感受到身邊有那麼多朋友為我加油，我的態度也積極了，漸漸忘了疼痛。

風真的很強，和預料中一樣。剛跑幾步，劉金書就指著一個人喊說：「你過來。」被喊的人一句話也沒說就靠近我的身邊。我定睛一看，嚇了一跳，他應該是整個大腳丫團隊中體格最壯碩的男性吧。

「你跑在他前面。」劉金書叫他跑在我前面。

大家就這樣圍著我跑，替我擋風，我也感受到大家的體溫，所以不覺得冷。三線道寬敞的台十七線上，除了幾輛補給車外並無其他行車，恍惚中我還以為自己在交通管制的比賽場地跑步。

五公里之後我們順著馬路右彎，路幅變窄，隊伍也拉成一列縱隊，此刻我們正從沿海往內陸跑，逐漸脫離了寒風的影響。難不成這一百多個人來就是為了替我擋風，所以一大清早集合在出發地？一想至此，我的眼眶不禁熱了起來。天空不時滴落小雨，我們卻一直維持著節慶般的熱鬧跑步氣氛。

在台十七線與台一線交錯的地方，前幾天有來陪跑的跑者羅維銘出現了。我們通過跨越高速公路的甲南天橋，之後大部分的人在此結束行程，接下來是二十位夥伴陪我跑進大甲，沿途一直有人加入或結束行程，整體上大約保持在十五人左右，反正就一直都是一大群人，陪著幸福的我在跑。路線轉彎又分岔，跑者加入又暫別，我們握手，約好下次再見，互道珍重；天空下雨，時而傾盆時而細絲。寒天中有溫暖人情。這樣的人生，還能要求什麼呢？

在這樣的思緒裡，我們一眨眼已經進入苗栗縣，苗栗縣慢跑協會等十多位跑者已經在苑裡火車站前等我們了。我們從苑裡火車站出發，腳痛的症狀好一點了，不像昨天跑到尾段時那麼痛，但我怕太過勉強會痛到忍不住大叫出聲，所以留意不要越跑越快，保持在時速十公里左右。

我們正跑在西濱公路（縣道六十一號）上，這條路和西濱快速道路平行。從台灣南端的墾丁跑到現在，西海岸的路線幾乎都是平坦道路，剛好這一段出現幾個短程的上下坡，可以給腳一點良性的刺激。

過了五十公里，我開始察覺身體出現了奇妙的變化。

剛剛這幾公里的路段中，腳已經不痛了！

我兩隻小腿從第四天後半開始作怪，這幾天以來，每次停下腳步和開跑瞬間最為難受，但現在卻幾乎不痛了。

難道是因為剛才休息時吃了止痛藥的關係？還是上下坡給腳良性的刺激產生了效果？還是雙腳已經習慣疼痛了？

我不知原因，但說不定待會又開始痛起來。在這個時刻，我要先穩定好我的心情，別讓心情起起伏伏。專心，專心啊，關家，把心思放在維持速度上。

讀小說的時候，故事裡往往天氣一變，整個情節也跟著大翻轉。此刻我的感覺就是這樣。腳痛的疑慮消除後，心情整個開朗起來，偶然飄來的小雨也停了，一道陽光隱約在雲層上對我招手。

之前只要有人拿相機對著我，我總會做出誇張的動作，這樣也是鼓舞自己。現在腳不痛了，我要寶的模樣就更誇張了。當補給車靠近我旁邊時，尖尖會拿著相機對我，但我擺出的動作和姿勢實在太好笑了，讓尖尖晃動著相機大笑喊道：Are you crazy？

在五十七公里處，靠近縱貫鐵路的大山火車站，以苗栗縣慢跑協會為主的一群人一邊敲鼓一邊迎接我到來，排場弄得很盛大，又很好玩。這裡有很多爸爸媽媽們高舉著紙板，上面寫著「關家良一先生加油！加油！大家加油！」。下午兩點十五分抵達六十八公里處的崎頂海濱休閒園區入口。有將近二十人在那裡待命。回頭看看我們這一團的陣容，包括支援人員總人數增加到快五十人。真的很謝謝大家！

之前為了撐過腳痛，跑步時我總是集中精神全力以赴。現在心情變得輕鬆一點，卻湧現出一股落寞、一點不捨的感覺，因為「這麼開心的活動明天就要結束了」。受到這麼多朋友支持，我真的是全世界最幸福的跑者。

在七十四公里處，我們告別縣道六十一號。經過一段連接路段後，又回到台一線。下午三點零六分，我們抵達新竹市政府警察局，在這裡接受新竹市長許明財的款待。他為我們準備了食物和水。新竹市政府警察局不大，一樓和停車場的空間很狹小，人群一下子就把這裡擠滿了。之前跑的時候我還沒注意到，原來有這麼多人和我一起跑。

從這裡到終點還剩下八公里，我不再理會速度，也不再看手錶，放任自己隨意地跑。路上的分隔島上插著綠色的路標，上面用白字寫八一，表示離台北還有八十一公里，這時我才真實感受到，這趟旅程快要結束了。

和台一線並行的縱貫鐵路上，一輛火車追過我們，揚長而去。位於車頭的車掌先生對我們用力揮手，我們邊揮手邊歡呼回應他。

進入新竹市中心，車流量開始增加。我們遵照跑者陳進財的號令，排成兩列前進。陳進財自己就是警察，熟知交通法規，我完全信賴他，他能替我們安排安全的跑法。

腳痛既然不再犯，看樣子一口氣跑到終點應該沒問題。同時我也相信，明天一定可以跑到終點東吳大學。我之所以會有這種確信，其實和我腳的狀況、身體、跑步能力沒有關係，而是我相信這一路上許多朋友對我的關心和祈禱的力量已經傳到我的腳上，替我消除疼痛，變成我腳的動力。這已經是一種宗教層次的信念，感受到這股絕對力量的人，再也不會迷惘和動搖，只會更加頑強。

我沉浸在「沒問題的！」這股安心的感覺之中，用享受的心情跑完今天最後幾公里。

下午四點零五分，我們抵達今天的終點，新竹東門城附近的遊憩廣場，總共用了九小時又五十分鐘跑完八十三公里。今天好充實，發生了好多事情，好多圖像一直留在腦海裡。我不斷和每一位陪跑的朋友擊掌，廣場上也貼著「關家良一長跑環台感恩之旅」的海報。當地議員也在現場等我，他送我紀念品作慰勞。陳進財先生手持大聲公說：「關家先生今天邁入長跑第十二天，從出發算起已經突破一千公里了，我們恭喜他！」現場頓時氣氛喧騰。在場的朋友，包括路過的人都一起用力鼓掌為我歡呼。除了幸福，還是幸福，真的幸福。簽名的排隊人龍太長，他們還拿椅子給我坐，我抱著感謝全體人員的心情，一個個簽名。

簽完名之後，一刻不得歇息，林瑾君把我拉上在一旁待命的車子。車主叫做山口徹，是來台灣工作的日本人，他和我一樣非常喜歡台灣人的氣質、街道、文化。在前往目的地的途中，我們對台灣讚聲連連，聊得很盡興。

十分鐘後車子來到新竹科學工業園區管理局。管理局有一片寬敞的停車場，裡面有二十位身穿運動服的年輕男女正在慢跑，我一下車他們就鼓掌歡呼，整齊劃一喊道：「關家先生午安。加油！」

接下來是什麼活動？我完全不知道。但這十二天來，接連遇見好幾次驚喜，所以無論等下是什麼，我都滿懷期盼期待。

我先進入管理局內接受新聞記者採訪，之後走到外面，才知道他們有一個叫「和關家良一一起跑」的活動，剛才身穿運動服的朋友都是科學工業園區管理局的員工，他們圍著我說：「走吧，大家一起跑吧，」隊伍緩緩開始移動，我也順著人潮跑起來。

我原以為他們說的跑步，只是像他們剛才一樣繞著停車場跑而已，沒想到整個團體開始往停車場外移動，接著跑出新竹科學園區。沿途出動了很多交通警察，把整條馬路的燈號全都調成綠燈，左右來車都必須先停下來。

「這樣做會不會有點過頭了。」我邊想邊浮現微笑。管他的，我從沒跑得這麼舒服過。

這段「聯誼跑步」，從科學工業園區管理局跑到一點五公里外的國立科學工業園區實驗高級中學的十字路口，然後再折返。老實說我沒想到他們會陪我跑這麼長的距離。我跑得很開心，大家看起來也很盡興，太完美了。

再度返抵工業園區管理局，大廳一角備有簡單的餐點，我坐在椅子上放鬆休息，隨手抓了幾樣來吃。這時，剛才一路看著我們在「聯誼跑步」的山口先生用日本式的小跑步到我身邊來，語帶興奮地說：「剛才你跑的時候，燈號全部都變綠燈耶！我在台灣住這麼久，除了總統，其他人是不會有這種待遇的。你到底是何方神聖！」

也難怪山口會這麼吃驚，連我自己都有點嚇到了。這只有一種可能，代表大家對我前幾天做的事和現在正在做的事表示敬意。我這次隻身赴台，一心一意想表達我的感謝之意，結果不但被大家接納，還讓我受到如此盛情款待，我已經無法用言語表達我的感謝之情。

「能遇見台灣，真是太棒了。」我衷心地這麼想。

晚上的聯誼會上，陳進財和胡榮清等幾位超馬跑者拿著啤酒圍過來對我說：「托關家先生的福，把台灣的超馬跑者聚在一起，謝謝你來台灣，乾杯！」

聽到這麼令人欣慰的話，我不禁紅了眼眶，一口氣喝乾啤酒，臉上堆滿笑容。

我來這裡的目的是因為我很想跑步環台一周向台灣致謝，但卻意外達到另一個目的，那就是集合台灣跑者的努力，一起達成「協助關家跑完全程」、「替日本重建加油」這兩個意念，讓大家為了這些目標努力而團結一致。我本想表達我的感謝之意，卻又受到台灣朋友的感謝，這種感謝的連鎖效應一定會持續產生良性循環。我覺得國與國、人與人之間應該拋開立場，持續保持這種良善的關係。

在大夥高喊預祝明天成功的氣氛催化下，今晚的酒也特別美味。在我喝到微醺之際，聯誼會剛好結束。

晚上回房間沖澡後，我躺在床上，喃喃對自己說：「放心吧，我不是一個人，大家都待在我身邊，放心吧，放心吧……」

關家祕技

【請問跑步和情緒之間的關係為何？】

眾所周知，持續長時間的跑步，會使腦內分泌腦內啡（endorphin），使人心情特別昂揚，呈現出「跑者的愉悅感」（runner's high）的狀態。進入這個狀態後，你真的會覺得自己能永遠跑下去。

相反地，當我們的腳開始痛或內臟出問題時，會打亂我們的配速，並使我們內心充滿不安全感，焦躁擔心這壞狀況還會持續多久。

到底是身體的狀態左右心情，抑或心情的好壞影響身體狀態？我們不知道何者為因，何者為果。即使我們處於壞狀況，也能不被情緒困住，稍微勉強自己轉為正向思考，或許就能抑止壞狀況持續惡化。不只在跑步上，我發現越是經驗過各種人生歷練的人，越能控制自己的情緒。

假使情緒真的能掌控身體的狀態，意味著我們不能光顧著做跑步訓練，也要挑戰跑步以外的、人生中各種形形色色的挑戰。經過這些輾轉周折，對你的成績的提升絕對有幫助。

58 最終日——是大家的心意讓我跑下去

昨天晚上是最後一夜，卻是這十三天來第一次睡不好覺。是我太過興奮嗎？是我不斷回想起前十二天的旅程嗎？也或許是房間太冷？衣櫥裡面有預備的毯子，只要拿來蓋就好，但我腦中根本容不下其他事，太過興奮了。

雖然睡不著，但我並不著急，無妨。我現在的心態已經可以接納一切事物，保持非常正向的心情。要問我為什麼的話，我會說，因為現在已經不是我在跑步，而是大家的心意支撐著我跑下去。不管發生什麼事，我確定那份意念一定會支持我到終點。所以，絕對沒問題。

今天的終點是東吳大學，我的母親也會在那裡等我。

我即將出發要來台灣的時候，母親忽然說她想看兒子登上舞台的樣子，我立刻替她安排好機票。她已經七十二歲了，這次要獨自出國，不禁讓我有些擔心。我還拜託東吳大學安排人員去松山機場接機，包括住宿、觀光一切由他們包辦。陳錦輝的妹妹及妹夫也帶她去吃飯。多虧大家的熱心招待，昨天晚上我和母親通過電話後，讓我暫時放心了。

今天氣象報告說一整天都會下雨，最高溫只到十二、三度，我的穿著和昨天一樣，防寒衣褲加手套。

這十三天的行程中，只有今天訂有一個明確的時間目標：我們要在一年前東日本發生大地震的時間，下午一點四十六分（日本時間下午兩點四十六分）抵達終點，然後在那個時間默哀。今天總距離是八十公里，必須在九個半小時內跑完。

起跑後由陳進財領隊，我跑在他正後方，只要記得緊跟著他就行了。八十公里的距離我大概感覺得出來，但完全無法掌握路徑和道路狀況。所以我把配速交給認得路、又是資深跑者的警察陳進財。

剛開跑時，我的小腿比昨天後半段還痛一點，但現在不是在意這種事情的時候，今天不管狀況如何，我都得往前跑。

一路上越來越多人加入，大家彷彿一個個跳上移動中的巴士一樣，我們的人數越來越多。今天出發時間很早，我們會有更多時間在昏暗的天色中跑步，我又穿得全身黑，為了怕路過的車子沒注意到我，我把螢光布條掛在肩上跑。但這個布條的位置很難喬，不停從肩膀滑落。除了補給車，還有在台東縣接連兩天替我照相的王賜斌也開車來了，運動團體don1don「動一動」的車子也不時在我們前後徘徊。同行的車子越來越多，還有幾位同行者騎自行車跟著，我們這個跑步團變得越來越熱鬧。

跑過頭前溪橋，我們進入竹北市。這裡到處是紅綠燈，陳進財把大家全部擋在紅燈前面等待，叫我們遵守交通規則。「我們邊等紅綠燈邊跑，還是來得及到終點，沒關係。」陳進財說。

從開跑後到現在，上下坡很多，很難掌握配速，但我們大抵是維持時速十一公里左右的高速跑著。過了十公里處，吳勝銘從後面跑過來問我這樣的配速還好嗎，接著跑到前面和陳進財商量，談了一陣子之後陳進財揮手要他回去，並且維持現在的配速。看到他們兩人的互動，我又感動到哭了，不管是他們倆還是其他人，每個人都在為我設想如何協助我到達終點，這份恩情使我邊跑邊哭，還得假裝因為被雨淋濕，用手掌擦拭雙眼，故作鎮靜。

在十九公里處，桃園縣馬拉松路跑協會的朋友跟我們會合，整團人數一口氣增加到五十人，越來越熱鬧了。

上午七點十三分，我們抵達二十九公里處的麥當勞。雙連長跑和大松濤馬拉松的朋友已在那裡等著，還熱烈鼓掌歡迎我們。這些朋友們個個雙手抱胸摩擦，原地踏步。現場氣溫只有十一度，說是隆冬也不為過，幸好雨勢不大，算是值得慶幸的地方。大家湊在一起拍完團體照，繼續趕路。

這下我們的人數飆增到八十人左右，簡直就像在舉辦節慶活動一般。沿路是車流量大、人群眾多的市區。我還看到有一間店前，站了七名店員對我們揮手加油，我們也揮手回應。感覺跑者和一般民眾的交流也越來越深厚了。從剛才會合處開始，有一個雙連長跑的十一歲少年一直跟在我旁邊一起跑。或許是我速度太慢，他超越我往前跑，跑在我們這團最前面。看到少年稚嫩的跑步模樣，就覺得心情很好。

陳進財已經事先把今天全程的路線、休息場所、預定通過時間等進度記在便條紙上。從他滿意的表情看來，我們目前應該都有照進度走。

八點十五分，我們抵達四十公里處的補給站，是一家機車店。他們還放鞭炮歡迎我們，這個補給站聽說是桃園縣馬拉松路跑協會的朋友替我們設置的。裡面準備了很多飲料、水果和麵包，現場摩肩接踵。陳進財發號施令說：「簽名時間只有十分鐘。」

在四十五公里處，我們進入桃園市區，車流量大增，人潮也變多。從這裡開始，桃園鐵人的幾位成員也一起加入。他們的配速很快，像一股原動力般，把我們整團人拉著跑。

在四十九公里處的桃園縣立體育場，有很多朋友為我們舉旗加油。旗幟上寫著「三一一地震，日本的朋友，往前邁進，走出悲傷，日本加油！」旗幟上半部還畫著日本國旗。即使地震已經過了一年，看到這些傳達給日本及災區的訊息，我的感受比平時還深。

從五十三公里處開始是連續三公里多的上下坡，接著我們進入新北市。在五十七公里處的加油站，王賜斌隸屬的樹林大同山長跑俱樂部的十位朋友在那裡等著。因為前面不遠處就是公告的大集合點，所以我們不停留，只互相揮手喊「加油！」，兩隊人馬邊跑邊匯流。

十點四十六分，我們抵達六十一公里處的集合地點——輔仁大學前。在這裡等待的人除了跑者，還有來加油的人，總共四十人左右。一到達這裡我馬上被包圍，索取簽名的人再度湧上。不過陳進財一直在注意時間，他把我拉離人群，帶我進去小路後面的新北市政府警察局裡，我在這裡一邊吃水果一邊和他討論剩下的距離和時間。

十點五十六分再度出發，進入新莊市區，隊伍此起彼落喊出口號：「關家桑！」、「甘巴茶！」、「關家！」、「加油！」而我也會舉手回應。在這慶典般的喧騰中，我看到有一個人帶頭喊口號時，會誇張地舉起拳頭喊出一句話，每喊一次周圍的人就大笑。身邊一位會說日文的朋友跟我說：「關家先生，你知道剛才他們說什麼嗎？他們說『關家！總統！』喔。」

過了台北橋，終於進入台北市境內，離終點還有七公里。從這裡開始，越來越多跑者是一個人前來會合。遇紅燈停下來時，我的周圍便開始聚集許多人，並對著我照相。

有一個人跑到我身邊，一邊看著便條紙，一邊唱起歌。是森山直太朗的〈櫻花〉，他唱得有些走音，老實說唱得不是很好，但歌詞中有句話觸動我的心。

再怎麼痛苦還有你的笑容，即使眼看就要失敗我仍努力奮鬥。

沒錯，這段旅程真的是很困難，很艱辛。但總有許多朋友陪在我身旁，即使眼看就要失敗我仍努力奮鬥到最後一刻。我常把笑容掛臉上，大家也用笑容回應我。我的內心充滿感謝，感覺淚水就快滴下，剛好這時遇到紅燈，很多相機對著我，我又擠出滿面的笑容，把眼淚鎖住。

越靠近終點，新聞台、報社等媒體的攝影機越來越多，我們的情緒更加昂揚。通過人潮洶湧的士林捷運站時，大家口號喊得越來越興奮。路上的行人會不會誤會我們在遊行示威？

終點前兩公里的加油站是公開行程的最後一處集合地點，這裡也有很多人迎接我們。

原本預定抵達的時間是下午一點整，實際上我們十二點三十五分就到了，反正早到總比晚到好。在那裡等我們的郭豐州教授對我微笑揮手說：「Too fast」。

我先在加油站上廁所，脫掉防寒衣，在長袖T恤外面套一件印有日本國旗的短袖T恤。我想凸顯日本，把「日本會繼續努力」這個訊息傳達給台灣的朋友。

「要簽名的人排成一列！」陳進財的聲音還沒消失，我的前面立刻排出一條長龍，大家把衣服、帽子、綁在頭上的綁帶、號碼布拿給我簽，我抱著感謝的心情一個個簽名。前後簽了二十分鐘，大概將近一百個人吧。

簽名告一段落後，現場瀰漫著「差不多該出發了」的氣氛。日本交流協會副代表佐味祐介也會和我們一起跑。日本交流協會相當於實質的駐台灣大使館，沒想到「關家良一長跑環台感恩之旅」這個活動能被公家機關承認，老實說我真的很高興。下午一點整，我們從加油站出發，和我跑最後一段路的跑者暴增到一百多人。

「我們慢慢跑吧。」

我對佐味副代表這麼說，但周圍的熱氣彷彿推著我往前跑，不知不覺我的速度越來越快。現場口號聲不斷，大家不停喊著：「關家！加油！」、「日本！加油！」、「台灣！加油！」

感覺就像一場日台友好的遊行一般，一群人熱熱鬧鬧在路上行進，就如同我當初構想這個企畫時在腦中描繪的光景一樣。

最後一公里處，給我這次環島靈感的陳旻宜同學在那裡等著我，我們握手分享喜悅，興奮激動地一起照相。這一切實在太令我感動，眼眶濕熱的我就快掉下淚。但我在心中暗自決定，不到終點絕不掉淚。現在應該要好好享受這慶典般的氣氛，盡情喧鬧，努力在心中烙印下這一刻。

穿過東吳大學正門，離熟悉的運動場還有兩百公尺。我數度握拳高舉，難掩興奮之情。「關家！加油！」的呼喊聲不絕於耳。終點處的廣播傳來聲音：「關家先生，歡迎回來！」到達運動場的一百公尺前，我們這一團最前面一排共有八位跑者，我在正中間，互相和身旁的人握住手，高舉雙手擺出萬歲的姿勢。我右手握佐味副代表，左手握吳勝銘先生，他們輕晃我的手表示慰勞我的辛苦。東吳大學的相關人員、學生、眾多採訪媒體都已在運動場的入口等著，我們步行抵達入口。

但這還不是終點，最後還要跟出發一樣，跑一圈四百公尺跑道，才算是真正抵達終點。我直接從入口跑到跑道上，以逆時針的方向開始跑。「關家先生加油，最後四百公尺！」廣播聲響徹會場，我舉手回應，繞過第一個彎道。

繞過第二彎道的時候，呼喊聲越來越大，穿透過陰霾的天空。我在東吳國際超級馬拉松賽的時候跑過這個跑道好幾次，只有這次感受到前所未有的成就感、充實感。可以的話，我希望再多花一些時間細細品嘗這一刻，但沒辦法，因為我不自覺地把速度加快。

繞過第三彎道時，在跑道旁練習網球的學生們停下來喊著「加油！」替我打氣。我用關家pose回應「謝謝！」但聲音卻喊不出來。

繞過第四彎道，我把手指指向天空，用力朝上指了好幾回，大家和我做一樣的姿勢並持續呼喊著，為我加油。下午一點十八分，在眾人的掌聲和歡呼聲中，我抵達圍滿人群的終點。這一刻，我雙手指向天空，抬頭仰望。

「謝謝」、「謝謝」、「謝謝」，這句話我不知說了幾次。母親獻上花並對我說：「你表現得很好。」這一瞬間我的眼淚終於潰堤，心中只有止不住的「謝謝」、「謝謝」。林錦川校長輕拍我肩膀說：「歡迎回來。」我的眼淚再也止不住，頻頻用手掌擦拭。「謝謝大家」、「謝謝」。

在採訪媒體的閃光燈下，我手持花束擺出勝利姿勢歡呼，口中喊著「謝謝」、「謝謝大家」。我們拉開啤酒拉環，邊走邊喝，三百五十毫升的啤酒一飲而盡。我從沒喝過這麼好喝的啤酒。

一樓大廳廣場的舞台上貼著一張大海報，和開幕典禮時用的海報一樣。台灣環島的完跑紀念典禮開始了。這次的典禮感覺相當隆重，和東吳國際超級馬拉松的典禮相比毫不遜色。

我坐在面對舞台的第一排，歇息一會，心情平復許多。典禮先從致詞開始，接著是介紹支援人員和我，我們一個接著一個起立，接受大家鼓掌和歡呼。

接近下午一點四十六分時，擔任司儀的同學肅穆地開始唸稿：

「本活動緣起於關家良一先生希望對東吳大學以及台灣支援東日本地震表達感謝，因此把完跑儀式訂在地震後一週年，也就是今天三月十一日。此刻台灣時間是下午一點四十六分，日本時間為下午兩點四十六分。接下來，請在場的來賓和我一起為地震罹難者祈冥福，默哀。請現場來賓起立，讓我們低頭默哀。」

我安靜閉目，追悼因地震罹難的居民，為他們祈冥福。同時，我也沉浸在完成自我挑戰的成就感和安心的感覺中，不自覺流下淚來。同一時間，日本現在應該也在全國各地舉行公開性的追悼集會，幾乎所有的日本人都在默哀。「關家良一長跑環台感恩之旅」為隔海的兩地搭起一座橋梁，使兩邊的人能共同體驗這一刻，我覺得非常有意義，很想再次謝謝幫忙這次活動的所有人，感激不盡。

一分鐘的默哀結束，輪到我致詞，我的心情非常複雜，不知道該從誰謝起。真的，原本我打算自己揹著背包跑完，可是這十三天以來，各地的跑步團體為了我這次環島的活動，甚至還有人在上班日請假前來參加，我跑步的時候，身旁幾乎都有人陪伴。

我受到太多人幫忙，大家的身影如走馬燈般在我心頭閃現，我太過感動，一時語塞。我擦擦眼淚，壓抑住激動的心情，告訴大家說，光憑我一個人絕對無法環島，我真的很幸運能遇到一個好團隊，可以無後顧之憂專心跑步。

沿途很多人跟我打招呼，經過這十三天我覺得台灣人真的都好善良，好貼心。我是一個日本人，但在台灣跑步時，完全沒有在國外跑步那種不自在的感覺，並且馬上就能和大家打成一片。這十三天我真的過得很開心。

最後，母親被叫上台，校長林錦川悄悄對我說「抱一下」，我照他說的緊抱母親，雖然有點不好意思，但能藉此機會表達我的感謝真的太棒了。母親接過麥克風後流著淚說：「謝謝大家。因為有大家的情誼相挺，才有今天這一刻，謝謝台灣的朋友。」

⁂

當晚慶功結束，我和母親兩人住在學校宿舍內。母親搭乘隔天早上的班機回國，我們兩人一邊整理行李一邊聊天。到晚上十一點才就寢。

中午抵達終點後開始下的那場雨，直到深夜仍未停止。屋簷被雨點打得滴答作響，整晚不停。

59 我要繼續來台灣跑步

次日下午，航班在下午三點三十分從松山機場起飛。我望著機窗外的雨，在心中喃喃自語，「謝謝！謝謝！謝謝！」這十八天感覺很長，卻又好像一下子就過去了，非常充實，而且無可取代。

隔天一早我和平常一樣去上班，恢復了日常生活作息。

但雙腳的小腿依舊紅通通，浮腫的狀況還是很嚴重。我去骨科診所掛號，照了X光後，醫師問我：「你之前做了什麼？」

我立刻很得意地說明了環台長跑的事。醫師聽完愣了一下。

我的情況被診斷為「疲勞性骨折」，需要三個星期才能痊癒。醫生說我是跑過頭了，疲勞性骨折是跑者常有的症狀，聽起來好像很嚴重，但其實我骨頭上的傷痕細微到連X光也照不出來。至於為什麼疼痛沒有停止呢？那是因為它畢竟還是「骨折」啊，我毫不休息地跑，當然不可能痊癒。

我遵照醫師的指示，三個星期不跑，休養生息，結果雙腿不再疼痛，完全痊癒。四月之後我再度展開練習。

陳俊彥送我的鞋子，讓我撐過最後四天。抵達終點後，我把鞋子送給一位之前認識的台灣日文系女生。她因車禍住院，必須進行人工關節移植的大手術。

我附上一則訊息，透過她的友人交給她：「痛苦的時候，希望妳看著這雙鞋子，想想『關家都努力撐過去了。』」

✻

人在面對困難時才知道感恩的意義。當你跨越了困難，就會變成一個更成熟的人。而這不斷重複的過程或許就是人生。

我這次來台灣的主要目的是表達感謝之意，但我卻又重新接收到一股更新更強大的感謝意念。除此之外，許多台灣朋友也陸續對我表達他們的感謝，對我說「謝謝你來台灣跑步」。

為了報答這次接收到的感謝意念，再過幾年，我要空出更多時間，帶著支持我的家人，再度來台灣環島一圈，這是我現在的夢想。

我期待下次再過來，和台灣的朋友開一次「同學會」。我會繼續來台灣跑步。

最後讓我再說一次。
「謝謝台灣！」

尾聲——和你相遇，就是我人生最寶貴的事

第一次想到要出書，是二〇〇六年廿四小時世界錦標賽在台北舉行後的事。在這場超馬盛會裡我拿下冠軍榮銜。我是個平凡的普通人，從一個平凡的跑者為起點，最後達到世界冠軍，整個過程充滿了戲劇性。所以我想，如果能把故事寫下來，應該會很有趣。

而且，不管是從超馬選手的身分，還是單純從我這個人來看，我連續這麼多年在台灣參加東吳國際超級馬拉松，藉著這個契機在台灣這塊土地上獲得了這麼多可貴的成長，如果我要出書，也唯有先在台灣出才有意義。

然後我把這個點子告訴了「小葉」，葉東哲。他也認同我的看法，還答應幫我把日文翻成中文。為了寫書，我開始把舊相簿從抽屜櫃子挖出來，又在電腦裡面撈出許多舊檔案，邊對照邊寫。開頭階段不太順利。當然，如果請專業寫手代筆，很快就可以整理成書。不過我想要用我自己的話來寫這本自傳，就算花再多時間也要由自己親筆寫完。

我利用工作和練跑以外的時間寫書，過程雖然迂迴曲折，但寫完之後，我的感慨卻很深。

人生經常會有預期以外的突發狀況，在這些突發狀況中，我們克服各種困難，然後變得更茁壯、更體貼人。也就因為如此，生命才充滿刺激和活力。我想，人生也因此而比較有趣也不一定。

在超馬的世界裡，這些道理同樣適用。我從沒參加過「從頭到尾完全沒有突發狀況」的超馬賽，經常要一邊推進一邊解決問題。

例如，從二〇〇六到二〇〇八年，小葉連續三年擔任我在廿四小時世界錦標賽的補給員，我們一起達成三連霸的偉業。其中最難忘的是在二〇〇七年加拿大魁北克大會裡發生的小插曲。那次我們取道底特律前往多倫多，在成田機場和葉東哲碰頭後開始辦搭機手續。小葉的證件遞過去之後，櫃檯後那幾位工作人員聚集在那裡不知道在討論什麼，手續辦得很慢。等他們好像討論出結果之後，回到櫃檯前對我們說：「很不好意思，乘客葉東哲先生不能出國。」

聽到這，我們兩人當場傻眼，說不出話來。原來問題出在底特律轉機。只要踏上美國土地的一步也要美簽，而小葉只有取得加拿大的簽證，就算他通過日本的出國審查，也會在底特律被擋下來強制送回日本。

我們日本人到世界各國都不需要簽證，所以也沒想到會有這種狀況。聽說台灣的護照是世界第一不方便，到哪裡都需要簽證。連這種事上都還要受政治壓力，使我覺得很不合理，很生氣。

可是光杵在機場生氣也不能解決什麼，我們必須想辦法解決眼前的困境。

第一案是我一個人去跑，在沒有補給員的情況下迎接比賽。但我堅信，比賽不能缺少補給員，我們兩人必須攜手合作，若沒有值得信賴的小葉幫忙，肯定會影響我的比賽。所以這個方案不通。

我繼續想辦法，那麼讓小葉換班機，改成從日本直飛加拿大，而他已經有加拿大簽證了，這條路走得通。我趕緊打電話到旅行社詢問機票的事，結果今天的飛機來不及，明天的班機則可以開票給我們。我二話不說，決定就這麼辦。

就這樣，小葉晚了一天抵達加拿大，順利和我們日本隊會合；他在會場幫我時，表現得超乎我的期待，也促使我在那次賽事中有好表現。取道底特律的機票雖然作廢了，航空公司也不肯退我們錢，但我還是很開心，因為小葉能到場。

除了比賽，我們私下交情也不錯，我的結婚典禮他也出席，我太太很欣賞他的人品及個性。二〇〇八年，我們夫婦跑到宮城縣探訪小葉。六月十三日星期五晚上搭夜行巴士從東京都內出發，到仙台是隔天早上，和小葉會合後，一起搭仙石線的電車來到日本三景之一的名勝地松島，前去瑞巖寺參觀，裡面藏有許多日本的重要國寶。

從瑞巖寺走出來，剛好是早上八點四十三分，這時突然天搖地動，我們三個人站在原地不動，而在建築物裡的人則是不斷發出驚叫聲往外跑。這場大地震持續一分鐘左右，松島附近的地震強度約五級，內地最大強度達六級，死亡加失蹤者共廿三人，受傷人數超過四百。後來這場震災被正式命名為「岩手・宮城內陸地震大震災」。

其實那次去仙台最大的目的，是要在仙台市內的球場觀看日本職棒樂天鷹對讀賣巨人的比賽，結果因為地震而取消。這也是日本職棒史上首度因為地震停賽。還好有把票錢退給我們，不像那次去底特律的機票……

這些小插曲都過去了，卻也給我們留下深刻的印象。真的，有這樣預期外的突發狀況，你我的人生才充滿刺激；困境是注定會發生的，我們在其中不斷接受考驗，而可以和我共患難、不斷幫助我的朋友，才是真正的良朋密友。

當然葉東哲只是一個例子。我在台灣遇到的人，全都對我很親切。每次拜訪台灣，我的心一定會被洗滌一番，這種清爽的心情讓我在比賽裡可以拿出好的表現。我在超馬世界可以這麼成功，絕對是因為透過東吳國際超馬賽的結緣，長年和台灣相處的關係。

我對此一直抱著感恩的心，我不會忘記的。

「相遇」是人生的寶物。能認識在台灣的你，我真的很幸福；和台灣的你相遇，就是我人生最寶貴的事。

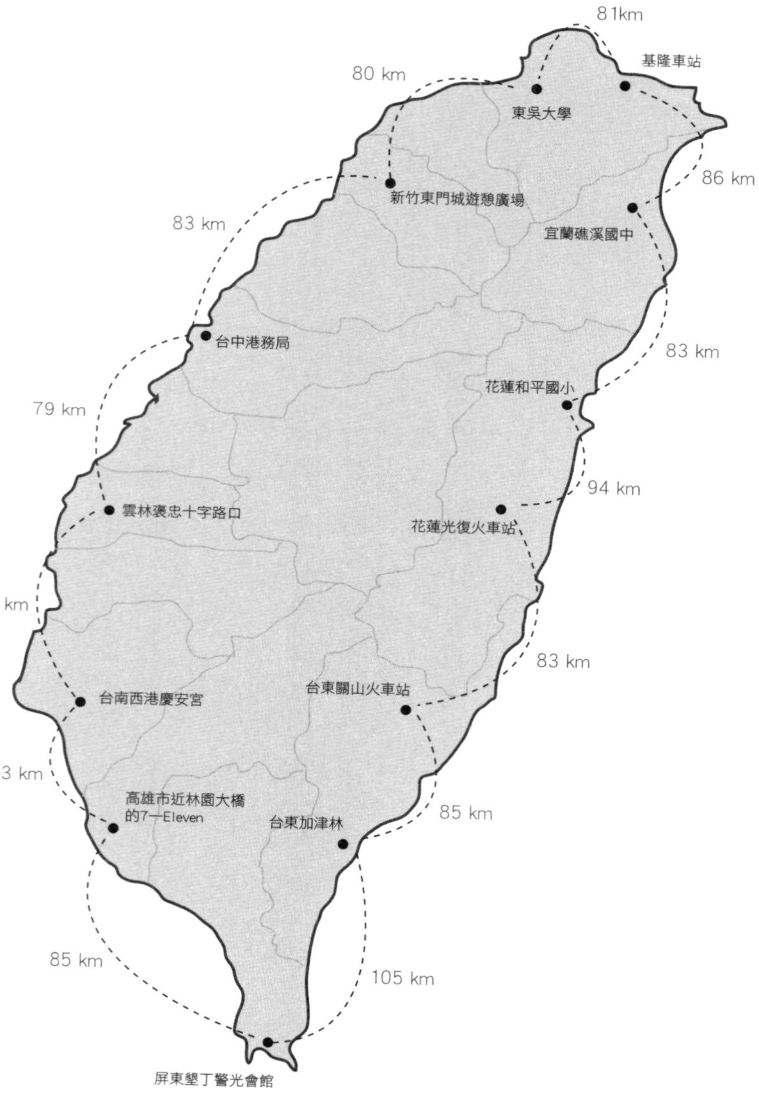
81km
基隆車站
80 km
東吳大學
86 km
新竹東門城遊憩廣場
宜蘭礁溪國中
83 km
台中港務局
83 km
花蓮和平國小
79 km
94 km
雲林褒忠十字路口
花蓮光復火車站
76 km
83 km
台東關山火車站
台南西港慶安宮
83 km
高雄市近林園大橋
的7—Eleven
台東加津林
85 km
85 km
105 km
屏東墾丁警光會館

關家良一長跑環台感恩之旅
2012　　　　　2/28 —— 3/11

Day 1 ——即使只有我一個人，揹著背包跑也要跑完
2/28　東吳大學～基隆車站（81km）

Day 2 ——我是台灣第一位以長跑方式環台的外國人
2/29　基隆車站～宜蘭礁溪國中（86 km）

Day 3 ——情感的交流把彼此串聯起來
3/1　宜蘭礁溪國中～花蓮和平國小（83 km）

Day 4 ——這次挑戰或許會成為歷史性創舉
3/2　花蓮和平國小～花蓮光復火車站（94 km）

Day 5 ——劇痛
3/3　花蓮光復火車站～台東關山火車站（83 km）

Day 6 ——腳痛或許是神的旨意
3/4　台東關山火車站～台東加津林（85 km）

Day 7 ——神阿，再給我吃止痛藥啊
3/5　台東加津林～屏東墾丁警光會館（105 km）

Day 8 ——感謝的心意加深人與人之間的羈絆
3/6　屏東墾丁警光會館～高雄近林園大橋的 7—Eleven（85 km）

Day 9 ——為了別人跑，自己怎樣都無所謂
3/7　高雄近林園大橋的 7-ELEVEN ～台南西港慶安宮（83 km）

Day 10 ——船到橋頭自然直
3/8　台南西港慶安宮～雲林褒忠十字路口（76 km）

Day 11 ——這裡的世界只有跑過的人才看得見
3/9　雲林褒忠十字路口～台中港務局（79 km）

Day 12 ——神不會給你跨越不了的難關
3/10　台中港務局～新竹東門城遊憩廣場（83 km）

Day 13 ——是大家的心意讓我跑下去
3/11　新竹東門城遊憩廣場～台北市東吳大學（80 km）

關家良一的超級馬拉松全記錄

舉辦地	項目	記錄	排名
北海道佐呂間湖	100 公里	11:08'46"	354 位 /893

舉辦地	項目	記錄	排名
山梨縣富士五湖	117 公里	60 公里	棄權

舉辦地	項目	記錄	排名
東京都千代田區	50 公里	5:11'31"	
東京都千代田區	50 公里	4:57'23"	
中國河北省	100 公里	12:55'00"	

舉辦地	項目	記錄	排名
沖 縣宮古島	100 公里	12:48'43"	
東京都福生市	100 公里	11:42'04"	
山梨縣富士五湖	117 公里	13:44'04"	
東京都千代田區	50 公里	4:06'29"	第 29 名 /192
埼玉縣	75 公里	8:23'01"	第 58 名 /253
中國山西省	100 公里	12:37'27"	第 4 名 /19
長野縣	100 公里	10:06'08"	第 38 名 /644
神奈川縣 浜市	10 小時限時跑	86.1 公里	第 4 位
神奈川縣 須賀市	100 公里	9:40'32"	第 5 名 /39
紐西蘭南島	100 公里	9:06'52"	第 4 位

舉辦地	項目	記錄	排名
沖 縣宮古島	100 公里	8:37'46"	第 1 名 /262
東京都小金井市	24 小時限時跑	200 公里	
東京都	5 小時限時跑	50 公里	
名古屋 - 金沢	270 公里	180 公里	棄　權
北海道左呂間湖	100 公里	11:56'56"	第 633 名 /1025
埼玉縣	75 公里	6:29'45"	第 8 名 /280
希臘．雅典｜斯巴達	246 公里	33:47'00"	
東京都小金井市	24 小時限時跑	50 公里	

舉辦地	項目	記錄	排名
沖繩縣宮古島	100 公里	8:33'00"	第 1 名 /289
東京都小金井市	24 小時限時跑	135 公里棄權	
茨城縣土浦市	52.07 公里	4:06'38"	第 4 名 /83
愛知縣名古屋－石川縣金沢市	270 公里	34:01'44"	第 2 名 /212
広島縣福山市－愛媛縣今治市	100 公里	8:01'12"	第 1 名 /471
埼玉縣	75 公里	6:15'50"	第 4 名
長野縣南佐久郡	100 公里	9:02'27"	第 8 名 /513

關家良一的超級馬拉松全記錄

一九九四年

賽事名稱	舉辦日
佐呂間湖百公里超馬賽	3/13

一九九五年

賽事名稱	舉辦日
富士五湖 117 公里超級馬拉松賽	5/13

一九九六年

賽事名稱	舉辦日
第 1 屆 GLOBAL 皇居 50 公里 ・ 全程 ・ 半程秋季全國大會	9/16
第 17 屆 GLOBAL50 公里 Challenge 馬拉松	1 2/3
第 2 屆萬里長城 100 公里超級馬拉松	3 2/3

一九九七年

賽事名稱	舉辦日
宮古島百公里試跑賽	1 1/2
青梅若草百公里挑戰之路	1/10
富士五湖終極挑戰賽	2/13
第 23 屆 Challenge 皇居馬拉松大會	5/18
第 4 屆奧武藏超級馬拉松	2 2/3
97 中國太原 100 公里國際 Ultra Running 大會	4/15
野邊山百公里超馬賽	9/14
健康馬拉松 Festival in 小人國	1
三浦湘南百公里超馬賽	5/13
THAT DAM RUN百公里超級馬拉松	11/15

一九九八年

賽事名稱	舉辦日
第 1 屆宮古島百公里超馬賽	1/17
東京學藝大學 24 小時實驗賽	3/22
青梅若草 5．10 小時限時跑	3/29
櫻花道二七〇公里超馬賽	4/30 ～ 5/2
佐呂間湖百公里超馬賽	2/7
第 5 屆奧武藏超級馬拉松	4
斯巴達松超馬賽	9/25 ～ 26
東京學藝大學 24 小時實驗賽	11

一九九九年

賽事名稱	舉辦日
第 2 屆宮古島百公里超馬賽	3/7
東京學藝大學 24 小時實驗賽	3/27 ～ 28
第 34 屆鶴沼 100 公里超級馬拉松大會	1
櫻花道二七〇公里超馬賽	4/30 ～ 5/2
島波海道一百公里遠足賽	1
第 6 屆奧武藏超級馬拉松	8
第 5 屆野邊邊山百公里超馬賽	3/4

舉辦地	項目	記錄	排名
沖繩縣宮古島	100 公里	7:57'30"	第 1 名 /306
東京都小金井市	24 小時賽	137 公里	
愛知縣名古屋 - 石川縣金沢市	50 公里	27:04'	第 3 位
長野縣南佐久郡	100 公里	9:30'52"	第 12 名 /366
美國・加州	100.2mile	21:31'35"	第 21 名 /385
岐阜縣安八郡	132.6 公里	12:48'	第 7 名 /325
希臘・雅典｜斯巴達	245.3 公里	159.3 公里	棄權

舉辦地	項目	記錄	排名
台灣台北市	24 小時賽	246 公里	第 1 名 /24
東京都小金井市	24 小時賽	100.282 公里	
愛知縣名古屋 - 石川縣金沢市	250 公里	22:45'	第 1 名
鳥取縣日野郡日南町	100 公里	7:54'31"	第 4 名
希臘・雅典｜斯巴達	245.3 公里	25:27'30"	第 3 名

舉辦地	項目	記錄	排名
台灣台北市	24 小時賽	266.275 公里	第 2 名
北海道佐呂間湖	100 公里	7:25'07"	第 7 名 /1081
愛知縣豐田市	24 小時賽	103.6 公里	第 62 名
茨城縣土浦市	52.07 公里	3:51'28"	第 1 名
希臘・雅典｜斯巴達	245.3 公里	23:47'54"	第 1 名
韓國 濟州島	60 公里	4:21'44"	第 1 名

舉辦地	項目	記錄	排名
台灣台北市	24 小時賽	261.64 公里	第 2 名
鳥取縣日野郡日南町	100 公里	8:04'26"	第 7 名
東京都秋留野市	24 小時賽	252.969 公里	第 1 名
茨城縣土浦市	52.07 km	3:58'15"	第 1 名
荷蘭・於登	24 小時賽	267.223 公里	第 2 名
台灣・台南市	50 km	35 km	DNF
美國・亞利桑那州	48 小時賽	222.5 公里	第 5 名

舉辦地	項目	記錄	排名
台灣台北市	24 小時賽	152.40 公里	第 22 名
捷克・布魯諾	24 小時賽	269.085 公里	第 1 名

舉辦地	項目	記錄	排名
芬蘭	12 小時賽	144.327 公里	第 1 名
台灣台北市	24 小時賽	264.410 公里	第 1 名
法國・蘇傑	48 小時賽	265.399 公里	第 21 名
奧地利・渥夏	24 小時賽	250.618 公里	第 4 名
茨城縣土浦市	52.07 km	3:46'07"	第 3 名
美國・加州聖地牙哥	24 小時賽	213.049 公里	第 10 名

二〇〇〇年

賽事名稱	舉辦日
第 3 屆宮古島百公里超馬賽	1/2
東京學藝大學 24 小時實驗賽	3/25 ～ 26
二〇〇〇櫻花道國際 NATURE RUN	4/15 ～ 16
第 6 屆野邊山百公里超馬賽	5/14
2000 WESTERN STATES ENDURANCE RUN	6/24 ～ 25
二〇〇〇夜叉池傳說 Maranic	7/29 ～ 30
斯巴達松超馬賽	9/29 ～ 30

二〇〇一年

賽事名稱	舉辦日
二〇〇一東吳國際超級馬拉松	3/3 ～ 4
東京學藝大學 24 小時實驗賽	3/31 ～ 4/1
櫻花道二七〇公里超馬賽	4/21 ～ 22
第一屆天體界道一百公里馬拉松	1/4
二〇〇一斯巴達松超馬賽	9/28 ～ 29

二〇〇二年

賽事名稱	舉辦日
二〇〇二東吳國際超級馬拉松	3/2 ～ 3
佐呂間湖百公里超馬賽	1/5
24 小時慈善接力馬拉松 in 豐田	8/17 ～ 18
第 42 屆夏之鶴沼超級馬拉松大會	8/25
二〇〇二斯巴達松超馬賽	9/27 ～ 28
第 1 屆韓國濟州國際馬拉松	10/19

二〇〇三年

賽事名稱	舉辦日
二〇〇三東吳國際超級馬拉松	3/8 ～ 9
第 3 屆天體界道一百公里馬拉松	3/11
秋留野 24 小時 Japan Cup	7/5 ～ 6
第 44 屆夏之鶴沼超級馬拉松大會	1/3
24 小時世界錦標賽	10/11 ～ 12
IAU 2003 WORLD 100 公里 CHANPIONSHIP	11/16
ACROSS THE YEARS	12/29 ～ 1/1

二〇〇四年

賽事名稱	舉辦日
2004 東吳國際超級馬拉松	3/27 ～ 28
24 小時世界錦標賽	10/23 ～ 24

二〇〇五年

賽事名稱	舉辦日
Lohja 12H K-Citymarket	1/3
2005 年東吳國際超級馬拉松	3/5 ～ 6
二〇〇五法國蘇傑 48 小時賽	5/13 ～ 15
24 小時世界錦標賽	7/16 ～ 17
第 48 屆夏之鶴沼超級馬拉松大會	2/7
聖地牙哥 24 小時賽	11/12 ～ 13

舉辦地	項目	記錄	排名
台灣台北市	24 小時賽	272.936 公里	第 1 名
茨城縣土浦市	100 km	8:00'19"	第 2 名
希臘 · 雅典｜斯巴達	245.3 公里	24:14'11"	第 2 名

舉辦地	項目	記錄	排名
芬蘭	12 小時賽	146.296 公里	第 1 名
東京都日野市	50 km	3:40'00"	第 1 名
東京都小金井市	6 小時賽	75.43 km	第 1 名
加拿大 · 魁北克州	24 小時賽	263.562 公里	第 1 名
台灣台北市	24 小時賽	274.884 公里	第 1 名

舉辦地	項目	記錄	排名
台灣花蓮縣	176 km	15:43'06"	第 1 名
法國 · 蘇傑	48 小時賽	401.416 公里	第 1 名
韓國首爾市	24 小時賽	273.366 公里	第 1 名
台灣台北市	24 小時賽	256.862 公里	第 1 名

舉辦地	項目	記錄	排名
法國 · 蘇傑	48 小時賽	402.321 公里	第 2 名
希臘 · 雅典｜斯巴達	245.3 km	23:48'24"	第 1 名
台灣台北市	24 小時賽	263.408 公里	第 1 名

舉辦地	項目	記錄	排名
希臘 · 雅典	24 小時賽	250.357 公里	第 1 名
法國 · 蘇傑	48 小時賽	407.966 公里	第 1 名
台灣台北市	24 小時賽	268.126 公里	第 1 名

舉辦地	項目	記錄	排名
美國 · 加州	135 英里	24:49'37”	第 2 名
美國 · 費城	24 小時賽	108.9 公里	
台灣台北市	24 小時賽	261.257 公里	第 1 名

二〇〇六年

賽事名稱	舉辦日
24 小時世界錦標賽	2/25 ～ 26
第 50 屆夏之鶴沼超級馬拉松	4/13
二〇〇六斯巴達松超馬賽	9/29 ～ 30

二〇〇七年

賽事名稱	舉辦日
Lohja 12H K-Citymarket	2/11
第 1 屆 之鬼足多摩川	5/13
秋留野 24 小時賽 Challenge Cup	3
24 小時世界錦標賽	7/28 ～ 29
二〇〇七東吳國際超級馬拉松	11/24 ～ 25

二〇〇八年

賽事名稱	舉辦日
二〇〇八年花東縱谷國際超級馬拉松	3/1 ～ 2
二〇〇八法國蘇傑 48 小時賽	5/16 ～ 18
24 小時世界錦標賽	10/18 ～ 19
二〇〇八東吳國際超級馬拉松	12/13 ～ 14

二〇〇九年

賽事名稱	舉辦日
二〇〇九法國蘇傑 48 小時賽	5/22 ～ 24
二〇〇九斯巴達松超馬賽	9/25 ～ 26
二〇〇九東吳國際超級馬拉松	12/12 ～ 13

二〇一〇年

賽事名稱	舉辦日
第 5 屆雅典國際超級馬拉松	3/27 ～ 28
二〇一〇法國蘇傑 48 小時賽	5/21 ～ 23
二〇一〇東吳國際超級馬拉松	12/11 ～ 12

二〇一一年

賽事名稱	舉辦日
惡水超馬賽	7/11 ～ 13
LONE RANGER ULTRA MARATHON	7/16 ～ 17
二〇一一東吳國際超級馬拉松	12/10 ～ 11

我媽媽抱著一歲的我。

我和太太抱著三歲的女兒。

真是幸福的瞬間！卅歲的我，在齊藤安廣和阪本真理子兩位跑者的扶持下，跑完了萬里長城百公里超馬賽。我已經疲累到彷彿是在夢遊似的，擠出最後的力量靠自己站起來，到達終點那一刻我的眼淚迸了出來，擋都擋不住。

二〇〇二年，我正在超馬界急速成長，當年的東吳國際超馬中我創下亞洲紀錄，也擺出後來變得很有名的「關家 pose」早期版。

我在捷克布魯諾的廿四小時世界錦標賽中奪冠（二〇〇四年）。頒獎台上的我，在捷克的天空下聽著日本國歌〈君之代〉前幾個音符緩緩飄出，接著聲音響徹雲霄，心裡真的很爽。

二〇〇九年我第二度在希臘斯巴達松超馬賽奪冠。此時我已經攀登到全球超馬賽最頂尖選手的行列，不但前兩年的九場超馬全部奪冠，同年在東吳國際超馬賽事也抱走冠軍榮銜。

二〇一一年美國死亡谷，每個超馬跑者都不能錯過的傳奇賽事，到你退休時你都會津津樂道的「惡水超馬賽」。我和支援隊伍合影。在這場賽事中前半段是我領先，後來在漆黑的夜晚，一道光影快速逼近，穿越我而去。奧司華 · 羅培茲實至名歸，贏得冠軍。

感恩環台長跑，無論到哪裡，都有台灣的跑者請假、安排時間與我一同陪跑。我永遠不會忘記他們為我付出的一切。

這位騎腳踏車的老伯一聽我們朝西螺推進，就很豪邁的說，他帶我們去！

陳錦輝正在替我處理水泡。請看我的表情，很痛吧？

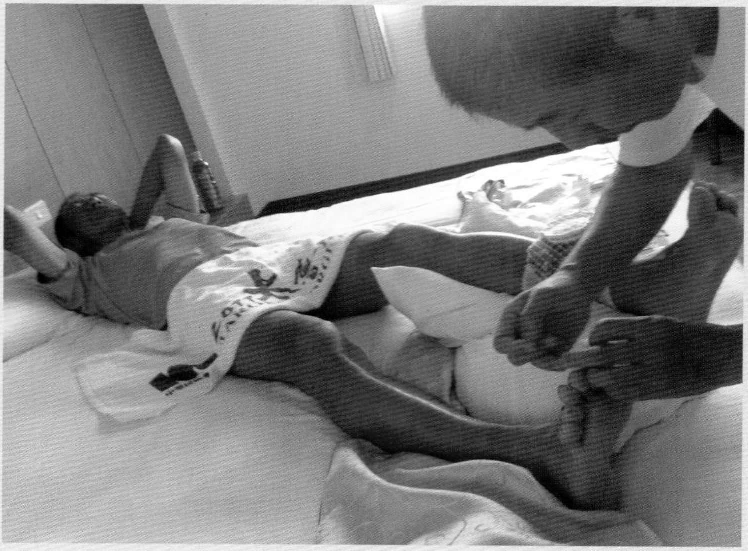

大家都替我加油，替我畫海報。不管我的小腿再怎麼痛，我也要擺出歡樂的樣子來答謝大家。

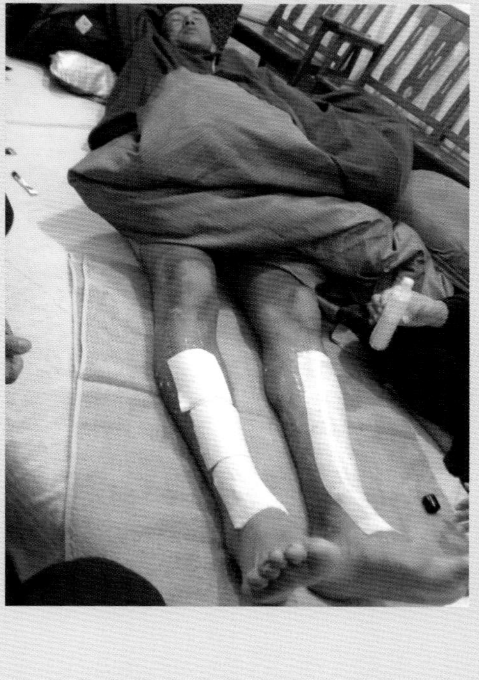

感恩環台長跑時，為什麼我的小腿會這麼痛？回日本後才揭曉，原來是「疲勞性骨折」。

十三天環台長跑，一千多公里，無數次感情豐富的跑者交流，我們終於歡呼著來到了終點。這裡的美麗風景，只有跑者才看得見。

THE NORTH FACE®
FLASHDRY™
閃電快乾科技
DRYING IN MOTION
快速吸濕排汗 調節體溫 完美平衡
www.thenorthface.com.tw
TheNorthFace TaiwanClub
總代理 星裕國際股份有限公司 (02) 8751-5235

THE NORTH FACE
FLASHDRY
閃電快乾科技
DRYING IN MOTION
速吸濕排汗 調節體溫 完美平衡
ww.thenorthface.com.tw
TheNorthFace TaiwanClub
代理 星裕國際股份有限公司 (02) 8751-5235